瞄過一眼就忘不了的

地　理

神級高中老師YouTuber獨創！166張圖表絕對「系統化」！
圖像記憶學習法, No死背！No盲點！Yes高分！

GEOGRAPHY TEXTBOOK

山﨑圭一 著

陳嫻若 譯

巫師地理
巫仰叡　繁中版
名詞審定

前言　地理是有「故事」的！

　　2018年《瞄過一眼就忘不了的世界史》、2019年《瞄過一眼就忘不了的日本史》這兩部著作出版，其中薈萃了我教學影片的精華，託大家的福，世界史在日本已銷售40萬冊，日本史也銷售了30萬冊，都成為暢銷書。

　　然後，在2021年秋天，我的YouTube頻道「Historia Mundi」繼世界史、日本史之後，200部的地理教學影片也完結了，接著也將出版成文字書。

　　《瞄過一眼就忘不了的世界史》和《瞄過一眼就忘不了的日本史》都是將所有歷史上的大事用因果關係串連起來，以故事的形式介紹給大家。其中《世界史》是以歐洲、中東、印度和中國4個地區為「主角」，《日本史》則是把焦點放在政權掌握者來發展故事。

　　相對地，這次的主題「地理」，則是一門學習人類生活中各種「環境」的科目。環境分為自然環境與社會環境，而地理的目的就是解明各種環境形成的原因。因此，相較於日本史和世界史，地理並沒有明確的故事可言。

　　只不過，**地理其實也可以用故事來解讀，那就是「從全球規模的現象，逐漸聚焦到我們身邊的事物」**。

　　本書將會以前面章節出現的地理現象為「基礎」，解釋後續接著出現的事物成因，從這裡發展出地理的故事。

　　首先，地球上有地形和氣候，而地形和氣候造就產業，都市和

鄉村便在這些基礎上形成，進而影響了人們的生活和國家的特色。請在閱讀本書時，將這個「地理的故事」記在腦海中。

本書在地理的故事之外，更著重於以下兩個重點。

①強調「系統地理」，加強解說地形、氣候與產業、社會形成的「原因」跟「脈絡」。

②大量使用一眼就看得懂的原創「Mundi式」圖解。（Mundi為拉丁語「地球」的意思，而作者的學生稱他為Mundi老師）

「為什麼會形成那種地形或氣候？」「為什麼會發展出那個產業或社會？」本書會聚焦於每個領域的「成因」和「原理」，穿插原創的Mundi式圖解，簡單易懂地解說地理知識。

只要跟著這本書的故事形式仔細理解每個章節，你會驚訝地發現，只要讀過一次，就能把地理知識留在腦海裡。希望本書也能為有意重新學習地理的朋友提供些許的幫助。

山﨑圭一

＊本書的統計數據，使用 2022 年 10 月所取得的資料。為了更容易掌握地理的概要，本書只會使用大略的排序和比例，而不採用精細的數值。

第1章 地理資訊與地圖

第2章 地形

第3章

第4章　農林漁牧業

第5章 能源與礦產資源

第6章 工業

第7章 物流與消費

第8章 鄉村、都市與人口

第9章 食衣住、語言與宗教

第 10 章　國家與領土

為什麼我學不好地理？

📖 學地理的關鍵在了解「成因」

「日本生產最多○○的是哪個縣？」

「全世界第○高的高山是哪座山？」

想必很多人都在電視猜謎節目中看過這些問題吧？

另外，也許有人還記得求學時代，學校的地理老師會要求你把課本上的地名和統計數據一股腦地全背下來。

我經常聽到學生時期地理學不好的人說，他們對地理這門學科的印象，就是把地理相關的「表面」知識全部背下來。

當然，這些名詞與數據，也是構成地理的重要元素。不過，光是記下這些數字，其實並不算是真正學會「地理」。

仔細探究「地理」這個詞，其中用了「理」這個字。「理」就是「道理」、「條理」、「理由」。想要回答「生產最多○○的縣是？」和「世界第○高的山是？」這些問題，應該要了解的是「該縣為什麼能收穫最多那種作物？」或者「世界上第○高的山位於那個地方的原因」。

地理知識只是冰山一角，水面下還有大量通達地理知識的「理」，也就是「脈絡」或「理由」。

📖 「系統地理」就是學習地理現象的「成因」

高中的地理課本內容，大略分成「系統地理」與「地方志」兩

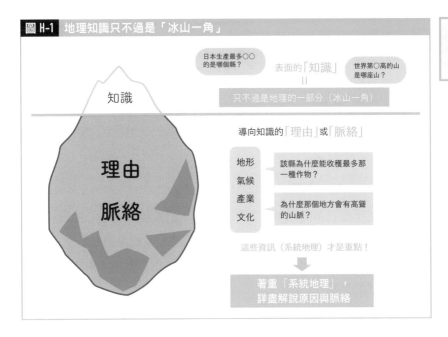

圖 H-1 地理知識只不過是「冰山一角」

日本生產最多○○的是哪個縣？

表面的「知識」
＝
只不過是地理的一部分（冰山一角）

世界第○高的山是哪座山？

知識

理由
脈絡

導向知識的「理由」或「脈絡」

地形
氣候
產業
文化

該縣為什麼能收穫最多那一種作物？

為什麼那個地方會有高聳的山脈？

這些資訊（系統地理）才是重點！

著重「系統地理」，詳盡解說原因與脈絡

個領域。其中，**「系統地理」是學習各種地理現象的「脈絡」或「成因」的學問。**

　　高中的地理課程，會先從「系統地理」充分學習地形和氣候如何形成，以及各種產業面貌等地理的「脈絡」和「成因」，後半部分才再從「地方志」的角度遍覽各地區的具體數據。

　　但是，翻開市面上的地理類書籍，很少針對相當於「理」的系統地理詳實解說，大多數的書都只是單純地條列出知識而已。

　　因此，本書將把焦點著重在「系統地理」，更加簡單易懂地解說高中所學的系統地理。

用「故事」學地理！

地理也可以用故事來解讀

雖然不像日本史或世界史那麼明確，但是地理也有它自己的故事，那就是**「從全球規模的現象，逐漸聚焦到我們身邊的事物」**。

本書是將前面出現的地理現象，當作後面內容的「基礎」，發展出地理的故事。

「地形」和「氣候」是「產業」形成的基礎，而「自然環境」和「產業」則是「聚落」和「國家」形成的基礎。地球上有地形和氣候，地形和氣候造就產業。然後，在產業的基礎之上形成都市與鄉村，進而產生不同文化和國家。

再更具體一點地說，地理的故事就如同圖H-2，大略是由3個要素構成。

第1章是學習地理時的**「預備知識」**，介紹關於地球的基本觀念、地圖的畫法（投影法）等，用客觀的角度「從遠處俯瞰」地球。

第2章與第3章，則是解說系統地理中的**「自然地理」**領域，從地形、氣候等自然現象的面向認識地理。第2章介紹地形的形成原理與富於變化的地形；第3章介紹氣候的成因與「柯本氣候分類法」的14種天氣類型。

第4章到第10章解說系統地理中的**「人文地理」**領域，則是從產業、都市、鄉村的形成，及生活、文化等人類活動的面向認識地理。其中，第4章到第7章解說農林漁牧業、能源與礦產資源、工

圖 H-2 地理分成 3 大領域

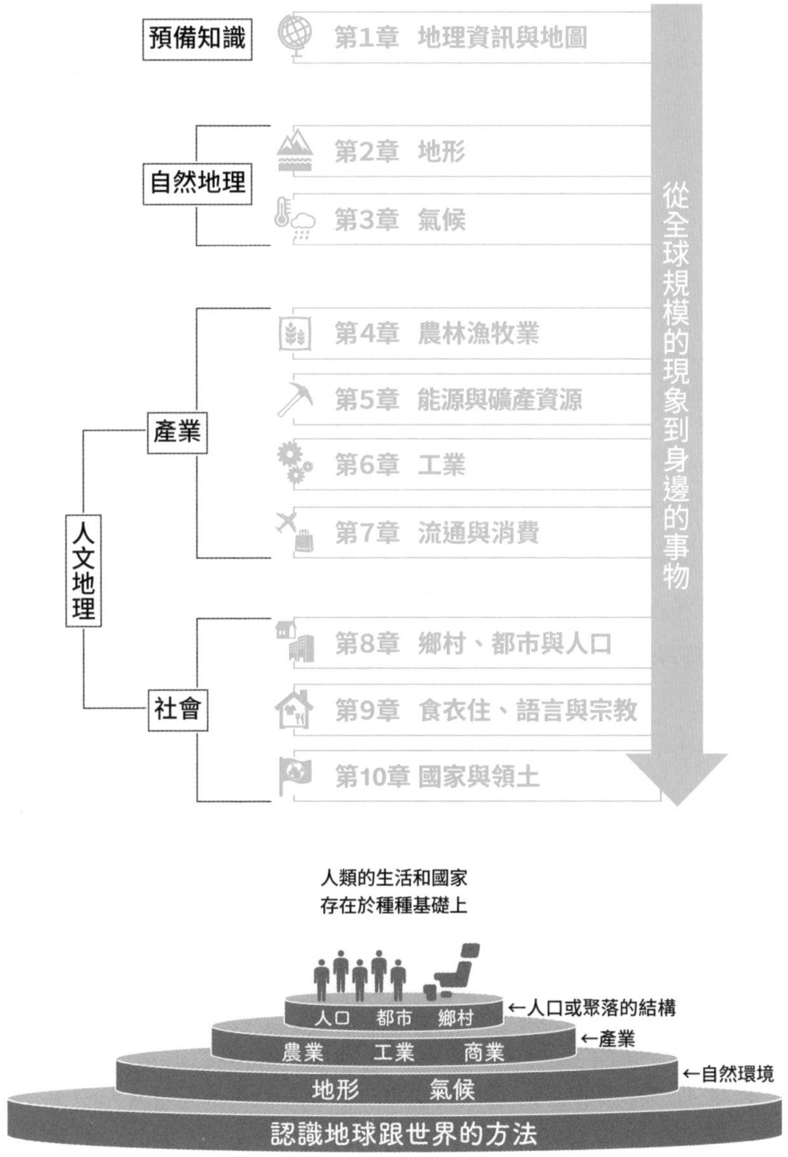

預備知識 — 🌐 第1章 地理資訊與地圖

自然地理 — 🏔 第2章 地形
　　　　 — 🌧 第3章 氣候

產業 — 🌾 第4章 農林漁牧業
　　 — ⛏ 第5章 能源與礦產資源
　　 — ⚙ 第6章 工業
　　 — ✈ 第7章 流通與消費

社會 — 🏭 第8章 鄉村、都市與人口
　　 — 🏠 第9章 食衣住、語言與宗教
　　 — 🚩 第10章 國家與領土

人文地理

從全球規模的現象到身邊的事物

人類的生活和國家
存在於種種基礎上

人口　都市　鄉村　←人口或聚落的結構

農業　工業　商業　←產業

地形　　氣候　←自然環境

認識地球跟世界的方法

業、交通跟商業等**「產業」**，第8章到9章解說人口、都市、鄉村、生活文化、國家與國家結盟等**「社會」**的面貌。

瞄過一眼就懂的圖解

本書另一個最大的特徵就是配圖，我試著製作出豐富的圖解，讓各位**一眼就能理解系統地理的「原理」。只要藉由「Mundi式」圖解，將地理的「原因」和「脈絡」有系統地記在腦海中，它們就能變成「忘不了的知識」。**

讀完本書，平時習以為常的上學或上班路途，看起來也開始充滿了趣味：「這裡很多水田，一定是因為它是氾濫平原的後背濕地」、「這裡是沖積扇，所以果園一定很多」。學習地理，看待世界的角度也跟著改變。

此外，地理也是學習歷史的基礎。請在讀完本書之後，再次翻開歷史課本。有了地理對於「空間」的理解，再加上歷史對於「時間」的理解，你的歷史、地理學習能力也將因為加乘效果而提高。

理解趨勢，勝過死背數字

前言中提到，本書重視的是大方向的比例和趨勢，而不是鉅細靡遺的順序或數值。

精細數值或排名有時會更替，但趨勢卻不會輕易改變。舉例來說，生產某種作物的國家，即使產量排名有時是第3名，有時是第4名，但是該地區、國家的生產量不會突然變成零，當地生產這種作物的基本「趨勢」和導致這個結果的原因或脈絡是不會變的。

不必執著於精細的順序或數值，抓住大略的趨勢和原因並且加以理解才重要。

第 1 章

地理資訊
與地圖

第1章 地理資訊與地圖　　大綱

掌握學習地理的
必要工具

　　想要深入理解地理，就必須學會如何將球形的地球畫成地圖，以及讀懂地圖上呈現的資訊。因此，第1章將介紹學習地理所需的基礎知識。

　　首先，本章的前半會說明經度、緯度與時差，包含如何在地球這個球體上表示位置，以及解釋地圖上出現的南北回歸線、本初子午線、國際換日線等各種線條，各自具備什麼意義。另外，由於經度而產生的時差系統，也是必備的地理知識。

　　本章的後半，會介紹地圖的繪製方法和各式各樣的地圖。

　　自古以來，為了將球形的地球畫在平面上，人們嘗試過很多不同的方法，所以這一章也會談一談各具優缺點的地圖畫法（投影法）該運用在什麼場合。

　　然後，我們也會大致介紹各種統計地圖，還有近年來逐漸受到重視的地理資訊系統（GIS）。

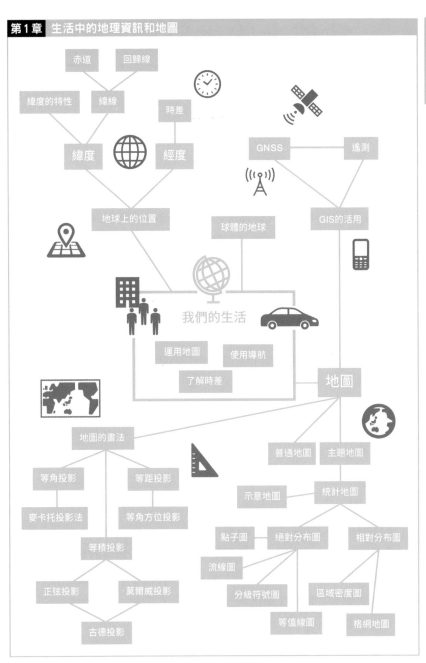

第1章
地圖
地理資訊與

第2章
地形

第3章
氣候

第4章
農林漁牧業

第5章
能源與礦產資源

第6章
工業

第7章
物流與消費

第8章
人口與鄉村、都市

第9章
衣食住、語言與宗教

第10章
國家

地球上的地點以「緯度」和「經度」表示

 ## 我們住在「球形的地球」上

地理的故事，要從我們居住的地球開始說起。地球是直徑約1萬2700公里的球體，也許有些人已經知道，地球因為持續高速旋轉，「形成離心力，導致赤道一帶較為隆起」。

如前面的說明，赤道附近的地球比起其他地方微微隆起，因此，赤道一帶的地球直徑，比北極與南極相連的直徑長約42公里，但是這個差距只占直徑全長的1000分之3左右，所以，**就形狀來說，可以將地球視為「接近球體」**（當然，嚴格來說應該是「橢圓」，所以GPS或是需要計算微小重量時會修正橢圓的部分）。

 ## 顯示地球上位置的「經度」與「緯度」

我們會使用「經度」與「緯度」兩種角度來顯示這個球體上特定的位置。本來「經」和「緯」是紡織品使用的字彙，「經」是「直線」，「緯」是「橫線」。

如果在地球上畫出表示座標的緯線、經線，從赤道一帶看，緯線是橫線，經線是直線，這裡**需要注意的是，從赤道的角度看，畫成橫線的緯線表示的是「直向（南北向）的位置」，畫成直線的經線表示的則是「橫向（東西向）的位置」**（其實，很多地理讀不好的人從這裡就卡住了）。

橫向的緯線，表示的位置叫做「緯度」，直向的經線所顯示的

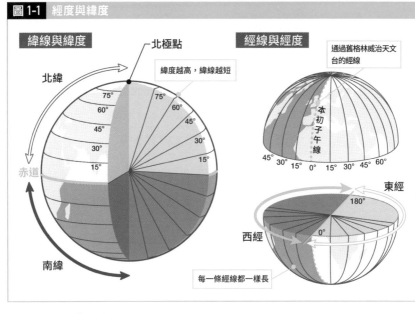

圖 1-1 經度與緯度

緯線與緯度

北緯

赤道

南緯

北極點

緯度越高，緯線越短

75°
60°
45°
30°
15°

75°
60°
45°
30°
15°

經線與經度

通過舊格林威治天文台的經線

本初子午線

45° 30° 15° 0° 15° 30° 45° 60°

東經

西經

180°

0°

每一條經線都一樣長

第1章 地理資訊與地圖

第2章 地形

第3章 氣候

第4章 農林漁牧業

第5章 能源與礦產資源

第6章 工業

第7章 物流與消費

第8章 人口與鄉村、都市

第9章 衣食住、語言與宗教

第10章 國家

位置叫做「經度」。

　　緯度是從地球中心看赤道和該地點之間的角度，而經度是顯示通過英國舊格林威治天文台的經線與該地點之間的角度。同緯度地點之間的連接線稱為緯線，同經度地點的連接線稱為經線。

　　從赤道看向北方的角度叫做「北緯」，看向南方的角度叫做「南緯」。離赤道越遠，緯度越大，因此，**越接近赤道，緯度越小；越接近北極和南極，緯度越高。**接近赤道的地區氣溫高，所以一般而言「低緯度」的地帶氣溫高，「高緯度」的地帶氣溫低，不要被「高、低」二字混淆了。

　　經線還有另一個名稱，叫做子午線。以通過英國舊格林威治天文台的經線為基準（0度經線），往東方偏離的角度稱作「東經」，往西方偏離的角度稱作「西經」，而作為基準的0度經線又叫做「本初子午線」。在地球的另一端正對英國的地點，經度為180度。

　　緯度越高，緯線越短，而經線的長度都是固定不變的。

為什麼要畫「回歸線」？

 赤道與北回歸線、南回歸線的關係

首先，我們來看看緯度。打開世界地圖，上面畫著許多緯線，其中，赤道的緯度是0度，它是**最長的緯線，把地球劃分成北半球和南半球。**

大多數地圖，是在每10度或每15度等整數緯度上畫一條緯線。但是，北緯23.5度與南緯23.5度這兩個帶有小數點的地方也劃了線，它們是北回歸線和南回歸線。

在春分日與秋分日這兩天，陽光會直射赤道，而北半球的夏天時期，太陽會強烈照射北半球；南半球的夏天時期，太陽則會強烈照射南半球。**北半球夏至的這一天，太陽直射北半球的北回歸線，而北半球冬至（南半球的夏至）時，太陽直射南半球的南回歸線。**也就是說，對北半球來說，北回歸線是「夏天的赤道」，而南回歸線是「冬天的赤道」（太陽照射位置變化的原因，將在後面的「氣候」章節中解說）。

圖 1-2　赤道與南北回歸線

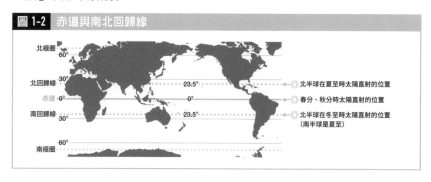

第1章 地圖 地理資訊與

第2章 地形

第3章 氣候

第4章 農林漁牧業

第5章 礦產資源與能源

第6章 工業

第7章 物流與消費

第8章 人口與鄉村、都市

第9章 語言與宗教 衣食住

第10章 國家

「緯線」並不代表正西、正東方

假如我們指向遠方，手指的末端會朝向哪裡呢？舉例來說，從東京指向正北方，手指的延長線是北極點，但是如果再從北極往前繞著地球前進，則會到達地球背面正對東京的地點（南美洲大陸的近海）。**因為地球是個球體，不論指向哪個方位，手指的延長線都會到達地球的背面。**然而，如果指著正東方，會發現延長線逐漸向南偏（在地球儀的北半球，若在東西向、南北向上貼上呈90度垂直的膠帶，就會發現橫向的膠帶向南偏移。如果貼在南半球，則會向北偏）。

所以，**緯線是「緯度相同地點的連接線」，並不代表地球上任一地點的正西方和正東方。**

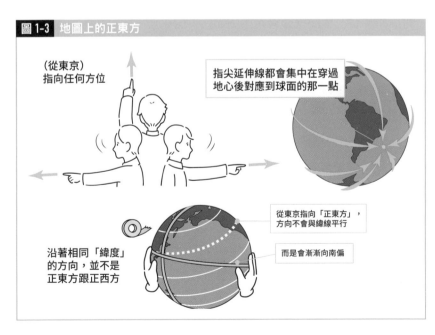

圖 1-3　地圖上的正東方

（從東京）指向任何方位

指尖延伸線都會集中在穿過地心後對應到球面的那一點

沿著相同「緯度」的方向，並不是正東方跟正西方

從東京指向「正東方」，方向不會與緯線平行

而是會漸漸向南偏

用「賽跑」看懂時差規則

 經度每差 15 度，時差為 1 小時

　　接著再來看經線。首先，來研究一下經度與時差的關係。地球每24小時自轉1圈，也就是自轉360度（24小時轉360度，所以**1小時旋轉15度**）。正因為地球會自轉，地球上各個地點才會分別在不同時間陸續迎接早晨。

　　地球以固定的速度自轉，所以，即使在同一個國家裡，不同地點迎接早晨日出的時間其實也不一樣（比如，東京與福岡的日出時間就差40分鐘左右），但是各國都統一設定了「標準時間」。日本的標準時間，是依據通過兵庫縣明石市的東經135度為基準（有些幅員廣闊的國家，會設定好幾個標準時間）。

 計算時差，就以「賽跑」來思考

　　那麼，再來思考時差的問題。「日本的這個時間是某國的幾

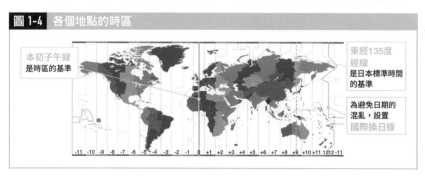

圖 1-4　各個地點的時區

本初子午線
是時區的基準

東經135度經線
是日本標準時間的基準

為避免日期的混亂，設置國際換日線

-11 -10 -9 -8 -7 -6 -5 -4 -3 -2 -1 0 +1 +2 +3 +4 +5 +6 +7 +8 +9 +10 +11 12 12 -11

點？」這種問題，如果具備以下的概念，就可以輕鬆計算出來。

　　日本是世界上最早變換日期的國家之一。比日本更早變換日期的國家，只有紐西蘭、澳洲等大洋洲的國家，其他國家幾乎都比日本更晚迎接日出。**請把紐西蘭、澳洲、日本，想像成時差的「領先集團」。**

　　如果我們把從北極上空看到的地球想像成田徑跑道，而日本跑在領先集團中，**經度每相隔15度的地區，則是以慢1小時的速度緊跟在後，那麼時差就容易理解了。**經度0度的英國慢日本9小時，西經120度的美國洛杉磯慢日本17小時。日本晚上8點（20點）時，英國還是上午11點（20－9＝11點），洛杉磯則是半夜3點（20－17＝3點）。思考時差的時候，只要把時區想像成田徑賽跑就簡單多了。

第1章　地理資訊與地圖

第2章　地形

第3章　氣候

第4章　農林漁牧業

第5章　能源與礦產資源

第6章　工業

第7章　物流與消費

第8章　人口與鄉村、都市

第9章　衣食住、語言與宗教

第10章　國家

圖 1-5　理解時差的方法

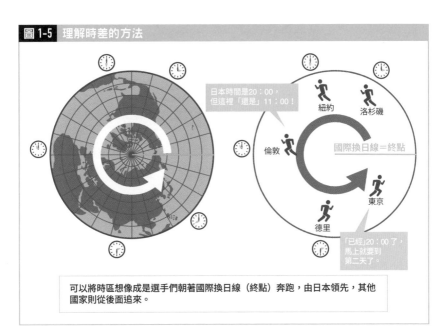

日本時間是20：00，但這裡「還是」11：00！

紐約　洛杉磯

倫敦　國際換日線＝終點

德里　東京

「已經」20：00了，馬上就要到第二天了。

可以將時區想像成是選手們朝著國際換日線（終點）奔跑，由日本領先，其他國家則從後面追來。

什麼投影法最適合大航海時代的航海圖？

 把地球畫成平面，要犧牲什麼要素？

　　把地球縮小描繪的方法，有保持球狀縮小成地球儀，或將地球畫成平面地圖。地球儀是直接將地球縮小繪製而成，上面的距離和面積都是按照等比例縮小，角度也能正確表現。但是，把地球繪**製成平面的地圖時，由於地球是球形，沒辦法直接縮小**，無法畫出角度、距離和面積等所有要素都正確顯示的平面地圖。

　　所以，若要保留**角度、面積或距離等任一要素的準確度，就會犧牲其他的要素**。地圖的各種畫法稱為投影法，不同的投影法有獨特的地圖形狀，以及各式各樣的優點和缺點。了解這些投影法的「個性」，也是地理的樂趣之一。

 等角投影：呈現正確方位角度的投影法

　　首先，介紹正確表現「角度」的地圖。角度正確的投影法稱作「等角投影」，代表的例子是麥卡托投影。「麥卡托」是16世紀地理學家的名字，他製作的地圖使用了這種投影法，成為麥卡托投影法的命名由來。

　　這種投影法的特徵是「用直線表現經線與緯線，緯線以和赤道相同長度的平行線表示」、「經線與緯線互相垂直」，和**「任一地點上，經線與緯線之間的角度」永遠正確**。圖1-6中，所有綠色箭都頭指向相同的方向，但從正面看地球儀，或是在其他投影法裡，

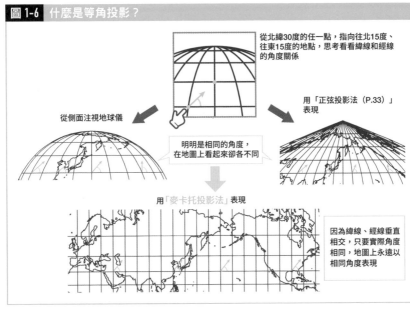

圖 1-6　什麼是等角投影？

從北緯30度的任一點，指向往北15度、往東15度的地點，思考看看緯線和經線的角度關係

用「正弦投影法（P.33）」表現

從側面注視地球儀

明明是相同的角度，在地圖上看起來卻各不同

用「麥卡托投影法」表現

因為緯線、經線垂直相交，只要實際角度相同，地圖上永遠以相同角度表現

第1章　地理資訊與地圖

第2章　地形

第3章　氣候

第4章　農林漁牧業

第5章　能源與礦產資源

第6章　工業

第7章　物流與消費

第8章　人口與鄉村、都市

第9章　衣食住、語言與宗教

第10章　國家

箭頭與緯線的角度看起來都不一樣。相反地，麥卡托投影法中，經線與緯線永遠垂直，因此，可以用固定的角度表現某個地點的正確方位。

　　接著介紹這個投影法的繪製方法。首先，想像把赤道擺在正前方，將地球切開成船形。現在緯線雖然互相平行，但是船形與船形之間有空白處，所以要將每個船形的緯線處拉長相連，使之與赤道等長（緯度60度時會拉長到2倍）。

　　可是，到這裡為止只是把地圖「橫向拉長」，如果要表示「正確角度」，那麼經度的方向也必須拉長。因此，要將地圖同步垂直拉長（舉例來說，緯度60度的地點，應該配合緯線的放大率垂直放大2倍）。

　　只是，如果要**讓北極附近的緯線也與赤道等長，就必須將北極地區放大到極高的倍率**，這樣極地會變得無限長，所以**不太可能用**

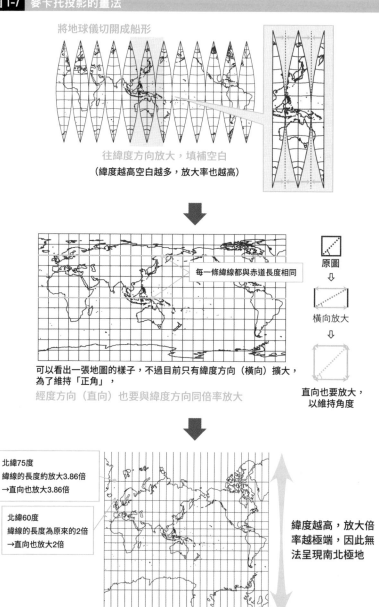

圖 1-7　麥卡托投影的畫法

將地球儀切開成船形

往緯度方向放大，填補空白
（緯度越高空白越多，放大率也越高）

每一條緯線都與赤道長度相同

可以看出一張地圖的樣子，不過目前只有緯度方向（橫向）擴大，
為了維持「正角」，
經度方向（直向）也要與緯度方向同倍率放大

原圖
⇩
橫向放大
⇩
直向也要放大，
以維持角度

北緯75度
緯線的長度約放大3.86倍
→直向也放大3.86倍

北緯60度
緯線的長度為原來的2倍
→直向也放大2倍

緯度越高，放大倍
率越極端，因此無
法呈現南北極地

這個方法繪製出極地地區。 一般來說，麥卡托投影法很少畫出緯度80度以上的高緯度地區。

🌐 麥卡托投影法最常用於世界全圖或航海圖

除了極地之外，麥卡托投影法能夠在一張長方形紙上表現世界的全貌，**適合用於書籍或海報，因此大多使用在繪製世界全圖。** 所以，當我們說到「世界地圖」時，多數人想像的畫面都是麥卡托投影法地圖。

另外，這種地圖還有適合用於航海圖的優點。不論在哪個地點，地圖上的經緯線與目標地的方位關係永遠一致，所以麥卡托投影法地圖中，只要將現在位置與目的地之間拉一條直線，根據羅盤，沿著直線的方向前進，一定能到達目的地。這種保持相等角度前進的航線，又稱為「恆向線」。

🌐 麥卡托投影法中的直線，並不是兩點的最短距離

要注意的是，「恆向線」並不是兩個地點的「最短距離」。地球是球體，北半球往北邊繞；南半球向南邊繞的路線才是最短距離（例如從日本飛到歐洲時，會取道俄羅斯上空的捷徑）。這個最短距離又叫做「大圓航線」。

舉例來說，如果在地球儀上的兩點之間拉一條繩子，繩子拉緊時，就是沿地球表面前進的最短距離，也就是「大圓航線」。以麥卡托投影法地圖畫出「大圓航線」的話，北半球的航線會向北彎曲，而南半球的則向南彎曲。

總結來說，麥卡托投影法就是「以赤道為中心，保持赤道水平的情況下，將地球儀切開並放大而成的地圖」。

第1章 地圖與地理資訊

第2章 地形

第3章 氣候

第4章 農林漁牧業

第5章 能源與礦產資源

第6章 工業

第7章 物流與消費

第8章 人口與鄉村、都市

第9章 衣食住、語言與宗教

第10章 國家

圖 1-8 恆向線與大圓航線

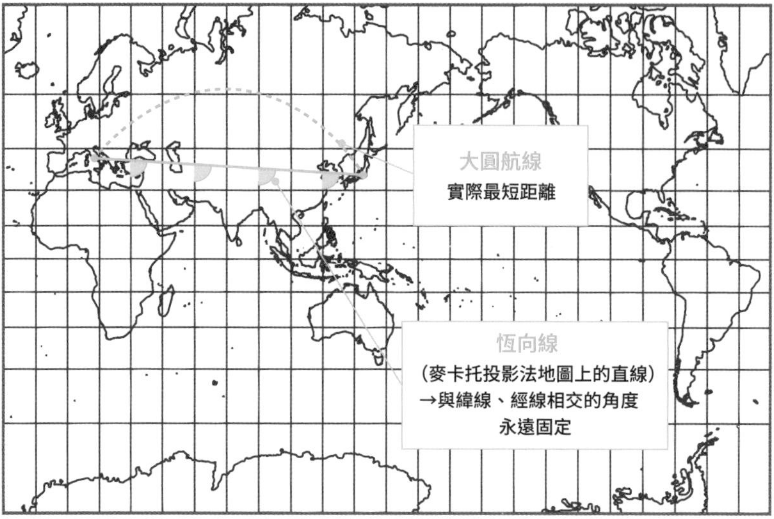

大圓航線
實際最短距離

恆向線
（麥卡托投影法地圖上的直線）
→與緯線、經線相交的角度
永遠固定

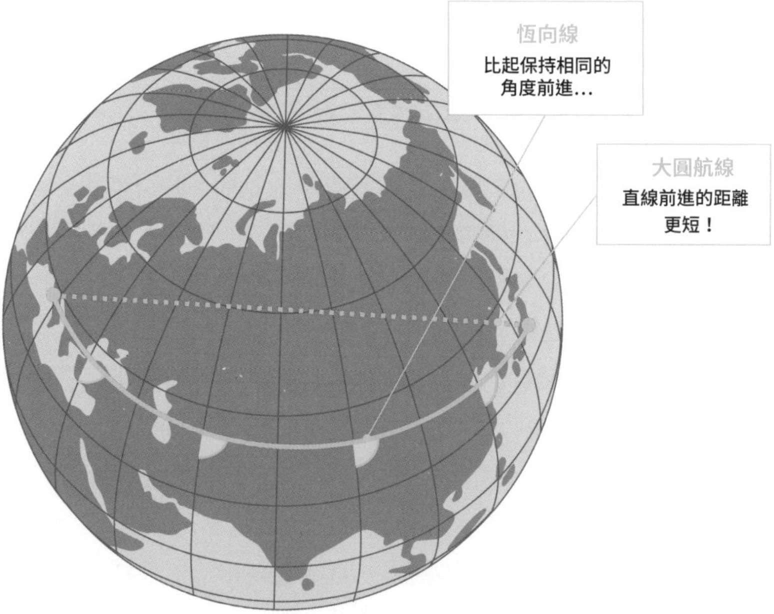

恆向線
比起保持相同的
角度前進...

大圓航線
直線前進的距離
更短！

正弦、橢圓、分瓣，各具特徵的 3 種投影法

第1章
地理資訊與地圖

第2章
地形

第3章
氣候

第4章
農林漁牧業

第5章
能源與礦產資源

第6章
工業

第7章
物流與消費

第8章
人口與鄉村、都市

第9章
衣食住與語言與宗教

第10章
國家

🌐 等積投影：正確呈現面積的投影法

繼角度之後，接著介紹正確呈現面積的投影法。這類投影法叫做「等積投影」，包含正弦投影法、莫爾威投影法、古德投影法。**它的特徵是地圖上任何地區的面積，與在地球上的實際面積都呈現相同比例。**

這個投影法適合用於繪製分布圖。如果將前面介紹的麥卡托投影法用於分布圖，由於緯度越高的地區，面積放大越多倍，即使高緯度地區分布密集，在地圖上看起來卻變得很分散。然而，如果使用正確呈現面積的等積投影法，密集分布的情形就能如實地呈現（不過地圖周邊地區的「形狀」會扭曲）。

🌐 正弦投影法

首先，我們來看看正弦投影法的畫法。如圖 1 － 9 所示，這個方法是將地球切開成「船形」，然後維持面積正確的前提下，把北極與南極兩端的頂點「合攏」為一點。像這樣在維持面積大小的條件下，把所有「船形」併攏為一的地圖畫法，就稱為正弦投影法。

正弦投影法的特徵是，**經線的弧形會變成高中數學課中「三角函數」的「正弦（sin）」曲線形狀**。此外，這種投影法的概念是將地球切割並展開，然後直接平行移動到中央「併攏」，所以緯線可以保持等距離的間隔，每條緯線之間的長度關係也維持不變（例如

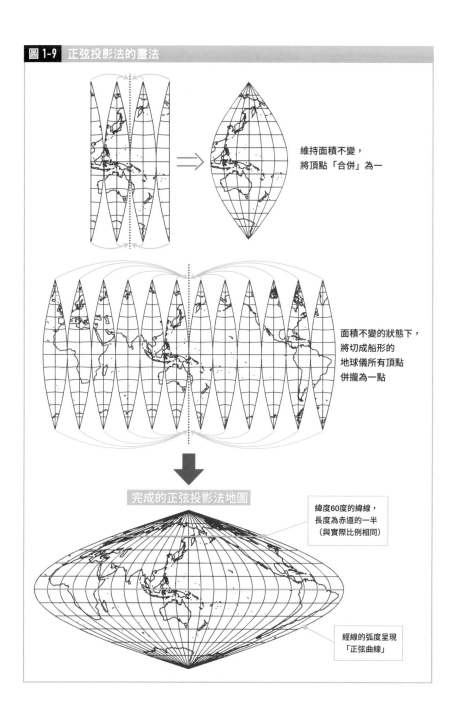

圖 1-9 正弦投影法的畫法

維持面積不變，
將頂點「合併」為一

面積不變的狀態下，
將切成船形的
地球儀所有頂點
併攏為一點

完成的正弦投影法地圖

緯度60度的緯線，
長度為赤道的一半
（與實際比例相同）

經線的弧度呈現
「正弦曲線」

60度緯線的長度為赤道的一半）。此外，赤道的長度是**繞地球一圈**的長度，而地圖正中央的經線長度則是北極到南極的**地球半圈**長度，所以，整張地圖的長寬比例為2：1。

「橢圓形」的莫爾威投影法

正弦投影法的缺點，是鄰近北極與南極的高緯度地區會越來越「尖」，造成地球形狀大幅扭曲成菱形。尤其是菱形的「邊緣」一帶，經線會變得很密集，導致地圖資訊難以辨識。

因此，有人以此為基礎發想出莫爾威投影法，它的概念是**用橢圓形代替以「正弦曲線」繪製的正弦投影法，以便更清楚地呈現地圖邊緣的部分。**因為橢圓形面積較大，可以為正弦投影法不容易看到的地圖邊緣，增加些許的繪製空間。

此外，以莫爾威投影法畫出的地圖，外觀也比近菱形的正弦投影法更接近圓形，更符合地球圓形的印象，是比較自然的畫法。

莫爾威投影法著重於「正確呈現面積比例」

但是，莫爾威投影法也有缺點。它為了使用橢圓形來表現地球，只好縮小畫面中某些部分，才能符合「等積投影」正確表現面積的特點。

莫爾威投影法讓地圖邊緣部分「變圓」，因此若要像正弦投影法一樣表現相同的面積，就必須改變整體的尺寸，縮短赤道的長度。此外，緯線的間隔也會改變，高緯度地區的緯線間隔比較窄，低緯度的緯線間隔比較寬。

相較於正弦投影法是單純把頂點併攏的地圖，**莫爾威投影法地圖更容易閱讀，是一種將多處位置變形，以正確呈現面積比例的投**

第1章
地理資訊與
地圖

第2章
地形

第3章
氣候

第4章
農林漁牧業

第5章
能源與礦產資源

第6章
工業

第7章
物流與消費

第8章
人口與鄉村、都市

第9章
衣食住、語言與宗教

第10章
國家

圖 1-10　從正弦投影法到莫爾威投影法

正弦投影法

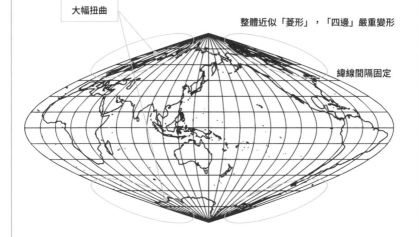

大幅扭曲

整體近似「菱形」，「四邊」嚴重變形

緯線間隔固定

呈現橢圓形，周邊部分隆起

莫爾威投影法

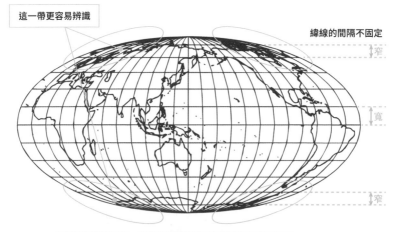

這一帶更容易辨識

緯線的間隔不固定

窄

寬

窄

因為周邊部分隆起，如果想要維持跟正弦投影法同樣的面積，
赤道長度會略微縮短，高緯度地區的緯線間隔也變窄

影法。

第1章 地理資訊與地圖

第2章 地形

第3章 氣候

第4章 農林漁牧業

第5章 能源與礦產資源

第6章 工業

第7章 物流與消費

第8章 人口與鄉村、都市

第9章 衣食住與語言與宗教

第10章 國家

有好幾個大裂口的「個性派」投影法

古德投影法又叫古德分瓣投影法，**這種地圖在海洋部分有幾個大裂口**，給人「個性派」的印象。而古德究竟是從哪裡得到靈感，想出形狀這麼奇怪的地圖呢？

前面說過，同為「等積投影法」，正弦投影法在高緯度部分扭曲嚴重，而莫爾威投影法在低緯度部分則略微壓縮（赤道略短）。美國地理學家古德便心想，既然如此，只要避開前面兩種投影法的缺點，只「取其優點」不就好了？於是，他想出了古德投影法。

「結合不同優點」的投影法

這種投影法避開了正弦投影法與莫爾威投影法的變形問題，**採取將正弦投影法的低緯度地區，跟莫爾威投影法的高緯度地區兩者組合**的手法。將同比例的正弦投影法及莫爾威投影法地圖重疊時，南、北緯度40度44分處的緯線長度正好一致。只要以這兩條緯線為界線，較低緯度的地區用正弦投影法，較高緯度的地方用莫爾威投影法繪製就行了。

以這個方法畫出來的地圖，呈現中央比較突出的橢圓形。於是古德進一步加工，在海洋的部分割裂。這麼做就能減少大陸形狀變形。

麥卡托投影法的缺點在於，高緯度越高的地方面積必須放大越多倍，因此無法繪製極地地區，而**古德投影法則將陸地的變形降到最低，維持面積比例正確，極地地區也可以繪製出來（只是呈斷裂狀）**。這種特殊的投影法，想必很多人都至少看過一次。

圖 1-11 古德投影法的畫法

正弦投影法

高緯度地區變形嚴重
赤道長度正確

莫爾威投影法

放大高緯度地區
壓縮赤道長度

以緯度40度44分為分界，
將正弦投影法的低緯度地區與莫爾威投影法的高緯度地區合併

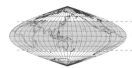  

形成中央突出的形狀

使海洋部分分裂，
減少大陸的變形

完成的古德投影法地圖

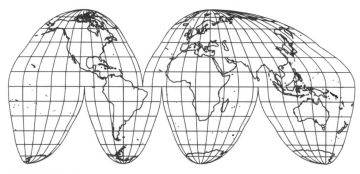

「從中心點」看起來距離、方位正確的投影法

第1章
地理資訊與
地圖

第2章
地形

第3章
氣候

第4章
農林漁牧業

第5章
能源與
礦產資源

第6章
工業

第7章
物流與
消費

第8章
人口與
鄉村、都市

第9章
衣食住、
語言與宗教

第10章
國家

 ## 正確表現距離與方位的等距方位投影法

接著介紹正確表現距離的「等距投影法」，雖說它可以正確表示距離，但並不是指地圖上所有地點之間的距離都正確，而是**以地球上的某一點為中心，正確呈現從中心點到其他地點的距離。**

其中最具代表性的是等距方位投影法，這種投影法能正確表現從地球中心點到每個地點的距離，也能正確呈現從中心點出發到其他地點的方位。因此，在等距方位投影法地圖上，從東京往正東方拉一條線，會漸漸往南半球偏移，並且正確到達地球的另一側。不過，**正確的終究只有中心點到別處的距離與方位，從其他點來看，距離和方位都並不正確。**

 ## 地圖的最外圈，是距離中心點最遠的「對蹠點」

等距方位投影法地圖，是將地球以某一點為中心，切開成數個船形，形成圖1－12的花瓣形狀。船形的各頂點，就是由中心點出發穿過地心後，在地球另一端對應的點（稱為「對蹠點」）。

圖例是以東京為中心繪製而成。接著將船形間的空白填滿連接起來，從東京出發的等距線就會形成同心圓狀，可以正確顯示東京到各地的距離。而地圖的最外圈，就是距離東京最遠的點，即東京的對蹠點（南美洲大陸外海）。此外，這個地圖也正確表現了以東京為中心前往各地的方位。

圖 1-12 等距方位投影法的畫法

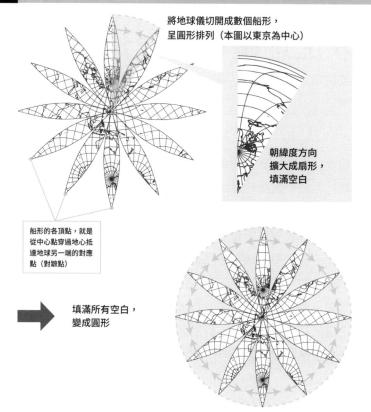

將地球儀切開成數個船形，
呈圓形排列（本圖以東京為中心）

朝緯度方向
擴大成扇形，
填滿空白

船形的各頂點，就是
從中心點穿過地心抵
達地球另一端的對應
點（對蹠點）

填滿所有空白，
變成圓形

完成的等距方位投影法地圖

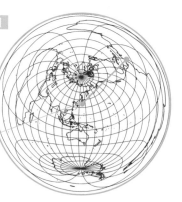

地圖的外圍就是中心點
的對蹠點

從地圖中心出發的直
線，就是中心出發到
該地點的最短距離。
地圖上從中心到各地
點的方位也正確（本
圖為東北方）

地圖上的地理資訊

第1章 地圖 地理資訊與

第2章 地形

第3章 氣候

第4章 農林漁牧業

第5章 能源與礦產資源

第6章 工業

第7章 物流與消費

第8章 人口與鄉村、都市

第9章 衣食住、語言與宗教

第10章 國家

 ## 五花八門的地圖資訊

　　前面主要解說了將球形的地球投影在平面地圖上的繪製方法。接下來要談一談地圖呈現的資訊。

　　查閱地圖時，會發現上面有地名、地圖符號和各種線條，這些資訊統稱為地理資訊。地理資訊不只表示了設施的種類、建築的名稱及道路等社會環境的訊息，也包含地形、森林狀態等自然環境的資訊。

 ## 平常看到的地圖大多是「主題地圖」

　　地圖可以依據登載這些資訊的方式，分為普通地圖與主題地圖。普通地圖**沒有特定主題，而是全面性地表現出基本地理資訊**，如土地起伏、道路和市鎮村的分界，或是河流、池塘、設施的種類。代表性的例子有國土交通省下國土地理院發行的5萬分之1或2萬5千分之1地形圖。

　　主題地圖則是**強調特定資訊的地圖，如觀光地圖或鐵路路線圖等**。實際上，我們看到的地圖大部分都是主題地圖。開車使用的道路地圖看似接近普通地圖，其實將道路畫得較粗，或省略建築資訊以方便查看。而標示洪水、土石流等危險地區的危害分布圖，則是為了預防萬一不可缺少的重要主題地圖。

以線條及圖案呈現的地圖

 ## 絕對分布圖與相對分布圖

　　主題地圖中，統計地圖最常使用在地理學習。統計地圖包含**絕對分布圖**和**相對分布圖**，絕對分布圖用於呈現物件或數據的絕對「數值」，而相對分布圖則使用在比較比例或密度。

 ## 以圓點和圖形表現的絕對分布圖

　　點子圖是顯示人口或家畜飼養數量等分布情況時使用的絕對分

圖 1-13　點子圖與分級符號圖

養豬頭數分布圖

點子圖

用圓點表現數量，顯示分布狀態的地圖。多用於表現人口、農作物及設施的分布情況。

各州工業生產額

分級符號圖

以圓形、條狀或圖案的大小表示數量的地圖，容易直觀地掌握數量差異。

布圖，以圓點表示數量，可以透過圓點的分散或密集程度來讀取分布狀況。

　　分級符號圖是以符號表現每個地區中目標數量的絕對分布圖。舉例來說，可以清楚看出各國、各縣市生產多少作物的地圖，就是其中一種。

 ## 以線條表現的絕對分布圖

　　等值線圖以線條連結同數值地點，適用在呈現氣溫、氣壓、降雨量及初春時的「櫻花開花前線」等氣象相關數據。另外，**表現山岳起伏的「等高線」圖，也是顯示海拔高度的等值線圖。**

　　流線圖是表現物體或人口移動時使用的絕對分布圖，以箭頭表現移動方向，並以粗細呈現相對數量，讓貿易量、觀光客、人口流進或流出狀態一目了然。

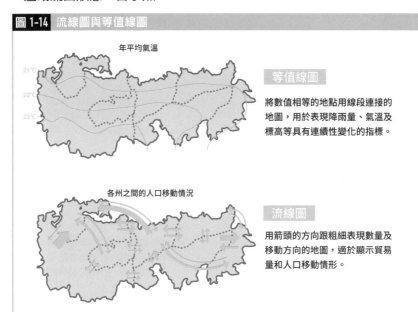

圖 1-14 流線圖與等值線圖

年平均氣溫

21℃
22℃
23℃

等值線圖
將數值相等的地點用線段連接的地圖，用於表現降雨量、氣溫及標高等具有連續性變化的指標。

各州之間的人口移動情況

流線圖
用箭頭的方向跟粗細表現數量及移動方向的地圖，適於顯示貿易量和人口移動情形。

第1章 地理資訊與地圖

第2章 地形

第3章 氣候

第4章 農林漁牧業

第5章 礦產能源與資源

第6章 工業

第7章 物流與消費

第8章 人口與鄉村、都市

第9章 衣食住語言與宗教

第10章 國家

🌐 表現比例的相對分布圖

　　前面介紹的絕對分布圖雖然能顯示數量分布，卻無法表現比例關係。舉例來說，以分級符號圖呈現的「高齡人口數」地圖中，**即使代表數量的「符號」很大，但該地區高齡者「比例」卻未必很高**（或許只是因為該地區設籍人口多，所以高齡人口數量多，但是比例可能很低）。因此**就需要相對分布圖，用顏色的濃淡來表現比例或相對分布的差距。**

　　區域密度圖是相對分布圖的代表性例子，利用顏色的不同或深淺，表現每個地區的分布比例或密度。即使是各國或各省縣市等大範圍之間的比例差異，也能一目了然。相反地，這種圖無法看出絕對數量，而且各地區全境都以同一顏色表現，無法知道其中哪個區域分布比例高，哪個地區比例低。

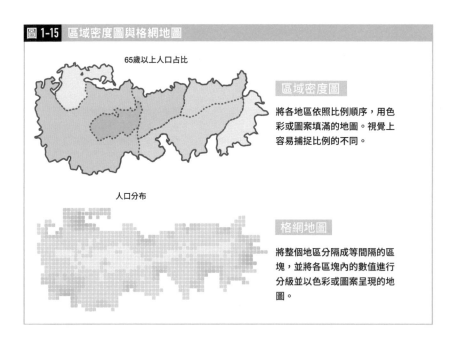

圖 1-15　區域密度圖與格網地圖

65歲以上人口占比

區域密度圖

將各地區依照比例順序，用色彩或圖案填滿的地圖。視覺上容易捕捉比例的不同。

人口分布

格網地圖

將整個地區分隔成等間隔的區塊，並將各區塊內的數值進行分級並以色彩或圖案呈現的地圖。

格網地圖是將地區分割成等面積的網格，以網格為單位將統計數據地圖化，並分別用深、淺色塗滿。由於每格網格面積相同，一眼即可看出深色網格的區域表示絕對數量比較多。這種地圖可以同時呈現比例和數量，具有組合相對分布圖和絕對分布圖的長處。

將地圖「變形」的示意地圖

示意地圖是一種「變形地圖」，將原本的地圖變形，透過比較示意地圖與該地區原本的形狀及面積，藉此認識該地區的特徵。

下圖是日本四國地區4縣人口分布示意地圖。香川縣的面積比實際面積更大，可以看出這種地圖是以面積比例來表現人口多寡。**若想讀懂示意地圖，就必須先掌握地圖的原形。**

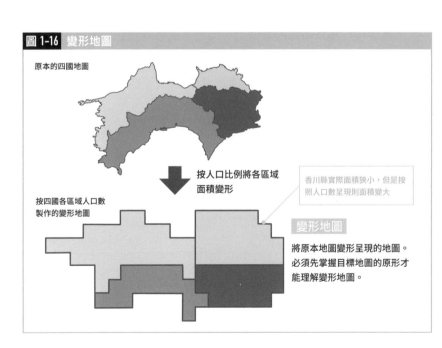

圖 1-16 變形地圖

原本的四國地圖

按人口比例將各區域面積變形

按四國各區域人口數製作的變形地圖

香川縣實際面積狹小，但是按照人口數呈現則面積變大

變形地圖

將原本地圖變形呈現的地圖。必須先掌握目標地圖的原形才能理解變形地圖。

第1章
地理資訊與
地圖

第2章
地形

第3章
氣候

第4章
農林漁牧業

第5章
能源與礦產資源

第6章
工業

第7章
物流與消費

第8章
人口、鄉村、都市

第9章
語言與宗教衣食住、

第10章
國家

每天都會接觸的數位地圖

 應用在數位地圖的 GIS

　　說到生活中常見的地圖，不少了智慧型手機上的「Google地圖」等數位地圖，以及車內導航的地圖。當數位地圖充斥日常生活，看紙本地圖的機會也漸漸減少。

　　數位地圖上顯示各種各樣的資訊，如所在地到目的地的路線、道路狀況、附近商店及超商的名稱等，也有在基底地圖上結合人口、年齡層分布，運用於市場行銷，或者結合降雨量、地面坡度等，運用在防災領域的例子。

　　像這種**在基底地圖的數據上，組合各式各樣資訊的系統**，稱為GIS（地理資訊系統）。近年來，商務和行政機關也開始利用GIS，將過去技術難以記錄和保管，而且每天不斷大量生成的大數據視覺化。

　　疊加在基底地圖上的數據稱為「圖層」，例如在基底地圖上疊加顯示雨雲的圖層，就能預測降雨情況；疊加交通資訊的圖層，可用於掌握塞車的資訊，這種手法稱為套疊。

 定位精準的 GNSS

　　如果要收集可應用於GIS的數據或進行定位，就不能缺少正確測量經度與緯度的技術。現在，如果我用手機查找撰寫本書地點的經度和緯度，會得出「緯度33.5801063，經度130.493104」的數

第1章 地圖與地理資訊

第2章 地形

第3章 氣候

第4章 農林漁牧業

第5章 能源與礦產資源

第6章 工業

第7章 物流與消費

第8章 人口與鄉村、都市

第9章 衣食住、語言與宗教

第10章 國家

值，這裡是一家咖啡店。正是**憑藉精密的經度與緯度數據，才能將這家咖啡店正確位置顯示在手機地圖上。**

而運用人造衛星正確測量地球上座標的系統，稱為 GNSS（全球衛星導航系統），以美國的 GPS（全球定位系統）、有日本版 GPS 之稱的「準天頂衛星系統」，和歐盟的「伽利略定位系統」為代表。美國的 GPS 和日本的「準天頂」合併運用，而歐盟則不依賴美國的 GPS，開發出獨立系統。

不論哪一種，原理都是使用者藉由接收機，從數個人造衛星讀取訊號，以得知現在位置。

今後，如果這些定位系統的精確度進一步提升，也有機會被嵌入自動駕駛或無人配送系統，並利用無人機鎖定目標，把網購商品送到家門前。

圖 1-17 GIS 與 GNSS

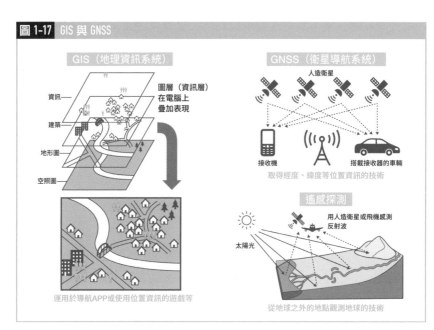

GIS（地理資訊系統）

資訊
建築
地形圖
空照圖

圖層（資訊層）在電腦上疊加表現

運用於導航APP或使用位置資訊的遊戲等

GNSS（衛星導航系統）

人造衛星

接收機　搭載接收器的車輛

取得經度、緯度等位置資訊的技術

遙感探測

用人造衛星或飛機感測反射波

太陽光

從地球之外的地點觀測地球的技術

遠距觀察地球的技術

遙感探測技術，是**從人造衛星或飛機等遠離地球的位置觀測地球**，也是支持GIS的重要技術。

遙感探測的優點，包含可以調查遠離人類生活圈的地點或危險地域，又或者是進行單次大範圍調查。

除了運用人造衛星的數據進行天氣預報之外，遙感探測還可以觀測農作物的生長狀況、火山活動的狀況，以及掌握災害情況，使用範圍廣泛。近年，科學家更透過人造衛星觀測重力，來探勘地底的礦藏資源。

手機與 GIS

對總是隨身攜帶手機的我們來說，GIS與我們非常親近。搜尋用餐的餐廳位置，或是查看雨雲動向、記錄慢跑資訊等，幾乎所有的手機應用程式都使用了GIS功能。另外，像是寶可夢、勇者鬥惡龍WALK等利用GIS技術的AR遊戲也極受歡迎。

在我們使用GIS系統的同時，GIS也不斷收集我們使用手機時的位置或狀況等數據，並儲存為大數據的一部分，運用在提高應用程式便利性，或製作更準確的地圖。

地形

第 2 章 地形　大綱

自然的力量創造出
變化萬千的地形

　　第2章將介紹地球上千變萬化的地形。珍奇的地形成為觀光勝地，而創造地形的能量也為我們帶來溫泉或礦藏資源等恩賜。

　　首先，環繞在我們周圍的地形，分為大地形和小地形。

　　大地形是指地球儀上一眼就能看見的大規模地形，如大陸、海洋及大山脈等。大地形的形成，可以用覆蓋地球的岩盤，也就是板塊的移動來說明。其中，又分成看得到種種地殼變動痕跡的造山帶，和板塊活動不活躍的穩定地區。

　　而小地形就是我們身邊常見的小規模地形，由河流、冰河及海洋的力量形成。例如山谷和沖積扇、三角洲等代表性的小地形，就是因為河川侵蝕地面或搬運泥砂堆積而成。

　　接下來，我們也會逐一說明不同地區的獨特地形，包含在海岸形成的沙洲和海階；在溫暖海域形成的珊瑚礁；冰河所造成的冰河地形；在乾燥地帶形成的乾燥地形；還有分布著大量石灰岩的地區所形成的喀斯特地形。

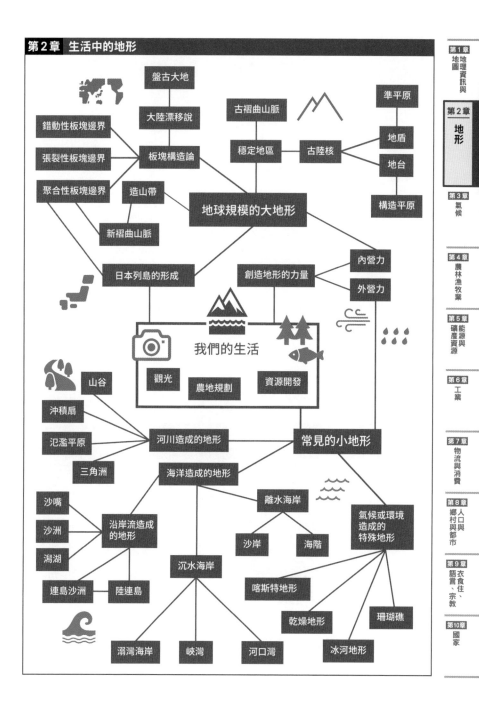

第1章
地理資訊與
地圖

第2章
地形

第3章
氣候

第4章
農林漁牧業

第5章
能源與
礦產資源

第6章
工業

第7章
物流與消費

第8章
人口與
鄉村與都市

第9章
衣食住、
語言、
宗教

第10章
國家

規模不同的地形

大地形：全球規模的地形

　　我們的周邊有山、河、溪谷及海岸等各式各樣的地形，地形獨特的地方，往往成為風光明媚的觀光勝地，或是登山及露營區。地形可說是我們身邊最容易接觸「地理」的領域。

　　而「地形」又可分成兩種，一種叫做「**大地形**」，也就是大陸、海洋、喜馬拉雅山等**全球規模的地形**。另一種「小地形」是指**山谷、沖積扇、三角洲等範圍較小的地形**。

創造大地形的大陸漂移

　　接下來，我們先來談「大地形」。查看世界地圖或是地球儀時，一定會看到廣袤的大陸和遼闊的海洋。這些大規模的地形，是如何形成的？

　　我想，應該有不少人聽過「**大陸漂移說**」這個詞。這個理論是在20世紀初期，由德國的韋格納（Alfred Lothar Wegener）所提倡的學說，認為**太古時代的地球只存在著一個巨大大陸，它們分裂並漂移後，形成現在大陸的形狀和位置。**確實，隔著大西洋的非洲大陸和南美洲大陸海岸線形狀很相似，如果說它們原本是從同一個大陸分裂而成，也可以理解。

　　但是，韋格納的學說最初並未得到支持。因為大家無法找出有什麼足以造成地動山搖的力量，可以分裂及移動大陸。

儘管未能解明大陸形成的原因，但是人們**從調查地球各地古老岩石所留下的磁場方向，以及陸地或海底形成的年代等過程中，漸漸收集到大陸漂移說的「間接證據」**。

依據這些證據，可以判斷在2億5000萬年前，地球上存在著一塊大陸，名為「**盤古大陸**」。不久後，它分裂成**勞亞大陸**和**岡瓦納大陸**，並且漸漸移動，形成現在的大陸與海洋。

圖 2-1　非洲與南美洲的海岸線

很久以前就有人指出，非洲大陸和南美洲大陸的海岸線形狀很相似。

⇨ 或許它們是從1個大陸分裂而來的？

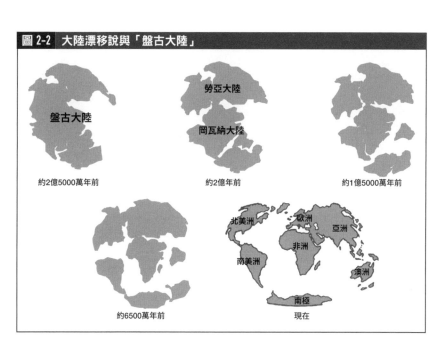

圖 2-2　大陸漂移說與「盤古大陸」

盤古大陸

約2億5000萬年前

勞亞大陸

岡瓦納大陸

約2億年前

約1億5000萬年前

約6500萬年前

北美洲　歐洲　亞洲
南美洲　非洲　澳洲
南極

現在

第1章 地圖資訊與地理

第2章 地形

第3章 氣候

第4章 農林漁牧業

第5章 能源與礦產資源

第6章 工業

第7章 物流與消費

第8章 人口與鄉村與都市

第9章 衣食住、語言、宗教

第10章 國家

造就豐富地形的板塊運動

 佐證大陸漂移說的理論

　　到了1960年代，終於出現可以合理說明大陸漂移說的理論，那就是「**板塊構造論**」，這個理論指出，**由於板塊（岩盤）移動，形成大陸及海洋，並引起地震或火山爆發等各種現象。**

　　根據這個理論，地球上有十幾片覆蓋於地球表面的岩盤，稱為「**板塊**」。人們發現板塊每年會移動幾公分。而板塊分為「**大陸板塊**」和「**海洋板塊**」，大陸板塊主要由厚而輕的岩石組成，海洋板

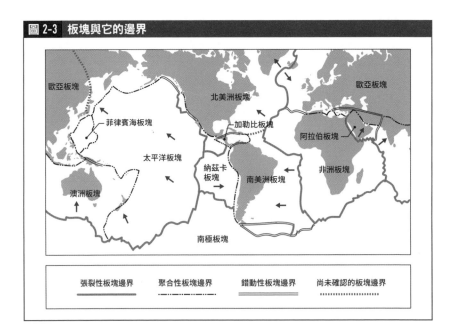

圖 2-3　板塊與它的邊界

歐亞板塊

北美洲板塊

歐亞板塊

菲律賓海板塊

加勒比板塊

阿拉伯板塊

太平洋板塊

納茲卡板塊

非洲板塊

澳洲板塊

南美洲板塊

南極板塊

張裂性板塊邊界　　聚合性板塊邊界　　錯動性板塊邊界　　尚未確認的板塊邊界

塊則是由薄而重的岩石組成（也有一些板塊難以明確區分類別）。

第1章
地理資訊與

第2章
地形

第3章
氣候

第4章
農林漁牧業

第5章
礦產能源與

第6章
工業

第7章
物流與消費

第8章
人口與鄉村與都市

第9章
衣食住、語言、宗教

第10章
國家

驅動板塊移動的「地函對流」

那麼，板塊到底是靠什麼動力移動的？學者認為，動力來自「**地函對流**」。板塊與地球中心的「地核」之間分布著岩石層，稱為「地函」。地函雖然是固體，但有人認為它具有流動性，在長時間受地球內部熱能的影響下，會出現緩慢的對流。**隨著地函對流，在它上方的板塊也會像流冰一樣移動**（由此發展出來的新學說，認為地球更深處的地函有巨大的上升及下降流，如圖2-4）。

由於板塊各自移動的方向不同，造成彼此之間碰撞並且出現裂縫，或是發生錯位。在板塊發生碰撞時，海洋板塊會沒入大陸板塊之下；大陸板塊之間的撞擊則會形成高聳的山脈。**板塊邊緣發生碰撞的地帶稱為造山帶，經常發生各種地殼變動**；板塊遠離造山帶的地帶，因為**地殼活動不活躍，所以稱為穩定地區**。

圖 2-4 地函的對流與板塊的移動

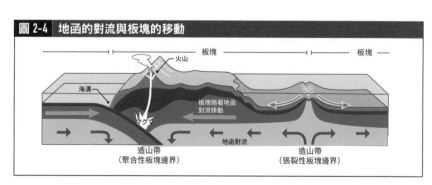

形成火山及大山脈的造山帶

 ## 聚合性板塊邊界① 隱沒帶

在兩個板塊碰撞、分離或錯動的「造山帶」，會發生許多地質活動。兩個板塊相撞的邊界稱為「**聚合性板塊邊界**」。聚合性板塊邊界分為兩種類型，一種是「隱沒帶」，是指**板塊移動並隱沒到另一塊板塊之下產生的邊界**。海洋板塊與大陸板塊碰撞時，因為兩種板塊的密度及比重不同，所以海洋板塊會沉到大陸板塊下方，在交界形成深邃的**海溝**。

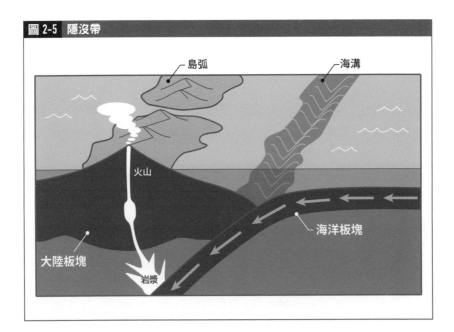

圖 2-5　隱沒帶

島弧

海溝

火山

大陸板塊

岩漿

海洋板塊

在板塊隱沒的地方，因為海洋板塊中的水分作用，或地函內壓力的變化，會使地函融化成岩漿。這些岩漿噴出地表，就形成火山。當海底火山露出海面後，經常形成相連的島嶼，稱為「**島弧**」，日本列島就是其中之一。

聚合性板塊邊界② 碰撞帶

另一種類型是**厚重的板塊互相撞擊**，如大陸板塊與大陸板塊互相碰撞的狀況下形成的「**碰撞帶**」。這時，同樣會有一側的板塊隱沒，但與隱沒帶不同的是，板塊之上的堆積物會大幅隆起，形成大型山脈。代表性的例子是歐亞板塊與印度、澳洲板塊碰撞所形成的**喜馬拉雅山**。

由於喜馬拉雅造山運動的規模宏大，影響了西藏高原和它北方大規模山脈的形成。這種撞擊也會造成原本位在海底的地層向上移動，因此人們曾在超過8000公尺的地點發現過海中的化石。

不論是隱沒帶或碰撞帶，相互碰撞的板塊邊緣都會產生巨大的撞擊力，所以聚合性板塊邊界的周邊也是地震頻發的地帶。

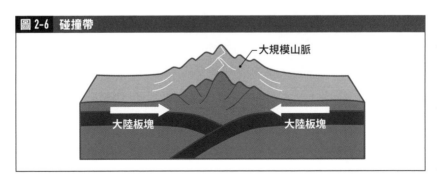

圖 2-6　碰撞帶

大規模山脈

大陸板塊　　大陸板塊

第1章 地圖資訊與地理

第2章 地形

第3章 氣候

第4章 農林漁牧業

第5章 能源與礦產資源

第6章 工業

第7章 物流與消費

第8章 人口與鄉村與都市

第9章 衣食住、宗教

第10章 國家

板塊分離、錯位，產生大地的裂縫

冰島的大裂縫

　　張裂性板塊邊界主要出現在廣大的海洋中央，在海底形成山脈，稱為**海脊**。從地球內部上升的地函，一部分會熔化為岩漿，從海脊的裂口噴出，當岩漿逐漸凝固，就製造出新的板塊。張裂性板塊邊界大多位於海底，可是**如果它出現在海面上，就會創造出如冰島的大裂口，形成火山並且噴出岩漿。**「冰島」地如其名，島上有許多冰河，是個寒冷的國度。但是它的溫泉和火山也多，地熱發電

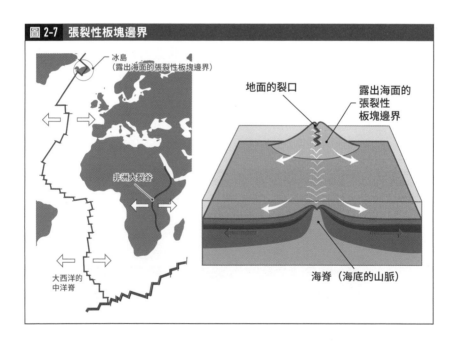

圖 2-7　張裂性板塊邊界

冰島
（露出海面的張裂性板塊邊界）

非洲大裂谷

大西洋的
中洋脊

地面的裂口

露出海面的
張裂性
板塊邊界

海脊（海底的山脈）

興盛，可以說是「冷熱交加的國家」。

　　相較之下，非洲雖然處在穩定地區，不過卻有一條**大裂谷帶**位於此處，下方地函中的上升流，不斷製造出張裂性板塊邊界。它的邊界尚不明確，不過按照理論，在遙遠的未來，**這裡將分裂成2個板塊，海水將會湧入大裂谷，而非洲大陸將變成兩個大陸。**

錯動性板塊邊界的代表

　　另一種板塊邊界，是沿地面水平延伸的**錯動性板塊邊界**。最具代表性的是縱貫美國加州的**聖安地列斯斷層**。由於**錯動性板塊邊界的兩個板塊之間存在巨大剪力，此地區的地震十分頻繁。**例如舊金山周邊，偶爾就因為發生大地震而躍上新聞版面。

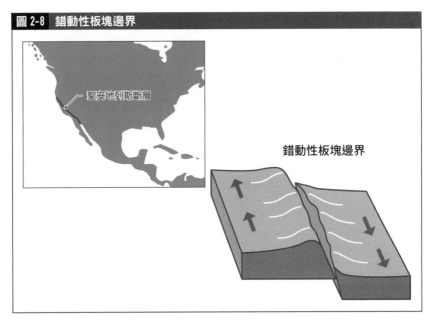

圖 2-8 　錯動性板塊邊界

聖安地列斯斷層

錯動性板塊邊界

第1章
地理資訊與

第2章
地形

第3章
氣候

第4章
農林漁牧業

第5章
能源與礦產資源

第6章
工業

第7章
物流與消費

第8章
人口與鄉村與都市

第9章
衣食住、語言、宗教

第10章
國家

造山帶的地震和火山

 岩盤內累積的能量一口氣釋放，造成地震

　　前面介紹過，造山帶是地震和火山較多的地區。**位在造山帶上的日本列島，也是個火山多、經常發生地震的區域。**此外，如果仔細注意國際新聞中大地震的發生地點，就會發現**墨西哥、祕魯、印尼跟台灣等位於造山帶的國家，地震也特別多**，此外，這些地區也分布著很多火山。

　　地震是因板塊隱沒或撞擊，使板塊內岩盤的應力不斷累積，當能量到達極限時，岩盤崩碎，應力跟著釋放而產生的現象。地震會發生在隱沒帶還有**活動斷層**。而發生在隱沒帶的地震，經常伴隨**海嘯**。

 岩漿噴發形成的火山

　　火山是**岩漿（地底熔化的岩石）噴出地表形成的地形**。火山多分布在造山帶的隱沒帶或張裂性板塊邊界，不過其中也有由地函深處湧出的岩漿，噴出板塊所形成的**熱點**火山（夏威夷群島就是火山島，也是熱點的代表例子）。

　　火山有多種形態，如果熔岩的黏度高，就會形成形狀鼓起的**熔岩穹丘（火山穹丘）**。而在隱沒帶，當黏度中等的熔岩上堆積各種的噴出物，大多會形成圓錐狀的**複式火山（錐狀火山）**，如富士山。熔岩黏性低的話，則會大面積流溢，形成坡度和緩的**盾狀火**

山。

　火山爆發時，會大量噴出熔岩、火山灰與噴石，也會噴出火山氣體，**噴出物會在山頂附近形成空洞，有時洞口塌陷，就產生一塊大型凹地，稱為破火山口。**例如位於日本熊本縣的阿蘇山破火山口，南北長25公里，東西寬18公里，以規模廣闊而聞名。

第1章
地理資訊與圖

第2章
地形

第3章
氣候

第4章
農林漁牧業

第5章
能源與礦產資源

第6章
工業

第7章
物流與消費

第8章
人口與鄉村與都市

第9章
語言、衣食住、宗教

第10章
國家

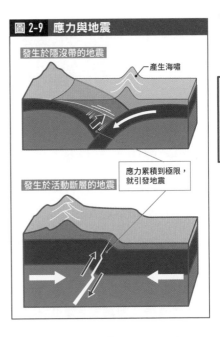

圖 2-9　應力與地震

發生於隱沒帶的地震

產生海嘯

應力累積到極限，就引發地震

發生於活動斷層的地震

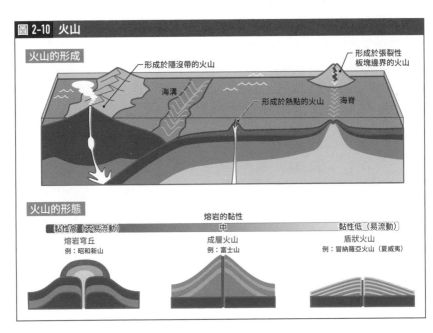

圖 2-10　火山

火山的形成

形成於隱沒帶的火山

海溝

形成於熱點的火山

海脊

形成於張裂性板塊邊界的火山

火山的形態

熔岩的黏性

黏性高（不易流動）　　　　　中　　　　　黏性低（易流動）

熔岩穹丘
例：昭和新山

成層火山
例：富士山

盾狀火山
例：冒納羅亞火山（夏威夷）

板塊運動活躍的 新褶曲山脈

 ## 造山運動形成山脈與陸地

　　了解板塊邊界的各種造山帶後，接著就來介紹形成山脈和列島的聚合性板塊邊界。

　　這種**形成山脈和陸地的大地活動，稱做造山運動**。造山運動發生的時期可以大略分成3段，首先是前寒武紀，**距今5億4000萬年前，當時發生過造山運動的地方，現在已經成為「穩定地區」**，稱為古陸核。而**距今5億4000萬年前到2億5000萬年前，稱為「古生代」時期**，當時發生造山運動的地區，稱為古褶曲山脈，現在也被歸類為「穩定地區」。而**2億5000萬年前到現在，造山運動依然活躍發生的地區**，稱為新褶曲山脈。

 ## 頻繁發生造山運動的兩條造山帶

　　新褶曲山脈的主要部分，可以大略分成兩段。

　　一段是「阿爾卑斯－喜馬拉雅造山帶」，範圍**從歐洲阿爾卑斯山脈經過印度北部的喜馬拉雅山脈，直到東南亞馬來半島和印尼**。

　　另一段「環太平洋造山帶」，從**南北美洲的洛磯山脈和安地斯山脈、日本列島、菲律賓延伸到紐西蘭，分布地區包圍了太平洋**。這些地區的造山運動活躍，因此山岳高聳險峻。

圖 2-11 新褶曲山脈、古褶曲山脈與古陸核

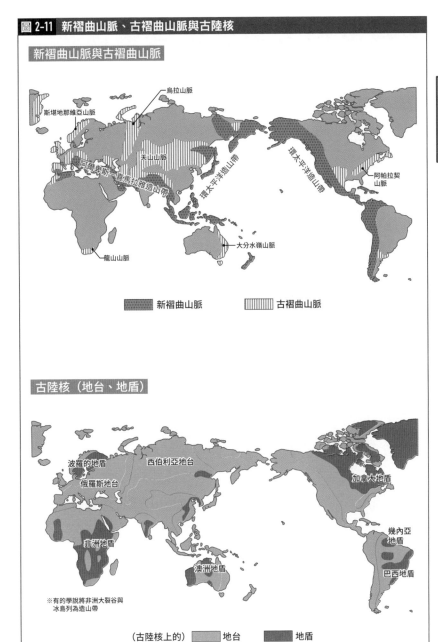

新褶曲山脈與古褶曲山脈

- 斯堪地那維亞山脈
- 烏拉山脈
- 天山山脈
- 阿爾卑斯－喜馬拉雅造山帶
- 環太平洋造山帶
- 環太平洋造山帶
- 阿帕拉契山脈
- 大分水嶺山脈
- 龍山山脈

▨ 新褶曲山脈　　▥ 古褶曲山脈

古陸核（地台、地盾）

- 波羅的地盾
- 俄羅斯地台
- 西伯利亞地台
- 加拿大地盾
- 非洲地盾
- 澳洲地盾
- 幾內亞地盾
- 巴西地盾

※有的學說將非洲大裂谷與
　冰島列為造山帶

（古陸核上的）▨ 地台　　▥ 地盾

第1章　地理資訊與地圖
第2章　地形
第3章　氣候
第4章　農林漁牧業
第5章　能源與礦產資源
第6章　工業
第7章　物流與消費
第8章　人口與鄉村與都市
第9章　衣食住、語言、宗教
第10章　國家

殘留過去造山運動痕跡的古褶曲山脈

特徵是平緩且山脈多

如果按「造山帶」與「穩定地區」來區分，「**古褶曲山脈**」屬於「穩定地區」，但仍殘留著造山運動的痕跡。古褶曲山脈，是指約5億4000萬年前到2億5000萬年的「古生代」時期，造山帶的聚合性板塊邊界上曾發生造山運動的地方，但是現在已經移動並遠離造山帶，而當時高聳陡峭的高山**經過長時間侵蝕，變成平緩的山脈。**代表例子是俄羅斯的**烏拉山脈**和美國的**阿帕拉契山脈**。

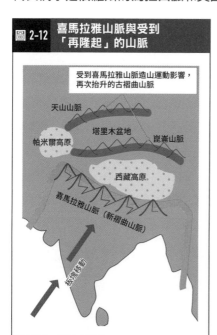

圖 2-12 喜馬拉雅山脈與受到「再隆起」的山脈

受到喜馬拉雅山脈造山運動影響，再次抬升的古褶曲山脈

天山山脈
帕米爾高原
塔里木盆地
崑崙山脈
西藏高原
喜馬拉雅山脈（新褶曲山脈）
板塊移動

但是，在相對平緩的古褶曲山脈之中，還是有高而險峻的山，例如中國的**天山山脈**和**崑崙山脈**等。這是因為它們受到喜馬拉雅山脈形成時的板塊碰撞所影響，再次被推擠抬升（再隆起），也可以視為**喜馬拉雅造山運動的「褶皺」波及到遠處**所形成。

最古老的大陸

第1章 地理資訊與地圖

第2章 地形

第3章 氣候

第4章 農林漁牧業

第5章 能源與礦產資源

第6章 工業

第7章 物流與消費

第8章 人口與鄉村與都市

第9章 語言、衣食住、宗教

第10章 國家

古老地層露出地面所形成的地盾

地殼上，有一部分地區在新褶曲山脈和古褶曲山脈形成之前，也就是在**5億4000萬年之前的「前寒武紀時代」，經歷過造山運動，從古生代到現在，地殼已變得非常安定**，這種古老的陸地稱為**古陸核**，大略分成兩種型態。

第一種是「地盾」，指的是**距今5億4000萬年前形成的古老地層大面積露出地表的地區。**由於地盾的起伏平緩，且形狀類似古代兵士持的「盾」，所以稱為「地盾」，是由前寒武紀時代的地面長年裸露，加上「地台」堆積物遭冰河侵蝕而形成。

地盾經過數億年漫長的風雨洗禮，地形逐漸趨於平坦，變成台地和平原，這種地形就稱為「**準平原**」。準平原之中，也有許多地區是由堅硬的岩石遭到侵蝕後殘留而成，稱做殘丘。例如位於澳洲的**艾爾斯岩**（烏魯魯），就是世界聞名的殘丘。

廣闊水平地層所形成的地台

第二種是「**地台**」。在穩定地區，雖然短時間內並沒有發生板塊碰撞或張裂等激烈的地殼變動，但是從數億年的尺度來看，板塊依然反覆地緩慢上升及下降。此時，沉入淺海的地方出現砂石堆積，再次露出地面時，地表又受到風雨侵蝕，這種現象不斷發生，**堆積成大範圍的水平地層，這種地層隆起成廣大的平原或台地時，**

就叫做「**地台**」。而其中沿著水平地層分布的平原，就叫做**構造平原**。

　　地台上有時候會出現饒富趣味的地形，其中的代表是**單面山**（半屏山）。當地台的平緩傾斜面受到侵蝕，因為較硬與較軟的地層受侵蝕的程度不同，就呈現出**緩坡與陡坡交互出現的特別地形。**例如**巴黎盆地**的單面山就十分知名，當地人在緩坡上種植小麥，陡坡則栽培葡萄。此外，想要從巴黎盆地外進入巴黎，必須多次攀爬陡峭山坡，因此，巴黎的單面山自古以來就是防守巴黎的防線。此外，尼加拉瀑布也是因河水沖瀉下單面山的陡斜坡所形成。

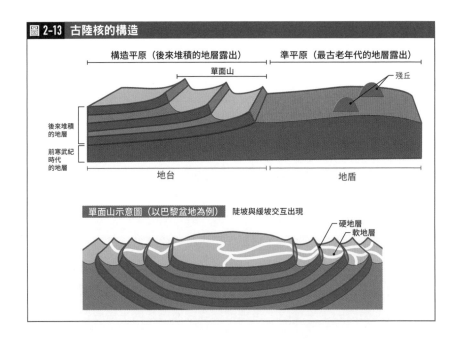

圖 2-13 古陸核的構造

塑造地形的內外營力

第1章 地理資訊與

第2章 地形

第3章 氣候

第4章 農林漁牧業

第5章 礦能源與資源

第6章 工業

第7章 物流與消費

第8章 人口鄉村與都市

第9章 衣食、住、宗教

第10章 國家

內營力與外營力

介紹完大規模的「大地形」，接下來談一談「沖積扇」、「三角洲」及延伸到海岸的「沙洲」等小規模地形，也就是「小地形」。

創造出大地形及小地形的力量，統稱為「營力」。營力分為兩種，從地球內部創造地形的稱做「**內營力**」，從地球外部塑造地形的是「**外營力**」。「從地球內創造地形」的內營力作用，包含火山活動、地震、土地隆起與沉降等地殼變動，**一般是指造成地面隆起或陷落的作用力。**

而外營力則是指雨、雪跟風侵蝕地面，或是泥沙填埋窪地的力量。有時候，外營力會暫時造成地形的起伏，但是從長遠的眼光來看，**外營力削蝕山岳或填埋谷地，其實會使地形漸漸趨於平坦。**

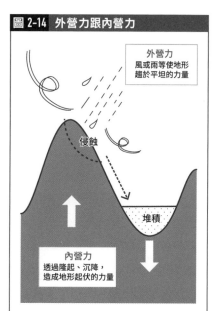

圖 2-14　外營力跟內營力

外營力
風或雨等使地形趨於平坦的力量

侵蝕

堆積

內營力
透過隆起、沉降，造成地形起伏的力量

河砂堆積而成的
沖積平原

 按照一定順序形成的河流地形

　　富有特色的小地形中,首先介紹由河川所創造的地形。河川的作用是侵蝕上游地面,並且搬運泥沙,堆積在下游。隨著河川的堆積,**從上游開始,按順序產生了谷地、沖積扇、氾濫平原跟三角洲等地形。**

　　從上游往下游看,可以發現河谷平原到三角洲連接成一大片平原。這種因河川堆積作用形成的平原,就稱做**沖積平原**。

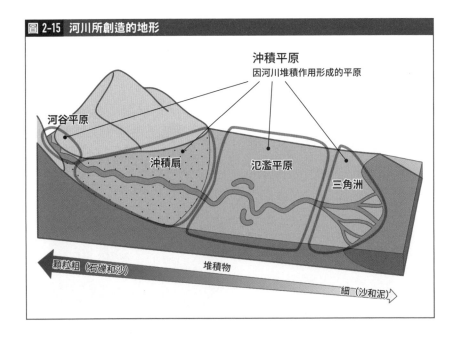

圖 2-15 河川所創造的地形

沖積平原
因河川堆積作用形成的平原

河谷平原

沖積扇

氾濫平原

三角洲

顆粒粗（石礫和沙）　　　　堆積物　　　　細（沙和泥）

河川上游常見的谷地與河階

第1章
地圖資訊與
地理

第2章
地形

第3章
氣候

第4章
農林漁牧業

第5章
礦產資源與

第6章
工業

第7章
物流與消費

第8章
人口與
鄉村與都市

第9章
語言、食、住、宗教

第10章
國家

山與山之間的谷地和細長平原

河川遇到斜坡時流速變快，刮削地面的侵蝕作用與搬運的沙石量也會增加。由於山地的斜度大，所以河流侵蝕作用力也更強，就形成深邃的山谷。

這種**因河流侵蝕地面而成的谷地，從側面看呈現V字形**，所以又稱為**V型谷**。谷地因為河川不斷侵蝕而漸漸變深，就容易引發山崩和地滑。當崩塌的泥沙落入河流，河水與泥沙一舉傾瀉而下，就形成土石流，所以谷地也是必須小心大雨的地區。

當山谷的下半部趨於平緩，或河川水量減少而出現堆積作用時，堆積於谷中的土石，就形成細長的**河谷平原**。河谷平原上經常可見小規模的水田，此外，「道之驛（日本的道路休息站）」也經常設置在山谷間的河谷平原上。

圖 2-16　V型谷與河谷平原

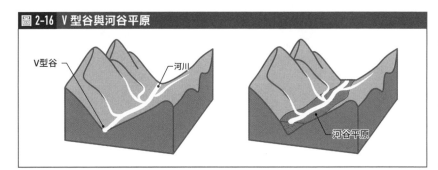

V型谷　　河川

河谷平原

69

河川兩岸的階梯狀地形

河谷平原形成之後，如果繼續受到河流侵蝕，會發生什麼事？這種狀況經常發生在河谷平原再次大幅抬升的時候。

此時，原本堆積作用劇烈的河川，因再次產生侵蝕力，河川便繼續向下侵蝕地面。

接著，泥沙再次堆積，形成河谷平原，接下來，河川又開始侵蝕地面，**侵蝕和堆積周而復始地發生，輪流產生河谷平原與谷地，於是河流兩岸就出現階梯狀的地形，稱為「河階」。**河階的平坦面稱為**河階面**，兩層河階面之間的崖地稱為**河階崖**。

日本群馬縣沼田市附近的片品川河階崖，為日本代表性的河階地形，層數高達7層，更有「日本最美河階」之稱。

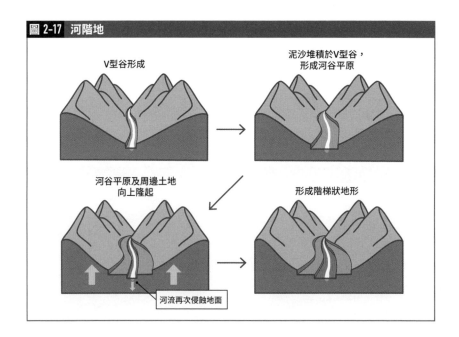

圖 2-17 河階地

V型谷形成

泥沙堆積於V型谷，形成河谷平原

河谷平原及周邊土地向上隆起

河流再次侵蝕地面

形成階梯狀地形

山腳常見的扇狀地形

第1章
地理資訊與
地圖

第2章
地形

第3章
氣候

第4章
農林漁牧業

第5章
能源與
礦產資源

第6章
工業

第7章
物流與消費

第8章
人口與
鄉村與都市

第9章
衣食住、
語言、宗教

第10章
國家

位於河谷出口的沖積扇

把目光從河谷轉向下游，來看看當河流流出山地來到平原，會形成怎樣的地形？河流到達平原後，由於傾斜度趨緩，河川的搬運力下降，之前搬運的泥沙開始逐漸堆積。**沙礫會以河谷出口為中心堆積成扇形**，因此這種地形又稱做「**沖積扇**」。

位在山腳的聚落附近分布著很多山地與平原的交接處，所以經常出現形狀清晰可見的沖積扇。我想，各位不知不覺間也曾看過許多沖積扇。

圖 2-18　沖積扇的構造

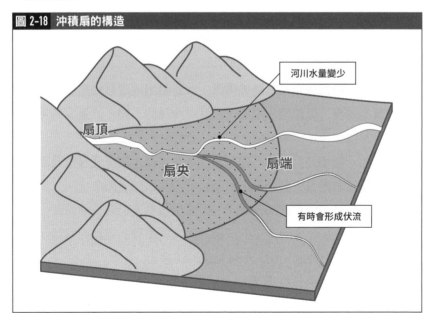

河川水量變少

扇頂

扇央

扇端

有時會形成伏流

注意觀察沖積扇，可以發現位於上游有個狀似「扇柄」的部分，稱為「**扇頂**」；形狀像扇子末端的部分稱為「**扇端**」，而中間區域叫做「**扇央**」。

河川流入沖積扇後流量減少

由於**沖積扇上覆蓋著大顆粒的石礫和沙土，所以河水容易滲入地底（顆粒小的泥沙則會被搬運到更遠處，形成氾濫平原和三角洲）。**也可以說，這種地形的「透水能力太好」，導致流到沖積扇的河水立刻就滲入石礫及沙土層（下雨時，雨水也很快就滲入地下），所以有些河川的流量減少而變成小河。另一部分河川的河水則是完全滲入地底，形成「**乾河**」。

滲入沖積扇地下的水在地底流動（稱為伏流），並在沖積扇末端的**扇端形成湧泉**。

河床高於兩岸的「懸河」

但是，**如果遇到短延時強降雨，水量超出地底容納高度，河水就會流出地表，造成河川氾濫。**因此在沖積扇一帶，流量少的河川兩旁經常建築著高堤來阻擋水流，以避免河水氾濫溢流。

然而，**當堤防之間的石礫和泥沙漸漸堆積，河床便慢慢升高，再次氾濫的危險性也將增加，因而必須加高堤防。**如果堤防之間再次填滿泥沙時，就再次加高堤防，如此反覆多次之後，河流的位置就變得比周圍的地面更高，形成懸河。懸河周邊的道路或鐵路涵洞會從河流的下方通過，給人不可思議的印象。

因為懸河地勢比周邊高，一旦氾濫造成堤防崩潰，災害將會比一般河川潰堤更嚴重。因此，現在大多採取重新挖掘河川的方法，

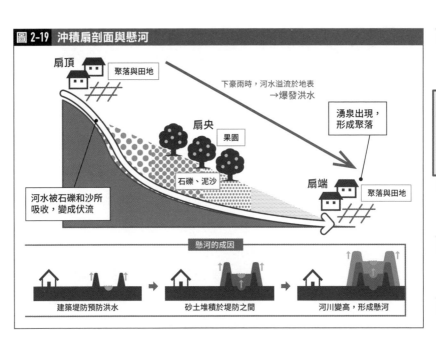

圖 2-19 沖積扇剖面與懸河

扇頂
聚落與田地

下豪雨時，河水溢流於地表
→爆發洪水

扇央
果園

湧泉出現，
形成聚落

石礫、泥沙

扇端
聚落與田地

河水被石礫和沙所
吸收，變成伏流

懸河的成因

建築堤防預防洪水 → 砂土堆積於堤防之間 → 河川變高，形成懸河

第1章
地理資訊與
地圖

第2章
地形

第3章
氣候

第4章
農林漁牧業

第5章
礦產源與資源

第6章
工業

第7章
物流與消費

第8章
人口與鄉村與都市

第9章
諂營、衣食住、宗教

第10章
國家

懸河也漸漸消失（不過，日本國內約還有300處以上的懸河）。

沖積扇適合開闢田地和果園

由於排水效果「過好」，**水會從地面滲光，所以扇央並不適合開墾水田，而是以旱田或果園為主。**日本在古代一向以白米為稅收，所以只要能開墾，哪怕是狹長傾斜的土地也會被開闢成水田，這也成為日本農村景色的特徵，唯獨沖積扇是例外。因為此地區無法做為水田，傳統上都是開墾為旱田或果園。

只不過，位於扇頂的細長土地，以及**有湧泉分布的扇端，因取水容易，可以作為水田。**隨著水田的形成，人們開始在沖積扇的扇頂建立小規模聚落，以及在**「扇子末端」的扇端建立帶狀的聚落。**

遠古時代洪水氾濫形成的平原

 洪水造成的氾濫平原

　　從沖積扇再往下游走，會來到一片平原，這種地形稱為**氾濫平原**。顧名思義，氾濫平原是遠古時代洪水反覆氾濫的地區，每次的氾濫都將泥沙推送到遠處，因此形成平原。

　　氾濫平原的坡度比河谷或沖積扇低，所以這裡的河道形狀更加多變。如果任其發展，流速快的河流外側會侵蝕河岸，流速慢的河流內側則會堆積泥沙，因此**氾濫平原的河岸呈現S形的蛇行狀。**

圖 2-20　氾濫平原

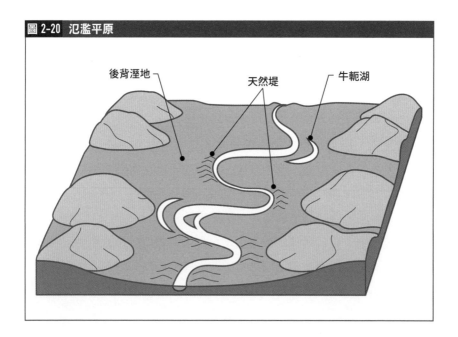

後背溼地　　　　　天然堤　　　　　牛軛湖

第1章 地理資訊與地圖

第2章 地形

第3章 氣候

第4章 農林漁牧業

第5章 能源與礦產資源

第6章 工業

第7章 物流與消費

第8章 人口與鄉村與都市

第9章 語言、衣食住、宗教

第10章 國家

洪水發生時，從上游流下的大量土石隨著水流溢出河道，在河邊堆積成帶狀，形成高數公尺的**天然堤**。

接著，洪水繼續從天然堤蔓延到低地後，細沙和泥土開始沉澱，形成低而平坦的**後背溼地**。

氾濫平原的河川彎曲幅度大，一旦發生洪水，河川便會改道取捷徑而行，不再流經舊有的彎曲河道。殘留的河床上所形成的湖稱做「河跡湖」，因為形狀類似牛軛（過去耕田時，掛在牛頸上用於操控牛隻的弓形物），又叫**牛軛湖**。北海道的石狩平原上就看得到數個大規模的牛軛湖。

氾濫平原上一望無際的水田風景

天然堤是數公尺高的高台地形，**人們為了躲避洪水，經常在其上建立聚落**。在報導洪水的新聞中，經常看到氾濫平原泡在水中的照片，其中也能看到沒有被洪水淹沒的聚落，那些就是在天然堤上形成的聚落。此外，天然堤多為沙地，排水效果良好，不適合作為水田，多作為旱田。

相對地，後背溼地是由排水不良的細泥沙形成，排水不良就代表如果在田裡放滿水，水也不會滲到地下，可以供應稻米充分的水量，因此**後背溼地主要開墾為水田**。

現在，都市的郊外有很多將水田化為住宅地的案例。但是，這些地方本來是後背溼地，洪水來襲時容易淹水，因此住在這些地區的民眾務必使用**災害潛勢地圖**（預測災害程度的地圖），掌握居住地區的洪水危險程度。

河川出口處各種形態的三角洲

 ## 河口形成的低緩地形

接著來到更下游的河口附近，這裡的地形更加平緩。河川的搬運力進一步下降，上游搬運來的養分豐富的泥土沉積於此，形成低平的**三角洲**。由於透水率差，這種地形常見大規模的水田。此外，因為三角洲位在河海交接處，交通方便，**自古以來一直是農地和人口密集地。**

不過，三角洲僅高於海面數公尺，容易受氾濫和漲潮影響，和氾濫平原一樣，必須透過災害潛勢地圖了解洪水的危險性。

 ## 河川與海洋的作用，改變三角洲的形狀

三角洲位於河川的出海口，根據河川和海洋作用力的關係，地貌呈現出種種不同的變化。

當河川的搬運力及海洋的力量（沿岸洋流及海浪的力量）取得「平衡」時，泥沙會均勻地堆積在河口，形成美麗的扇形三角洲。 扇形三角洲的代表例子是埃及尼羅河口的「**尼羅河三角洲**」。位於三角洲上游的開羅到亞歷山大港，自古以來就是農業發達的地區，留下許多古代遺跡。

 ## 當河流沉積作用占優勢時，三角洲呈「鳥足」狀

河川的搬運力勝過海流侵蝕力的時候，會形成「鳥爪」般形狀

獨特的三角洲，稱為鳥足狀三角洲（形狀不太像「三角」洲）。

　　這是由於河川流入大海之後搬運力並未減弱，泥沙堆積在出海口周圍（因為河川後依然保持流動），就形成突出海面的鳥爪狀三角洲。這種三角洲的代表例子是美國的**密西西比河口**。

海洋侵蝕力占優勢，形成「略尖」的三角洲

　　當海流侵蝕力超越河川的沉積作用時，河川搬運的泥沙一出海立刻就被海流和波浪沖走，很難發展成三角洲。泥沙只能少量堆積在河口周邊，**形成朝向海洋、形狀略尖的三角洲**，這種三角洲稱為「**尖形三角洲**」。代表的例子是義大利羅馬的**台伯河口三角洲**。

圖 2-21　各種形式的三角洲

鳥足狀三角洲	扇形三角洲	尖形三角洲

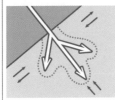
河川沉積作用超越海洋（波浪和沿岸流）侵蝕力，擴及遠處
（例：密西西比河口）

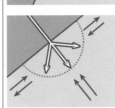
海洋侵蝕力與河川沉積作用達成均衡，泥沙堆積成扇狀
（例：尼羅河口）

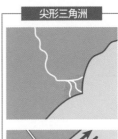
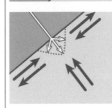
海洋侵蝕力強，泥沙只能堆積在河口附近
（例：台伯河口）

第1章 地圖資訊與地理

第2章 地形

第3章 氣候

第4章 農林漁牧業

第5章 能源與礦產資源

第6章 工業

第7章 物流與消費

第8章 人口與鄉村與都市

第9章 語言、衣食住、宗教

第10章 國家

適合開發新市鎮的台地

 日本關東近郊常見的台地

　　從河谷平原到沖積扇，以及氾濫平原到三角洲間的沖積平原周邊，分布著高數公尺到數十公尺的山崖所環繞的台地。日本的台地大多是古老的低地隆起而成，台地上是廣大且平坦的地面。**台地上不容易獲取水分，因此多利用為旱田、果園和雜樹林。很多地方也開發成新市鎮或高爾夫球場。**日本關東近郊有許多台地，千葉縣北部的**下總台地**、東京都西部的武藏野台地都堪為代表。

圖 2-22　台地

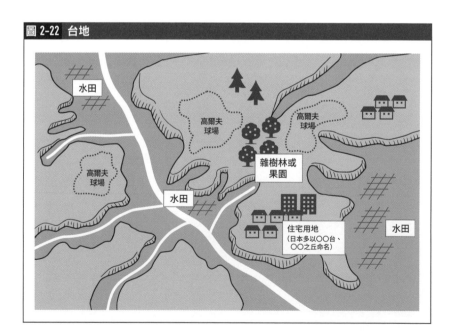

沿岸流與沙塑造綺麗的海岸線

第1章
地理資訊與
地圖

第2章
地形

第3章
氣候

第4章
農林漁牧業

第5章
能源與礦產資源

第6章
工業

第7章
物流與消費

第8章
人口與鄉村與都市

第9章
語言、衣食住、宗教

第10章
國家

 ## 塑造海岸地形的兩大主因

前面我們沿著河川流動的方向，從河谷介紹到三角洲。接下來，讓我們將視角移向海洋，看一看海岸的地形。海岸地形的成因有兩大主要因素，**一個是沿著岸邊流動的沿岸流，另一個則是海面的上升或下降。**

 ## 海浪遇到陸地形成的沿岸流

海水朝向許多方向流動，有的從近海流向海岸，有時也會反過來，從海岸流向外海。而創造多種地形的海流，正是沿著海岸流動的「**沿岸流**」。

走到海岸邊，可以看到海浪一波波地向陸地湧來，但海浪未必全是垂直打向海岸。**海浪如果斜向湧上海岸，海浪的能量就會向側邊散失，沿著海岸形成沿岸流。**這種海流會推送從上游搬運下來的泥沙，創造出新地形。

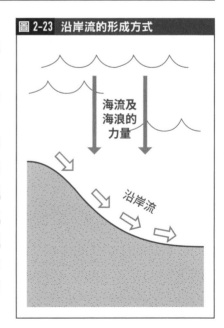

圖 2-23　沿岸流的形成方式

海流及海浪的力量

沿岸流

沿岸流創造的地形① 沙洲

　　沿岸流搬運泥沙的過程中，如果碰到岬角或是經過灣澳時，**沿岸流仍然會照著原先陸地邊緣的方向流動，而泥沙就堆積在岬灣的入口。**

　　泥沙不斷堆積並延伸成陸地時，就形成沙洲地形。代表例子有日本京都府的**天橋立**及鳥取縣的弓濱。天橋立的沙洲如同橋梁般細長，十分美麗，被譽為「日本三景」之一。

沿岸流創造的地形② 潟湖

　　當沙洲逐漸堆積並將海灣封閉起來，沙洲內側的海灣就變成了湖泊，稱為**潟湖**。很多潟湖都是海水與淡水混合的「半鹹水湖」，

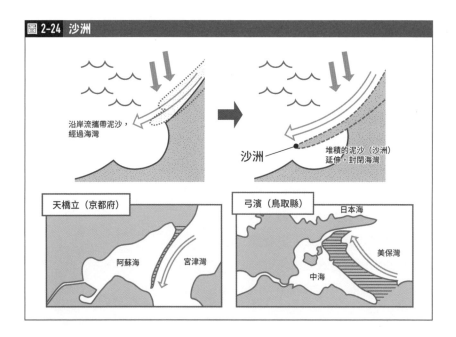

圖 2-24 沙洲

沿岸流攜帶泥沙，經過海灣

沙洲

堆積的泥沙（沙洲）延伸，封閉海灣

天橋立（京都府）

阿蘇海　　宮津灣

弓濱（鳥取縣）

日本海

美保灣

中海

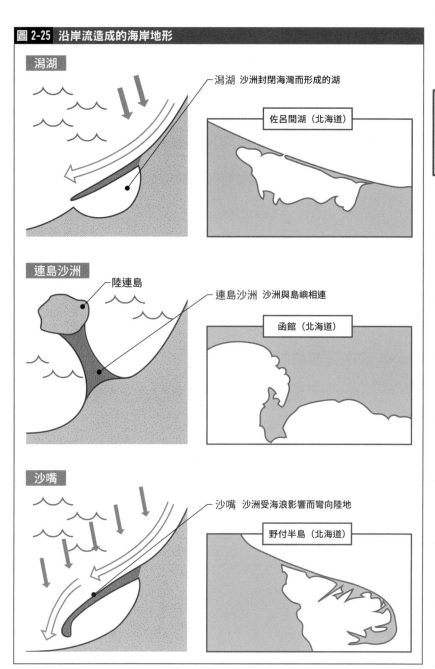

圖 2-25　沿岸流造成的海岸地形

潟湖

潟湖　沙洲封閉海灣而形成的湖

佐呂間湖（北海道）

連島沙洲

陸連島

連島沙洲　沙洲與島嶼相連

函館（北海道）

沙嘴

沙嘴　沙洲受海浪影響而彎向陸地

野付半島（北海道）

第1章　地理資訊與地圖

第2章　地形

第3章　氣候

第4章　農林漁牧業

第5章　能源與礦產資源

第6章　工業

第7章　物流與消費

第8章　人口與鄉村與都市

第9章　衣食住、語言、宗教

第10章　國家

由於水面高度穩定，所以常用於蛤蜊或牡蠣養殖。日本第三大湖**佐呂間湖**，就是長沙洲阻絕海灣形成的潟湖，人們在此從事牡蠣和扇貝的養殖。

沿岸流造成的地形③ 連島沙洲與陸連島

　　沙洲延伸並將島嶼與海岸連接起來的地形稱做連島沙洲，而與海岸相連的島嶼稱為**陸連島**。日本代表的連島沙洲和陸連島是北海道**函館**，這個城市建立在沙洲上，而沙洲所連接的函館山即成為陸連島。登上函館山的展望台，可以看見連島沙洲上的城市宛如長長的橋一般延伸，此地因為夜晚時也可以看到沙洲上美麗的城市夜景，被譽為「百萬夜景」。

沿岸流造成的地形④ 沙嘴

　　如果**沙洲的一端沒有跟陸地接壤，突出如同半島的形狀**，這種地形稱為「沙嘴」。

　　沙嘴由陸地向海洋延伸，然而受海浪影響，多會向陸地方向彎曲。如北海道**野付半島**和靜岡縣**三保松原**附近的沙嘴就十分聞名。野付半島長達28公里，如同魚勾般彎曲，是日本最大的沙嘴。

風形成的沙丘

　　說到海岸沿線泥沙堆積而成的地形，**海岸沙丘**也是其中之一。風是形成沙丘的主要原因，從河川上游搬運下來的沙被沖到海岸，又被從海上吹向陸地的強風推送，堆積在內陸，就形成低矮的沙丘。例如**鳥取沙丘**是日本代表性的沙丘，也是知名的觀光勝地。

各種風貌的海岸地形

第1章
地理資訊與
地圖

第2章
地形

第3章
氣候

第4章
農林漁牧業

第5章
礦產資源與
能源

第6章
工業

第7章
物流與消費

第8章
人口與
鄉村與都市

第9章
衣食住、
語言、宗教

第10章
國家

沙岸與岩岸

海岸風貌千變萬化，有一眼望去全是沙灘的海岸，也有岩石崎嶇嶙峋的海岸。在沙灘可以享受海水浴；在岩石海岸可以欣賞形狀奇特的岩石或是磯釣。主要由細沙石堆積形成的海岸稱做**沙岸**，而露出岩盤的海岸則是**岩岸**。

沙岸是由附近河川上游搬運下來的沙，受到海浪和沿岸流的力量搬移而堆積成帶狀的海岸地形。日本以「白沙青松」這個詞來形容美麗的沙灘海岸。然而，**當上游的河岸為了防止水災而砌上混凝土，泥沙的供給就會減少**。這種狀況下，海岸的泥沙會被海浪帶走，**沙灘也會變窄，造成景觀惡化**。針對這個問題，有些地方採取在沙灘築起堤防，防止沙石流出，或是自別處運來細沙還原沙灘樣貌的做法。

沉水與離水讓海岸的地形更加多樣化

隨著土地的抬升、沉降或是海面升降，陸地也會跟著沉入海面以下，或從海面下浮出水面。

過去曾是陸地的地方沉到海面下，這種地形叫做**沉水**地形，陸地從海面下浮出水面，稱為**離水**地形。沉水與離水地形也是海岸地形多變的原因之一。

下一節，我們就來介紹沉水海岸與離水海岸。

沉水作用創造複雜的海岸線

 日本常見的谷灣海岸

沉水海岸是由陸地沉入海面下而形成，一般來說**海水會沿陸地的起伏侵蝕，使海岸線變得更複雜。**

如果臨海洋的山壁直接沉水的話，海水就會侵入谷地，可以看到綿延的細長內灣和岬角，這就是**谷灣海岸**。而海水侵入河谷所形成的細長內灣，稱為**溺谷**。

另外，起伏的地形沉入水中，就會形成許多島嶼浮出水面的**溺**

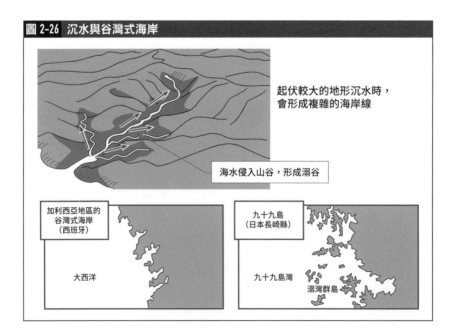

圖 2-26 沉水與谷灣式海岸

起伏較大的地形沉水時，會形成複雜的海岸線

海水侵入山谷，形成溺谷

加利西亞地區的谷灣式海岸（西班牙）

大西洋

九十九島（日本長崎縣）

九十九島灣

溺灣群島

灣群島。日本的海岸線有許多複雜的沉水海岸地形，如日本東北地區的**三陸海岸**及長崎縣西部的**九十九島**等。

西班牙西北部可見到典型的谷灣海岸，這種海岸的水深很深，海浪平靜，方便船隻停泊，自古以來都利用為港口。由於此處有山坡土壤的豐富養分流入海中，因此盛於養殖牡蠣、海菜和珍珠等。

但是，由於地形錯綜複雜，且陸上交通不便，從鄉村到鄉村之間必須建設崖邊公路或是開鑿許多山洞。此外，谷灣海岸一旦遇到海嘯，海浪會集中在狹窄的地方，容易形成大浪，因此隨時都必須做好防災準備。

峽灣：美麗的旅遊勝地

在挪威的西海岸跟紐西蘭的南島等高緯度地帶，當冰河侵蝕形成的**U形谷**沉水，會形成細長的海灣，也就是**峽灣**。有些峽灣僅寬數百公尺，長度卻從數十公里到上百公里不等，深邃的山崖映照在水上，如鏡面反射的倒影般，成為美麗的觀光勝地。挪威的**松恩峽灣**全長200多公里，是世界上最大的峽灣。

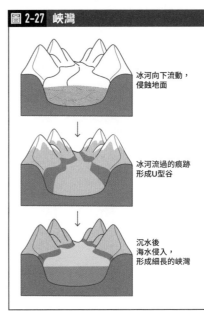

圖 2-27　峽灣

冰河向下流動，侵蝕地面

冰河流過的痕跡形成U型谷

沉水後海水侵入，形成細長的峽灣

第1章 地理資訊與地圖

第2章 地形

第3章 氣候

第4章 農林漁牧業

第5章 能源與礦產資源

第6章 工業

第7章 物流與消費

第8章 人口與鄉村與都市

第9章 衣食住、語言、宗教

第10章 國家

喇叭狀的三角江

　　谷灣海岸或峽灣，經常可以看到山脈緊鄰大海的地形，我們就接著探討這種平原地帶可見的沉水海岸。

　　在平原地帶，**有些沉水的大河河口，會形成喇叭狀的大型出海口**，稱為**三角江**。

　　如果河川從險峻高聳的山地流向造山帶，河流攜帶的大量泥沙會堆積於河口，因此河口處常見三角洲地形。不過**在穩定地區的大河，由於坡度平緩，河水挾帶的泥沙較少，因此河口較為開闊。**

　　當這種河口沉水時，會呈現大型的「喇叭狀」開口。英國的**泰晤士河**、法國的塞納河還有阿根廷及烏拉圭之間的**拉布拉他河**河口，都看得到十分發達的三角江，自古就運用為港口。

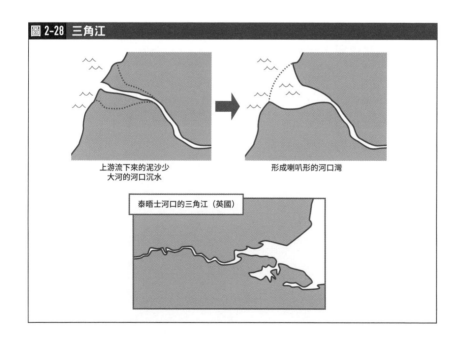

圖 2-28　三角江

上游流下來的泥沙少
大河的河口沉水

形成喇叭形的河口灣

泰晤士河口的三角江（英國）

離水作用形成筆直的海岸線

第1章
地理資訊與
地圖

第2章
地形

第3章
氣候

第4章
農林漁牧業

第5章
能源與
礦產資源

第6章
工業

第7章
物流與消費

第8章
人口與
鄉村與都市

第9章
衣食住、宗教

第10章
國家

筆直延伸的沙灘海岸

當海浪一波波拍向岸邊時，海浪的侵蝕作用會刮削陸地，撫平崎嶇的海岸線。因此，當地面抬升離水時，海面上就出現因侵蝕而變得平坦的海灘，**形成少有岬角或海灣出入口的直線海岸線。**

平原地帶離水時，海岸平原面積擴大，此時，原本已經呈直線的沙灘海岸會變得更加筆直，**形成一直線、長長的沙灘海岸。**日本千葉縣的**九十九里濱**，正是離水作用形成的海岸平原代表。

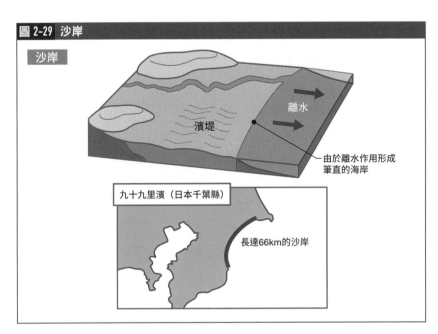

圖 2-29 沙岸

沙岸

濱堤

離水

由於離水作用形成筆直的海岸

九十九里濱（日本千葉縣）

長達66km的沙岸

海浪將泥沙沖上陸地，堆積形成數十公分到數公尺的高地，這就是濱堤。當沙灘離水抬升，會形成數條與海岸平行的濱堤（遠遠看去彷彿平坦的海岸平原，但只要看到這一帶的電線杆上寫著「此處海拔Ｘ公尺」的標示，就能發現濱堤的存在）。排水優良的濱堤，大多開闢成旱田或住宅，中間的低地則開發成水田。

🏔 岩岸形成的階梯狀地形

海浪拍打岩岸時會侵蝕海岸，經常形成陡直的**海蝕崖**。此外，海面下的岩石大多呈平坦的平面，離水之後則**形成階梯狀的地形**，這種地形叫做「**海階**」。日本高知縣的**室戶岬**就是十分發達的海階地形。

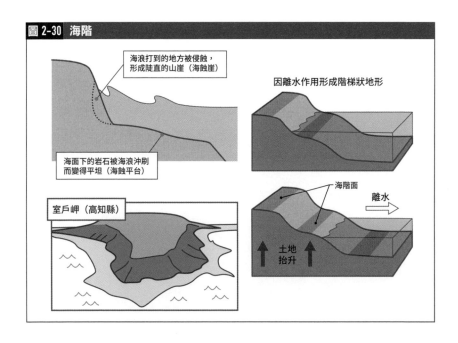

圖 2-30　海階

海浪打到的地方被侵蝕，形成陡直的山崖（海蝕崖）

海面下的岩石被海浪沖刷而變得平坦（海蝕平台）

室戶岬（高知縣）

因離水作用形成階梯狀地形

海階面

離水

土地抬升

熱帶淺海的美麗珊瑚礁

第1章
地理資訊與
地圖

第2章
地
形

第3章
氣
候

第4章
農林漁牧業

第5章
能源與
礦產資源

第6章
工
業

第7章
物流與消費

第8章
人口問題
鄉村與都市

第9章
語言、衣食住、宗教

第10章
國
家

創造地形的造礁珊瑚

說到海洋地形，在熱帶淺海形成的**珊瑚礁**就是其中之一。談到珊瑚礁，很多人會想到美麗的紅色裝飾品，不過那種珊瑚是生長在深海的「寶石珊瑚」。**造就地形的珊瑚，則是主要生長在淺海的「造礁珊瑚」。**

珊瑚是動物，而造礁珊瑚是藉由在自身細胞內共生的蟲黃藻，行光合作用提供營養來成長。另外，造礁珊瑚分布在淺海，具有尋求陽光、向上生長的特點，擁有類似植物的特徵。

沿著海岸邊分布的「裙礁」

珊瑚礁的形成過程大致分成3個階段。

造礁珊瑚生長在鄰近海岸的淺海，所以最早形成的珊瑚礁位於陸地邊緣，沿著海岸圍繞陸地。

這種生長在海岸邊緣的珊瑚礁叫做「裙礁」，因為珊瑚圍著島嶼生長，看起來就像「裙襬」一樣。

環繞島嶼外圍的堡礁

帶有裙礁的島嶼沉入水中後，會發生什麼事？當島嶼四周被水淹沒，**島嶼和珊瑚礁之間會產生間隔**，而珊瑚礁就在**離海岸稍遠的**

近海繼續生長。

　　從空中鳥瞰，這些珊瑚礁就像是保護中央島嶼的「堡壘」，所以稱為「堡礁」。澳洲東岸的**大堡礁**就是大規模的帶狀堡礁。

 ## 形成環狀珊瑚礁的「環礁」

　　當地面繼續沉降，**島嶼全部沒入水中時，海面上就只剩下外圍的一圈珊瑚礁**，這種地形稱做「環礁」。**馬爾地夫**和馬紹爾群島等地都可見到大規模的環礁。

　　環礁的陸地少，也不適於農業，所以居民通常以漁業為生。另外，因為這種地形的海拔較低，也深受海面水位變化的影響。

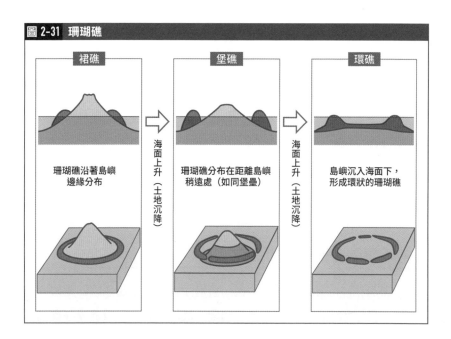

圖 2-31　珊瑚礁

裙礁		堡礁		環礁
珊瑚礁沿著島嶼邊緣分布	海面上升（土地沉降）	珊瑚礁分布在距離島嶼稍遠處（如同堡壘）	海面上升（土地沉降）	島嶼沉入海面下，形成環狀的珊瑚礁

第1章
地理資訊與
地圖

第2章
地形

第3章
氣候

第4章
農林漁牧業

第5章
能源與
礦產資源

第6章
工業

第7章
物流與消費

第8章
人口與
鄉村與都市

第9章
衣食住、
語言、
宗教

第10章
國家

冰河強力侵蝕造就的地貌

冰河造成的特殊地形

在寒冷地區，積雪到了夏天也不融化，經年層層堆積，形成厚實的冰塊。厚重的冰河冰因為自身重量滑下斜坡，就形成冰河。冰河侵蝕地表的力量十分強大，也造就出許多具有特色的地形。

山岳冰河的地形

在高海拔的寒冷山脈形成的冰河，稱為山岳冰河。山頂附近容易積雪的地方，是冰河的起始點，**冰河從此處沿山脈下滑時，會像湯匙般挖鑿與侵蝕山壁。**冰河源頭受到侵蝕的痕跡就像碗狀的凹槽，稱做「冰斗」。

日本各地有很多冰斗，具代表性的有長野縣的**千疊敷冰斗**及涸澤冰斗。另外，**高山山頂受到冰河從各種角度侵蝕，就形成尖尖的角峰**，例如位在瑞士與義大利邊界的**馬特洪峰**，還有長野縣與岐阜縣縣境上的**槍岳**。在日本童謠〈阿爾卑斯一萬尺〉這首歌裡，有一段「在小槍之上」的歌詞，這個「小槍」就是槍岳的角峰之一。

當冰河像河川般從山頂向下滑入山谷，會在谷底和谷壁侵蝕出深刻的鑿痕，形成剖面呈U字形的**U型谷**。

冰河挾帶的碎屑或泥沙堆積在冰河末端，累積成小山，稱為**端磧**。而融冰被端磧堰塞，就形成冰磧湖；累積在冰河槽中，就形成冰蝕湖。

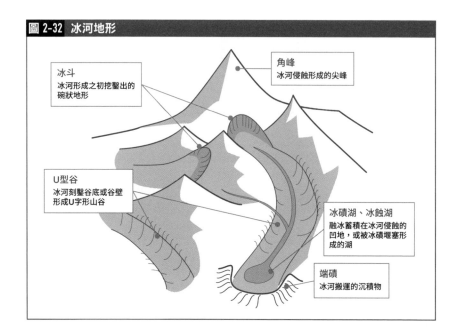

圖 2-32 冰河地形

冰斗
冰河形成之初挖鑿出的碗狀地形

角峰
冰河侵蝕形成的尖峰

U型谷
冰河刻鑿谷底或谷壁形成U字形山谷

冰磧湖、冰蝕湖
融冰蓄積在冰河侵蝕的凹地，或被冰磧堰塞形成的湖

端磧
冰河搬運的沉積物

大陸冰河形成的地形

　　相對於從山上滑下來的「山岳冰河」，還有另一種覆蓋整個大陸的「**大陸冰河**」（也叫做「**冰床**」）。

　　大陸冰河現存於南極大陸和格陵蘭，但是在寒冷的冰河時期，大陸冰河的面積比現在廣闊得多，北半球覆蓋著大面積的冰河。

　　大陸冰河也和山岳冰河一樣，會形成端磧和冰蝕湖。在歐洲，可以看到過去大陸冰河侵蝕過的平緩地形中，還殘留著帶狀分布的小丘，稱為冰丘。此外，在美國和加拿大交界處的**五大湖**也是大陸冰河侵蝕遺跡所形成，是著名的冰蝕湖。

沙漠不只有沙

第1章
地理資訊與
地圖

第2章
地形

第3章
氣候

第4章
農林漁牧業

第5章
礦產資源與
能源

第6章
工業

第7章
物流與消費

第8章
人口與
鄉村與都市

第9章
衣食住、
語言、宗教

第10章
國家

大半的沙漠都是岩石沙漠

乾燥氣候創造的地形，最具代表性的就是沙漠。說到沙漠，大家的印象多是連綿無邊的**沙質荒漠**。但實際上，地球的沙漠絕大多數都是岩盤露出、凹凸不平的**岩漠**，或碎石四散的**礫漠**，沙質荒漠只占所有沙漠的2成。

在乾燥地區，由於遮蔽地面的植物或水蒸氣稀少，白天陽光直射地面，氣溫上升；夜晚熱氣快速逸散，氣溫下降。這種溫差加速了岩盤風化，破碎的岩石漸漸粉碎，化為細沙。

另外，在乾燥而幾乎沒有草木的沙漠上，風會直接吹過地表，所以沙漠地區深受風的影響。藉著風的搬運跟堆積作用，細沙逐漸累積，就形成大規模的沙丘。

沙漠的降雨與外源河

雖然沙漠幾乎不下雨，但是還是會以一年幾次或幾年一次的頻率下雨（一旦下雨時大多是豪大雨，在沙烏地阿拉伯就經常發生洪水。2022年巴基斯坦也發生過大規模的洪水）。有一些乾河床只有下雨時才有河水，叫做「**乾谷**」。

另外，埃及雖然是沙漠地形，卻有**尼羅河**這種常年流動的河川。這種狀況大多是因為河川上游位在降雨量多的地區，形成多條河川，從源頭流入沙漠，這些河川稱為「**外源河**」（exotic river）。

93

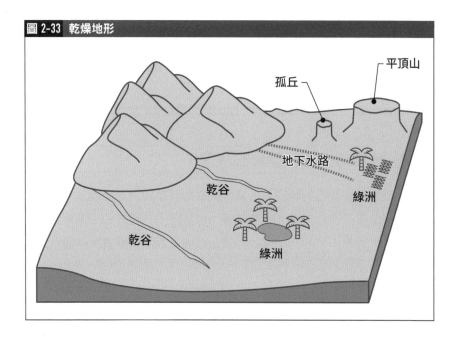

圖 2-33 乾燥地形

（圖中標示）
平頂山
孤丘
地下水路
乾谷
綠洲
乾谷
綠洲

　　外源河的河畔及湧泉等，是沙漠裡平常獲取水源的地方，稱為**綠洲**，也是沙漠地區居民生活和從事農業的地區。

美國西部常見的平頂山和孤丘

　　在美國西部的乾燥地區，經常見到如同桌面的**平頂山**地形，和塔狀的**孤丘**地形，尤其以猶他州延伸到亞歷桑那州的**紀念碑谷**地區最著名。

　　這種地形的成因，是因為過去處在雨季和乾季交替的熱帶莽原氣候，雨水和乾燥氣候造成岩石風化，留下的部分就形成了平台狀和塔狀（現在這個地區為沙漠氣候），可以說是乾燥帶來的地形。

　　另外，**紀念碑谷的平頂山還能看到水平的地層，由此可知，這個地區也是古陸核的地台。**

第1章
地理資訊與
地圖

第2章
地形

第3章
氣候

第4章
農林漁牧業

第5章
礦產資源與
能源

第6章
工業

第7章
物流與消費

第8章
人口與
鄉村與都市

第9章
衣食住、
語言、宗教

第10章
國家

千溝萬壑的石灰岩地形

易溶於水的石灰岩

　　本章的最後要介紹的是喀斯特地形。這種地形是由石灰岩遇水溶解而形成的特殊地形。

　　石灰岩的主要成分是碳酸鈣，由遠古時代的珊瑚礁、貝殼沉積物，因地殼變動而抬升到陸地所形成。由於石灰岩在帶酸性的雨水中容易溶解（並不是指「酸雨」那種強酸的雨水。雨水中含有二氧化碳，基本上都屬於弱酸性），因此石灰岩大規模露出地表的地方，自然就因為雨水溶蝕地面而形成**喀斯特地形**。

到處都是「坑洞」的喀斯特地形

　　喀斯特地形的一大特徵，是隨處可見石灰岩被水溶蝕而成的孔洞。地表布滿直徑數公尺到數百公尺，甚至數公里大的坑洞，可以用「千溝萬壑」來形容。

　　人們以這些坑洞的規模大小來區分，規模最小的叫做**滲穴**，是直徑數公尺到數百公尺左右的洞穴。數個滲穴連接成的大坑洞，稱做**窪盆**，規模大多為直徑數百公尺，底部經常形成聚落。

　　窪盆的規模擴大，就形成**灰岩盆地**，直徑長數公里，有的甚至大到數十公里規模，從一端看不到另一端的地步。這種大小已經不能算是「坑洞」，而是「盆地」的規模，所以也叫「溶蝕盆地」。

　　日本國內喀斯特地形中，最具代表性的是山口縣的**秋吉台**。這

95

個地方的滲穴樣貌，就充分展現了所謂的「千溝萬壑」。

　　窪盆或灰岩盆地等「坑洞」經融蝕後相連並擴大，中央留下塔狀的殘餘部分，稱為**錐丘**。中國**桂林**就是著名的喀斯特地形，特殊的景觀更被列入世界遺產。

地下的石灰岩溶解形成鐘乳洞

　　降雨落在喀斯特地形，雨水會滲入岩石的縫隙並溶解岩石，形成滲穴等洞穴景觀。接著，雨水被岩石的縫隙吸收到地面下，溶解地下的石灰岩，形成**鐘乳洞**。鐘乳洞的內部大多有地下河流經。

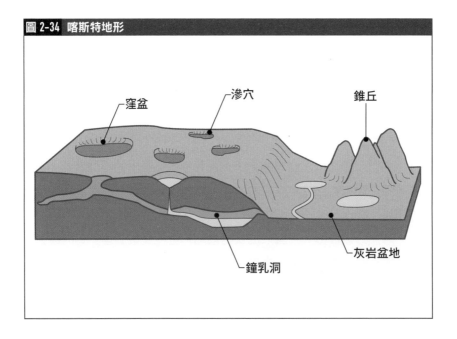

圖 2-34　喀斯特地形

窪盆　　滲穴　　錐丘

鐘乳洞　　灰岩盆地

氣候

第3章 氣候 大綱

氣候影響層面廣
是地理學習的核心

氣候對農林漁牧業有很大的影響,更攸關人們的衣、食、住、行等生活文化,與人口增減等社會架構,是學習地理時重要的領域。

首先,氣候取決於緯度、海洋與陸地的分布關係,跟海流及地形等種種因素(氣候因子)。低緯度地區氣候溫暖,高緯度地區比較寒冷;近海的地方氣候溼潤,離海越遠通常越乾燥。仔細探索這些氣候因子,深入理解氣候,就能進一步理解地理的全貌。

其次,掌握氣候因子之後,我們將進一步介紹具體的氣候分類。本章後半部將逐一解說德國氣候學者柯本發展出的氣候分類法,以及每種氣候獨特的特色。

地形

地軸傾斜角

季風

海洋性氣候

大陸性氣候

溫帶大陸性氣候

溫帶海洋性氣候

海陸分布

緯度

風向、風速

降雨量

濕度

氣溫

氣候要素 —— 氣候因子

海流

植被

都市氣候

我們的生活

農林漁牧業

衣食住 —— 自然災害

地方風系

土壤 —— 顯域土

間域土

熱帶雨林氣候

熱帶季風氣候

熱帶莽原氣候

熱帶

各種氣候 —— 高地氣候

極地 —— 冰原氣候

苔原氣候

副極地

沙漠氣候

草原氣候

乾燥帶

溫帶

冬乾寒冷氣候

常溼寒冷氣候

地中海型氣候

冬乾溫暖氣候

溫帶海洋性氣候

夏雨型暖溼氣候

表現氣候特徵的指標

「氣象」與「氣候」

從本節開始，我們來探究氣候的知識。氣候對農林漁牧業及衣、食、住等人類生活文化具有極大的影響力，例如，熱帶有鋁土礦等常見的礦產資源，而氣候適宜居住的地區有人口密度較高的傾向。想到出國旅行，自然想要選擇在雨水稀少的季節出發。

氣候與農業、生活文化、人口、觀光等地理層面息息相關，學習地理時，它可以稱得上是「主角」，也是最重要的內容。

「氣候」指的是在一個地區，**以30年為周期，周而復始的長期大氣狀態。**類似的名詞是「氣象」，但是氣象指的是每天變化的大氣狀態。「明天會不會下雨？」屬於氣象，而「這個季節是否容易降雨？」，則屬於「氣候」的領域。

氣候要素與氣候因子

種種呈現氣候狀態的指標，稱為「**氣候要素**」，其中包含氣溫、降雨量、風向、風速及溼度等。

這些指標中，會隨地區變動的稱做「**氣候因子**」，包含緯度、海拔高度、海流跟海洋與陸地的分布等。**了解各種氣候因子，是了解氣候的關鍵，更是了解地理整體的關鍵。**

第1章 地理資訊與
第2章 地形
第3章 氣候
第4章 農林漁牧業
第5章 能源與礦產資源
第6章 工業
第7章 物流與消費
第8章 人口與鄉村、都市
第9章 衣食住與語言與宗教
第10章 國家

為什麼北極冷，赤道熱？

緯度是影響氣候的關鍵

氣候因子當中，緯度對氣候的影響最大。例如北極和南極天氣寒冷而赤道附近炎熱，已是人人皆知的常識。

那麼，為什麼北極與南極寒冷，赤道附近炎熱呢？意外地，很少人去思考原因。就讓我們來思考一下過去認為理所當然的現象背後的原理。

太陽的熱能集中在低緯度地區

也許很多人以為，赤道附近比較熱，是因為「赤道比地球兩極更接近太陽」。不過，太陽的直徑為地球的約109倍，而且太陽與地球的距離是地球直徑的1萬倍以上，因此，地球兩極與赤道，兩者跟太陽之間的距離差距幾乎可以忽略，「赤道比較接近太陽」的想法並不正確。

<u>**高緯度與低緯度的氣溫差別，是從高緯度和低緯度地區「受到陽光照射」的方式不同而產生的**</u>。如圖3－1所示，陽光幾乎是平行照射地球，因為地球是球體，所以光線在赤道一帶是垂直照射地面，不過在高緯度的地方則是斜射地面。雖然陽光的強度相同，但是高緯度地區受到陽光斜射，接受太陽光線照射的面積較大，分散了陽光的熱度，造成氣溫下降。反之，低緯度地區則因為太陽的熱能集中在小面積，導致氣溫上升。

圖 3-1 照射地球的太陽光線

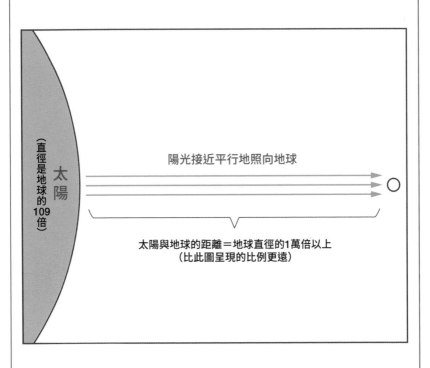

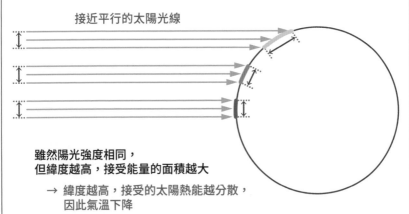

🌡️☔ 降雨的原理

緯度不只影響氣溫，也會改變降雨量。先從基礎知識來了解下雨的原理吧！

某個地區下雨，就代表該地產生了上升氣流。 因為上空的氣溫比地面低，暖熱的空氣上升後冷卻，就產生水滴，如同裝了冷飲的杯子外側會因周圍空氣冷卻，而附著水滴一樣（此外，空氣會在氣壓低的上空膨脹，溫度也會因此下降）。

空氣溫度越高，攜帶的水蒸氣越多，但空氣冷卻下來時，只能包含少量水蒸氣。因此，**蘊含水蒸氣的暖空氣上升到高空冷卻時，水蒸氣超過氣體所能攜帶的飽和量而變成液體，化為水滴聚集成雲，然後變成雨水落到地面。**

第1章 地理資訊與地圖

第2章 地形

第3章 氣候

第4章 農林漁牧業

第5章 能源與礦產資源

第6章 工業

第7章 物流與消費

第8章 人口與都市

第9章 衣食住、語言與宗教

第10章 國家

圖 3-2　上升氣流跟降雨的關係

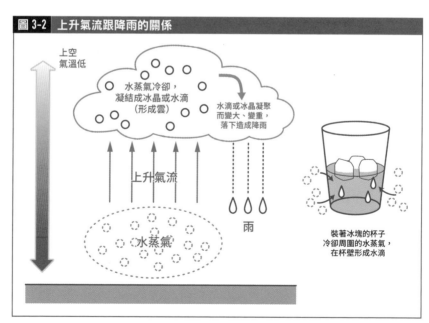

上空氣溫低

水蒸氣冷卻，凝結成冰晶或水滴（形成雲）

水滴或冰晶凝聚而變大、變重，落下造成降雨

上升氣流

雨

水蒸氣

裝著冰塊的杯子冷卻周圍的水蒸氣，在杯壁形成水滴

低氣壓與高氣壓

「上升氣流產生的地方」，同時也是「低氣壓形成的地方」，因為這些地區的空氣不斷上升，地面的空氣密度也就跟著變低，也就是**施加在我們身上的空氣壓力變低了，所以稱為低氣壓**，聽到低氣壓就連想到「快下雨了」，背後的原因其實是**上升氣流作用導致容易下雨。**

相反地，高氣壓發生在下沉氣流產生的地方。**當空氣下降，施加給我們的空氣壓力變高了，就稱為高氣壓。**產生下沉氣流時，從上空下降的空氣不會形成水滴，所以不會造成下雨。聽到高氣壓會想到「晴天」，其實是因為**下沉氣流產生，所以不容易下雨。**

此外，低氣壓代表一個地方地面上的氣壓比周圍低，所以風會從周圍吹進來。而高氣壓表示氣壓比周圍高，所以風會從高氣壓地

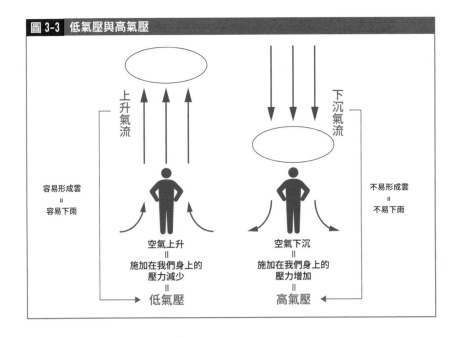

圖 3-3　低氣壓與高氣壓

容易形成雲
＝
容易下雨

不易形成雲
＝
不易下雨

上升氣流

下沉氣流

空氣上升
＝
施加在我們身上的壓力減少
＝
低氣壓

空氣下沉
＝
施加在我們身上的壓力增加
＝
高氣壓

區吹向四周。

第1章 地理資訊與地圖

第2章 地形

第3章 氣候

第4章 農林漁牧業

第5章 能源與礦產資源

第6章 工業

第7章 物流與消費

第8章 人口與鄉村、都市

第9章 衣食住與語言與宗教

第10章 國家

🌡️☁️ 上升氣流如何產生？

理解「**上升氣流＝低氣壓＝下雨**」、「**下沉氣流＝高氣壓＝晴天**」的公式後，接著就來思考一下，什麼情況下會產生上升氣流？

再確認一次，前提是**「暖空氣會上升，冷空氣會下降」**。當空氣的溫度上升，空氣密度會因為膨脹而降低。每單位體積的空氣重量變輕，所以空氣會上升（熱氣球上升就是根據這個原理）。反之，空氣冷卻後會快速收縮而密度升高，每單位體積的空氣重量變重，因此冷空氣會下降。

上升氣流發生的原因有幾個，第一個是**陽光照射地面，造成地表空氣升溫。**空氣受熱後膨脹，造成密度下降而變輕，於是形成上

圖 3-4　上升氣流的成因

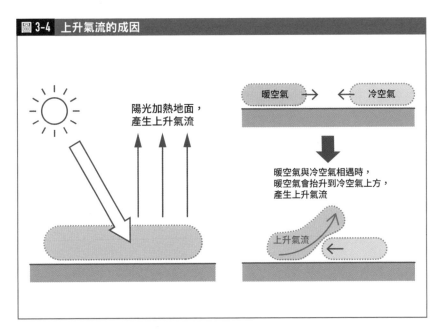

陽光加熱地面，產生上升氣流

暖空氣　→　←　冷空氣

暖空氣與冷空氣相遇時，暖空氣會抬升到冷空氣上方，產生上升氣流

上升氣流

升氣流。

　　上升氣流形成的第二個原因，**是冷空氣與暖空氣交會**。冷空氣密度高，每單位體積的重量較重；暖空氣密度低，每單位體積的重量較輕，因此冷空氣與暖空氣交會時，**冷空氣會沉在暖空氣下方，而暖空氣被抬升，就產生上升氣流**（其他還有風遇到山地時，會沿著山坡爬升而產生上升氣流，這部分稍後再說明）。

「赤道低壓帶」與「副熱帶高壓帶」

　　將「不同緯度地區，受陽光照射的情況不同」；「受陽光照射升溫的地區容易下雨」和「冷空氣與暖空氣交會的地方容易下雨」三個原理組合起來，就可以知道多雨區和少雨區在哪裡形成。

　　赤道附近的低緯度地區受陽光直射加溫，因此**地表溫暖，產生上升氣流**。另外，地面溫度升高代表地表水分蒸發量大，因此空氣中含有大量水蒸氣，這些熱空氣上升，就造成低緯度地區降雨量較多的現象。

　　這個位在赤道地區的低氣壓帶，稱為「**赤道低壓帶**」或是「**間熱帶輻合帶**」（因為風會往低氣壓地帶吹，所以稱為「輻合帶」）。**赤道地區多雨的熱帶雨林氣候，就是因此形成的。**

　　那麼，上升的空氣會到哪裡去呢？小學的自然課上曾學過水和空氣的對流，空氣會隨著高度上升而降溫，直到抵達距離地面10到16公里的地方。空氣會維持這個高度，向高緯度方向移動，溫度也進一步下降（超過這個高度就進入「平流層」的範圍，氣溫反而會隨高度增加而上升，且難以產生對流）。

　　不久，當空氣從赤道來到緯度20到30度，就會轉為下沉氣流，往地面移動。**由於下沉氣流，緯度20到30度地區為高氣壓區，不易降雨且乾燥**，因此這個地區分布著大規模的沙漠。

這種中緯度地區常見的高氣壓區，稱為「**副熱帶高壓帶**」或「**馬緯度無風帶**」。

🌡️ 高緯度附近的高壓帶跟低壓帶

接下來，我們把焦點轉向極地。

極地非常寒冷，不易產生上升氣流，反而因地表空氣冷卻，產生下沉氣流，形成高氣壓，因此這裡稱為「**極地高壓帶**」。那麼，位於「副熱帶高壓帶」與「極地高壓帶」之間的地區會發生什麼事？從這個地區南北兩側高壓帶吹來的風，會在北緯50到60度附近相會。極地高壓帶吹來的風，與副熱帶高壓帶吹來的風溫度不同，溫度相異的空氣交會的邊界叫做「**鋒面**」，在這裡形成的低氣壓區稱做「**副極地低壓帶**」（實際上，受偏西風和陸地分布的影響，低氣壓區相當廣大）。

歸納起來，從北極到南極之間交替出現低氣壓區和高氣壓區，從北到南依序是「極地高壓帶」、「副極地低壓帶」、「副熱帶高壓帶」、「赤道低壓帶」、「副熱帶高壓帶」、「副極地低壓帶」以及「極地高壓帶」。**地球上多雨地區與乾燥地區「交錯」分布，有如「條紋」一般（本書採用「雨區」及「晴區」呈現，以便理解）。**

第1章
地理資訊與

第2章
地形

第3章
氣候

第4章
農林漁牧業

第5章
能產源與資源

第6章
工業

第7章
物流與消費

第8章
人口與鄉村、都市

第9章
衣食住、語言與宗教

第10章
國家

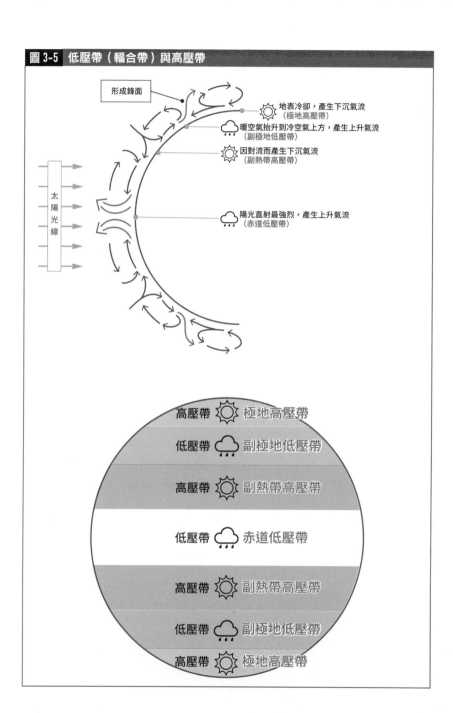

圖 3-5 低壓帶（輻合帶）與高壓帶

形成鋒面

地表冷卻，產生下沉氣流
（極地高壓帶）

暖空氣抬升到冷空氣上方，產生上升氣流
（副極地低壓帶）

因對流而產生下沉氣流
（副熱帶高壓帶）

陽光直射最強烈，產生上升氣流
（赤道低壓帶）

太陽光線

高壓帶　極地高壓帶

低壓帶　副極地低壓帶

高壓帶　副熱帶高壓帶

低壓帶　赤道低壓帶

高壓帶　副熱帶高壓帶

低壓帶　副極地低壓帶

高壓帶　極地高壓帶

第1章 地圖資訊與地理

第2章 地形

第3章 氣候

第4章 農林漁牧業

第5章 能源與礦產資源

第6章 工業

第7章 物流與消費

第8章 人口與鄉村、都市

第9章 衣食住與語言與宗教

第10章 國家

風向是怎麼形成的？

緯度所形成的北風與南風

接下來，我們來探討緯度造成的氣溫、降雨和風向變化。

前面說過，地球上「高氣壓區」與「低氣壓區」交錯分布，這種氣壓差距就在地球上產生了風。物體會從壓力高的地方，向壓力低的地方移動，**地表的空氣也會從高氣壓處流向低氣壓處，這種空氣的流動就是所謂的風。**如果將高壓帶吹向低壓帶的風畫成圖，就會出現圖3－6所顯示的北風或南風。

圖 3-6　從高壓帶吹向低壓帶的風

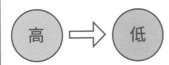

物體會從壓力高的地方
向壓力低的地方移動

空氣會從高氣壓區
往低氣壓區移動
（起風）

如果從高壓帶、低壓帶的分布來看⋯

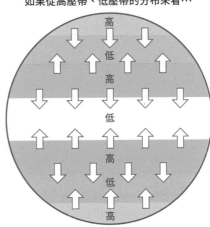

高
低
高
低
高
低
高

風向會是圖中的北風與南風

🌡️☔ 地球旋轉, 造成風向「轉彎」

但是，地球上實際的風向並不是只有南北向，也會受到地球自轉的影響而轉彎，變成東西向。讓風轉彎的力量，叫做「科氏力」（Coriolis Force），接下來就來談一談這種力量。

舉例來說，我們可以想像一個物體在旋轉的圓盤上移動，如圖 3 - 7 的〔圖①〕，從圓盤的A點移動到另一側的B點。從A點出發的物體雖然直直地朝著B點前進，但是由於圓盤正在轉動，實際上物體最後應該會如〔圖②〕到達B'點（請想像坐在旋轉木馬或旋轉咖啡杯等轉動物體上的狀態）。

我們可以用站在A點的人的角度來思考。對站在A點的人來說，朝著B點方向直線前進的物體，並不會抵達原先的目的地B點，而是如同〔圖③〕來到偏右的B'點。A點上的人看來，**這個物體就像受到從前進方向往右偏的力量一樣。**

如〔圖④〕所示，不論從圓盤上的哪一個地點出發，看起來都像受到從前進方向往右偏的力量作用，這就叫做「科氏力」，或者「地球自轉偏向力」。

將這種原理套用在地球上，就會如〔圖⑤〕所見。如果從北極上空眺望地球，可以看到**在北半球，運動的物體彷彿都受到向右偏轉的力量（相反地，從南半球上空看來則是向左偏轉）。**

因此，**從高緯度吹向低緯度地區的風，看起來會向東偏（在北半球，北風會變成東北風），而低緯度吹向高緯度地區的風，看起來則是向西偏（在北半球，南風會變成西南風）。**

🌡️☔ 緯度決定氣候的「基本型態」

於是，從副熱帶高壓帶吹向赤道低壓帶的風，會變成東方吹來

第1章
地圖資訊與

第2章
地形

第3章
氣候

第4章
農林漁牧業

第5章
能源與礦產資源

第6章
工業

第7章
物流與消費

第8章
人口與鄉村、都市

第9章
語言衣食住與宗教

第10章
國家

圖 3-7　科氏力

圖①

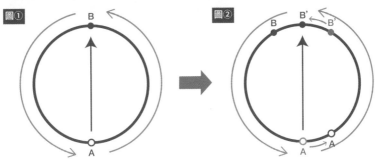

想像物體在逆時針旋轉的圓盤上，
從A點出發前往B點

圖②

站在A點的人看來物體到達了B點，
但實際上是到達B'點

圖③

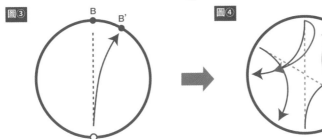

從A點看起來，原本筆直朝向B點的物體，
變成向右偏移到達B'點
→彷彿受到向右的力量

圖④

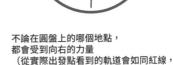

不論在圓盤上的哪個地點，
都會受到向右的力量
（從實際出發點看到的軌道如同紅線，
為方便說明，此處將軌跡統一）

圖⑤

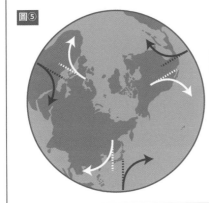

同樣地，從北極上空看地球時，
在北半球運動的物體永遠受到向右的力量
（南半球則是向左）

※實際上，物體軌跡還受到其他各種力量影響，
所以更加複雜。這裡是為方便理解而將軌跡
簡化

的風（**信風**）；副熱帶高壓帶吹向副極地低壓帶的風，會變成西方吹來的風（**偏西風**）；而極地高壓帶吹向副極地低壓帶的風，會變成東方吹來的風（**極地東風**）。

　　古代貿易船或大航海時代的探險船，會運用這種偏西風或信風，東西向遠渡大海（例如哥倫布從西班牙出港後南下，利用信風到達新大陸，北上時再藉著偏西風回到歐洲）。

　　將緯度造成的「高壓帶」與「低壓帶」（「晴區」和「雨區」），與信風、偏西風跟極地東風組合，整理起來就如同圖3－8，**這就是緯度所造成的氣候「基本型」。**

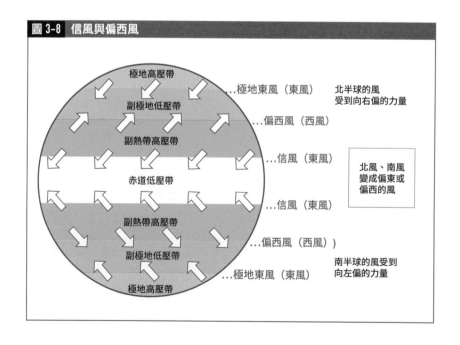

圖 3-8 信風與偏西風

極地高壓帶

副極地低壓帶

副熱帶高壓帶

赤道低壓帶

副熱帶高壓帶

副極地低壓帶

極地高壓帶

...極地東風（東風）

...偏西風（西風）

...信風（東風）

...信風（東風）

...偏西風（西風））

...極地東風（東風）

北半球的風
受到向右偏的力量

北風、南風
變成偏東或
偏西的風

南半球的風受到
向左偏的力量

地軸傾斜造成季節變化

第1章 地理資訊與地圖

第2章 地形

第3章 氣候

第4章 農林漁牧業

第5章 能源與礦產資源

第6章 工業

第7章 物流與消費

第8章 人口與鄉村、都市

第9章 衣食住、語言與宗教

第10章 國家

🌡️ 太陽直射地球的「夏季」

前面我們探討了氣溫、降雨量與風向，這一節就來思考「季節」的成因。

走進文具店或玩具店，總會看到地球儀。但是店裡賣的地球儀，轉軸安裝得有些傾斜，並不是垂直於地面。這是因為**地球自轉的中軸線「地軸」，與地球繞太陽公轉的公轉面呈23.5度的傾斜**，造成地球季節的變化。

圖 3-9　地軸傾斜與季節變化

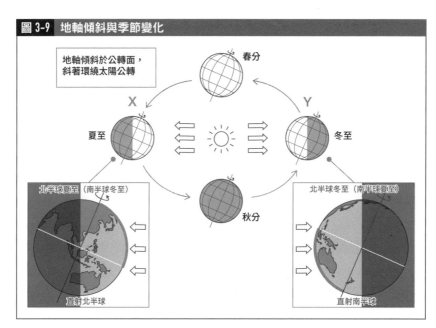

地軸傾斜於公轉面，斜著環繞太陽公轉

春分

X　　　　　　　Y

夏至　　　　　　　冬至

秋分

北半球夏至（南半球冬至）　　　　　北半球冬至（南半球夏至）

直射北半球　　　　　　　　　　　直射南半球

從圖3－9可以看見，**地球在地軸傾斜的狀態下，每年環繞太陽一周**。這種現象為地球帶來了季節變化，仔細觀察可知，**當地球來到圖3－9左方的「X」位置時，陽光直射北半球；地球來到圖右方「Y」位置時，陽光直射南半球。（在「X」位置時，北半球是夏天，南半球是冬天）。**

在北半球夏至的正午時，陽光直射北緯23.5度的北回歸線；南半球夏至正午時，陽光直射南緯23.5度的南回歸線。從北半球來看，北回歸線就是「夏至的赤道」，而南回歸線則是「冬至的赤道」。

緯度越高，晝夜的「長短差距」越大

地球每天以地軸為中心旋轉一周，世界各地會依序通過面向太

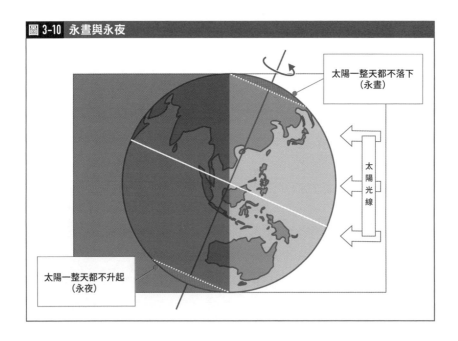

圖 3-10　永晝與永夜

太陽一整天都不落下（永晝）

太陽光線

太陽一整天都不升起（永夜）

陽與背對太陽的區域，因此出現晝夜變化。值得注意的是，**北緯66.5度和南緯66.5度以上的高緯度地區，在接近夏至的時期，會出現太陽整天都不落下的情況；而接近冬至時，則出現一整天太陽都不升起的狀況。這種「沒有日落」（整日都是白天）的情況稱做「永晝」；「沒有日出」（整日都是黑夜）則稱做「永夜」。**

接著來思考一下夏季和冬季時，高緯度與低緯度地區日夜長短的差別。**高緯度地區的晝夜長度差距比低緯度更大。**因此，高緯度地區的冬天比較寒冷，夏天氣溫也上升得更多，一年之內的溫差（**年溫差**）非常大。低緯度地區，不論在夏天或冬天，白天和夜晚的長度差異不大，因而全年氣溫也沒有太大的變化。

這種現象就表示，**中緯度和高緯度地區的季節變化，比低緯度地區更加分明。**

第1章 地理資訊與

第2章 地形

第3章 氣候

第4章 農林漁牧業

第5章 礦產資源與

第6章 工業

第7章 物流與消費

第8章 人口與鄉村、都市

第9章 衣食住、語言與宗教

第10章 國家

圖 3-11　日夜長短的差別

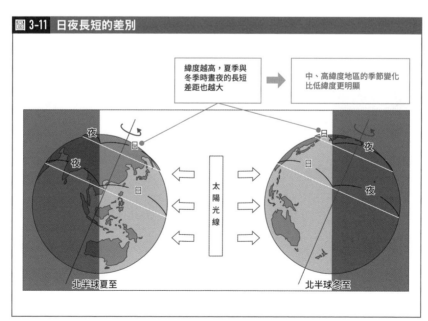

緯度越高，夏季與冬季時晝夜的長短差距也越大 ➡ 中、高緯度地區的季節變化比低緯度更明顯

夜　日

夜

日

太陽光線

日

夜

夜

北半球夏至　　　　　　　　　　　北半球冬至

地軸傾斜造成氣候帶的「偏移」

我想各位已經理解地軸傾斜造成的季節變化。隨著季節改變，前面提過的「晴區」與「雨區」，也就是高壓帶與低壓帶也會跟著移動。而**晴區與雨區的偏移，也為地球創造出形形色色的氣候。**

由於北回歸線夏至時受太陽直射，可以將它視為「夏至的赤道」。這也表示「赤道低壓帶」在夏至時會往北回歸線移動。反之，當太陽直射「冬至的赤道」南回歸線時，赤道低壓帶就會朝南方移動。

隨著赤道低壓帶移動，副熱帶高壓帶跟副極地低壓帶也會跟著往北邊和南邊移動，造成**地球上分成「夏天是雨區，但冬天是晴區」的地方，和「夏天是晴區，但冬天是雨區」的地方**（也就是夏天與冬天分別是雨季或乾季的地區）。

赤道附近是**全年溼潤的「雨區」，形成熱帶雨林氣候**。緯度比赤道高的地區，會形成**夏天是「雨區」，冬天是「晴區」的「熱帶莽原氣候」**，雖然位於熱帶，卻有明顯的雨季與乾季。緯度再高一點，則是**夏冬都是「晴區」**的沙漠氣候。

再看到緯度更高的地方，會出現**夏季是「晴區」，冬天是「雨區」**的地中海型氣候，接著是夏、冬都是「雨區」的夏雨型暖溼氣候、海洋型氣候跟常溼寒冷氣候等溼潤氣候。緯度更高的地區，則是**夏天是「雨區」，冬季是「晴區」**的冬乾寒冷氣候。而到了極地附近，受極地高壓帶的強烈影響，會出現極為寒冷的**苔原氣候和冰原氣候**。這種因地軸傾斜而造成的氣候帶「偏移」，創造出各式各樣的氣候。

海拔高度帶來的氣溫與降雨量

第1章
地圖資訊與地理

第2章
地形

第3章
氣候

第4章
農林漁牧業

第5章
能源與礦產資源

第6章
工業

第7章
物流與消費

第8章
人口與鄉村、都市

第9章
語言與衣食住與宗教

第10章
國家

圖 3-12 氣候帶偏移而形成的氣候

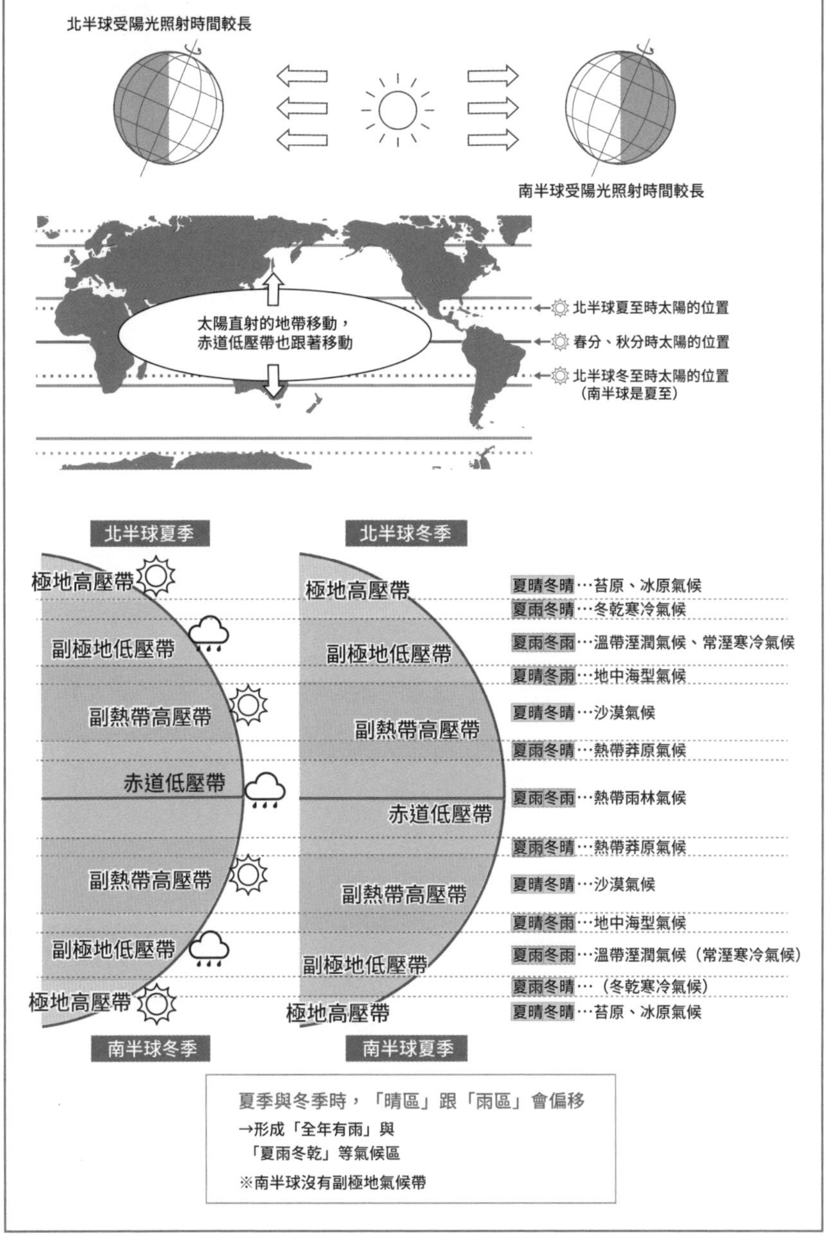

北半球受陽光照射時間較長

南半球受陽光照射時間較長

太陽直射的地帶移動，
赤道低壓帶也跟著移動

- 北半球夏至時太陽的位置
- 春分、秋分時太陽的位置
- 北半球冬至時太陽的位置（南半球是夏至）

北半球夏季　　　北半球冬季

氣壓帶	氣壓帶	氣候
極地高壓帶	極地高壓帶	夏晴冬晴…苔原、冰原氣候
		夏乾冬晴…冬乾寒冷氣候
副極地低壓帶	副極地低壓帶	夏雨冬雨…溫帶溼潤氣候、常溼寒冷氣候
		夏晴冬雨…地中海型氣候
副熱帶高壓帶	副熱帶高壓帶	夏晴冬晴…沙漠氣候
		夏雨冬晴…熱帶莽原氣候
赤道低壓帶	赤道低壓帶	夏雨冬雨…熱帶雨林氣候
副熱帶高壓帶		夏雨冬晴…熱帶莽原氣候
	副熱帶高壓帶	夏晴冬晴…沙漠氣候
副極地低壓帶		夏雨冬雨…地中海型氣候
	副極地低壓帶	夏雨冬雨…溫帶溼潤氣候（常溼寒冷氣候）
極地高壓帶		夏乾冬晴…（冬乾寒冷氣候）
	極地高壓帶	夏晴冬晴…苔原、冰原氣候

南半球冬季　　　南半球夏季

夏季與冬季時，「晴區」跟「雨區」會偏移
→形成「全年有雨」與
「夏雨冬乾」等氣候區
※南半球沒有副極地氣候帶

山中天氣多變化的原因

　　研究過緯度帶來的氣候變化後，接著來看看海拔高度對氣候的影響。爬山時，高度每上升100公尺，平均氣溫就會下降約0.65度（依據氣溫的「**遞減率**」）。因此，山頂上吹來的風總是十分沁涼。

　　同樣地，在海拔較高的高原上，雖然保有山腳的氣候特色，氣溫卻比平地低（如果山腳是熱帶莽原氣候，高原則會維持夏天多雨而冬天不下雨的特徵，但氣溫下降，從熱帶轉變為溫帶的「冬乾溫暖氣候」）。

　　另外，當風遇到山地時會沿著山坡爬升，此時，**沿斜面上升的風形成上升氣流，容易成雲，造成下雨**（在山頂附近，從四面八方吹來的風必定會產生上升氣流，因此人們總說「山中天氣多變化」）。反之，在背風側，山頂下完雨之後的空氣下沉，風也轉為乾燥。

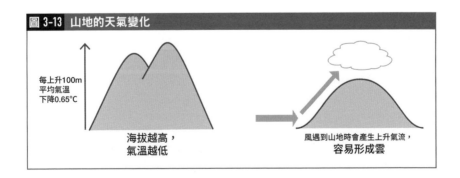

圖 3-13　山地的天氣變化

每上升100m
平均氣溫
下降0.65℃

海拔越高，
氣溫越低

風遇到山地時會產生上升氣流，
容易形成雲

海陸溫差產生季風

第1章 地圖資訊與

第2章 地形

第3章 氣候

第4章 農林漁牧業

第5章 礦能源與資源

第6章 工業

第7章 物流與消費

第8章 鄉村與都市

第9章 語言與衣食住宗教

第10章 國家

風向受到「溫度不易變化」的海洋影響

除了海拔高度，對氣候影響重大的還有大陸與海洋的分布。

由於水是各種物質當中相對「不易升溫也不易冷卻」的物質，因此，陸地與海洋兩者相較之下，陸地容易變升溫也容易冷卻，而海洋的溫度則不易變化（想像一下夏天的沙灘溫度高，幾乎無法用赤腳行走，但是一進入海水卻感覺水溫冰涼）。

季風產生的原因

讓我們擴大視野，從全球的規模來思考大陸與海洋的關係。夏季時，大陸的溫度比海洋暖和，所以陸地容易產生上升氣流。上升氣流產生就表示低氣壓正在形成，所以**夏季時，風會從大陸周圍的海洋吹向陸地。**

相反地，冬天時大陸比海洋寒冷，容易產生下沉氣流而形成高氣壓。因此**冬天的風會從大陸吹向海洋。**

這種隨著季節大幅變換風向的風，叫做**季風**。季風最明顯的地區包含東亞、東南亞跟南亞等地區。

尤其是生成於印度洋、太平洋、南海和東海的上空的夏季季風，由於飽含水蒸氣，一吹到陸地上就造成下雨，所以這些地區的降雨量非常高。

119

圖 3-14　季風

| 大陸⋯易熱易冷
海洋⋯不易熱不易冷 | ＋ | 受熱暖化的地表
產生上升氣流，形成低氣壓 |

→夏季大陸升溫，形成低氣壓
　⇒夏季潮溼的風從海洋吹向大陸（夏季季風）
　　→遇到大陸或山脈，降下大量的雨

→冬季大陸變降溫，形成高氣壓
　⇒冬季乾冷的風從大陸吹向海洋（冬季季風）

夏季季風

冬季季風

⬭⋯夏季多雨的地區

暖熱的大陸產生上升氣流
→形成低氣壓，風從海洋吹向陸地

冷卻的大陸產生下沉氣流
→形成高氣壓，風從陸地吹向海洋

🌡️ 海洋性氣候與大陸性氣候

由於大陸「易熱、易冷」，海洋「不易熱、不易冷」，所以鄰近海洋的大陸沿岸一帶也受海洋影響，不易升溫、不易變冷，而遠離海洋的大陸中心則是易冷也易熱。此外，海洋會向大氣供應水蒸氣，所以臨海地區全年降雨量多；大陸中央總體上缺乏水蒸氣供應，因此氣候乾燥。

總結來說，**沿岸地帶的特徵是全年氣溫溫差小，且空氣溼潤**，這就是「**海洋性氣候**」。相反地，**內陸地區全年溫差大，空氣乾燥**，稱為「**大陸性氣候**」。

🌡️ 溫帶海洋性氣候與溫帶大陸性氣候

接下來，我們將風的作用與陸地跟海洋的分布組合起來，來看看吹偏西風的中緯度地區有什麼氣候特徵？

從西向東吹的偏西風，會**經過海上，從大陸西岸吹進內陸。因此，大陸西岸的氣候受到海洋性氣候的強烈影響。**大陸西岸的年溫差小，全年都相當溼潤，這種氣候稱為「**溫帶海洋性氣候**」。

相反地，**在大陸的東岸，風會經由陸地吹向海洋。**大陸東岸年溫差比較大，因為偏西風吹過陸地時影響減弱，而季風的影響作用劇烈，造成大陸東岸夏天多雨，冬季則有內陸吹來的乾燥季風，出現「夏天高溫多溼；冬天乾燥寒冷」的特徵，**夏天與冬天氣候差異極端**，稱做溫帶大陸性氣候。

第1章 地理資訊與
第2章 地形
第3章 氣候
第4章 農林漁牧業
第5章 礦產資源與
第6章 工業
第7章 物流與消費
第8章 鄉村、都市與人口
第9章 衣食住、語言與宗教
第10章 國家

圖 3-15　大陸、海洋與氣候的關係

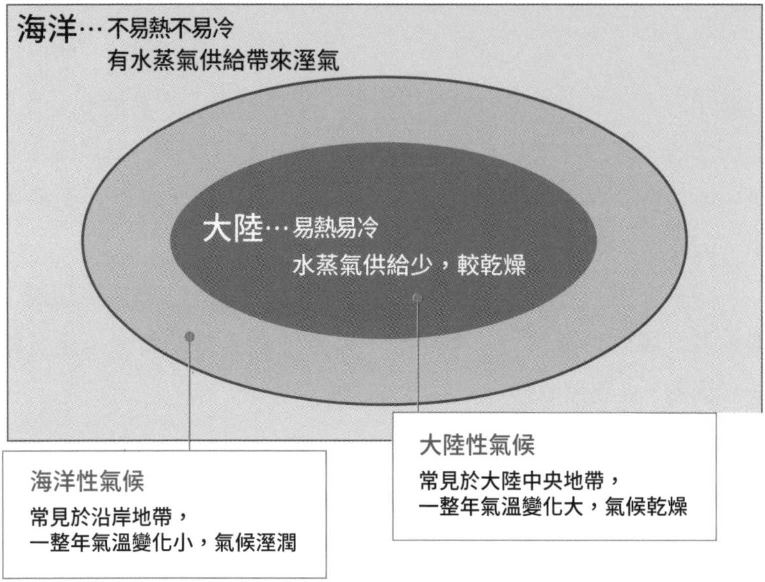

海洋…不易熱不易冷
　　　有水蒸氣供給帶來溼氣

大陸…易熱易冷
　　　水蒸氣供給少，較乾燥

海洋性氣候
常見於沿岸地帶，
一整年氣溫變化小，氣候溼潤

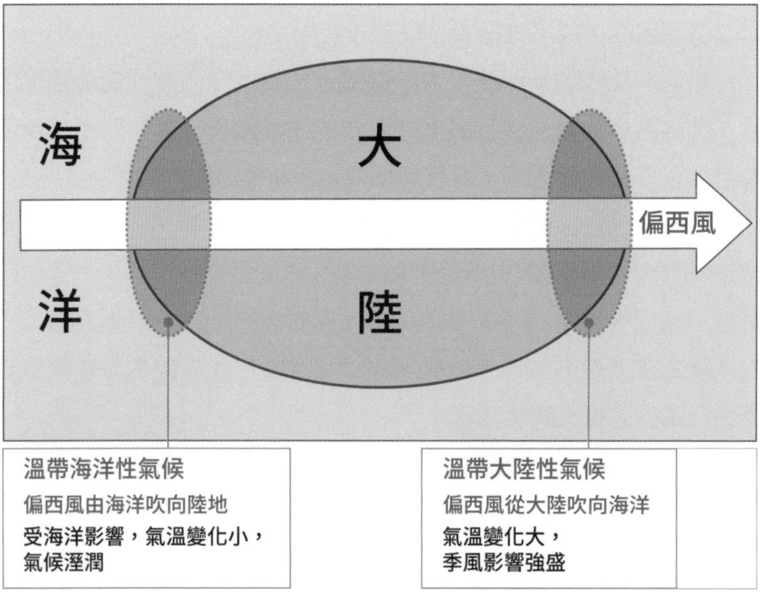

大陸性氣候
常見於大陸中央地帶，
一整年氣溫變化大，氣候乾燥

海

洋

大

陸

偏西風

溫帶海洋性氣候
偏西風由海洋吹向陸地
受海洋影響，氣溫變化小，
氣候溼潤

溫帶大陸性氣候
偏西風從大陸吹向海洋
氣溫變化大，
季風影響強盛

天氣也受海流的影響

第1章 地圖資訊與
第2章 地形
第3章 氣候
第4章 農林漁牧業
第5章 礦產與能源資源
第6章 工業
第7章 物流與消費
第8章 人口與鄉村、都市
第9章 衣食住與宗教
第10章 國家

風造成的海流循環

現在，我們已經了解偏西風和信風等行星風系受到緯度所影響。而海流也和風向一樣，大規模循環於地球上。海流受海上風向的強烈影響，所以，**低緯度地區的海水會被信風由東向西吹動，中緯度則是受偏西風吹拂，由西向東流**（有些地點也受季風的影響，實際的流向十分複雜）。

寒流創造出「海岸沙漠」

赤道附近的海流會受到太陽的熱能加溫，並且沿著大陸東岸北上，在中緯度地帶從西向東流。由於這種海流水溫很溫暖，因此稱為**暖流**。暖流在中緯度地帶往東流時，水溫漸漸下降，隨後碰到另一塊大陸的西岸，接著從高緯度往低緯度方向流動。這時的海流已經冷卻，稱為**寒流**。

暖流流經的地區，容易產生上升氣流與水蒸氣，所以沿岸容易生成雲以及降雨。反之，寒流流經的地區，很難產生上升氣流及水蒸氣，所以沿岸少雨乾燥。因此，寒流流經的沿岸地區有時會形成沙漠，這就稱做**海岸沙漠**，如本吉拉洋流流經的非洲大陸沿岸形成了**納米比沙漠**，祕魯洋流流經南美洲大陸沿岸，形成**阿他加馬沙漠**。這些地區本來就位在乾燥的副熱帶高壓帶，再加上缺乏水蒸氣的供給，氣候極為乾燥，因此形成沙漠。

123

圖 3-16 暖流與寒流

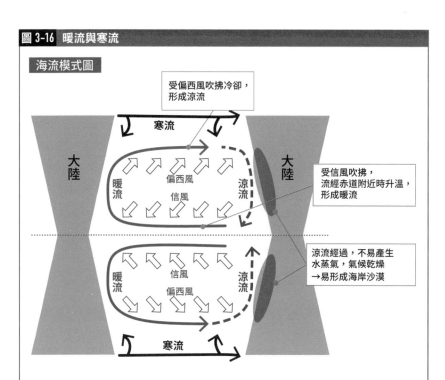

海流模式圖

受偏西風吹拂冷卻，形成涼流

寒流

大陸

暖流

偏西風

信風

涼流

大陸

受信風吹拂，流經赤道附近時升溫，形成暖流

涼流經過，不易產生水蒸氣，氣候乾燥→易形成海岸沙漠

暖流

信風

偏西風

涼流

寒流

全球的洋流

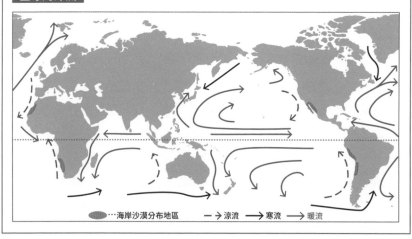

●…海岸沙漠分布地區　—→涼流　━━▶寒流　━━▶暖流

第3章 氣候

世界氣候

第1章
地圖資訊與
地理

第2章
地形

第3章
氣候

第4章
農林漁牧業

第5章
礦產資源與
能源

第6章
工業

第7章
物流與消費

第8章
鄉村、都市
人口與

第9章
語言與宗教
衣食住、

第10章
國家

5 種氣候帶

柯本創建氣候分類

從這節開始，我將會介紹「氣候分類」。說到「氣候」，也許很多人會想到在國中時學到的「溫帶溼潤氣候」、「溫帶海洋性氣候」跟「苔原氣候」等名詞。

這些分類是德國的氣候學家**柯本**所創建，我們稱之為「**柯本氣候分類法**」。除了柯本之外，還有許多氣候的分類方式，但是柯本氣候分類法是目前最普遍的方法。

柯本在分類氣候時，特別關注當地的植物狀態（植被）。柯本居住在俄羅斯，當時他來往於北緯45度克里米亞半島的學校，和北緯60度的聖彼得堡老家時，發現沿路生長的植物隨緯度逐漸變化，因而對氣候與植被的關係產生興趣。也因此，他在**思考氣候分類時，主要關注的是氣溫和降雨量這兩個對植被影響極大的要素。**

柯本氣候分類法只關注氣溫和降雨量這兩項氣候要素，因此相對簡單，也因為這個方法是依據植物分布狀況的差異來分類，有利於連結農作物分布，和飲食生活差異等與植物相關的現象，因此受到廣泛利用。

氣候帶的大致分類

柯本首先將地球上的氣候大略分成2類，分別是「**無樹木氣候**」與「**樹木氣候**」。

「無樹木氣候」顧名思義就是樹木無法生長的氣候。**造成樹木不能生長的原因有兩個，分別是「乾燥」與「寒冷」。**

過於乾燥導致樹木無法生長的氣候，稱為**乾燥氣候**（區別樹木氣候與無樹木氣候的指標之一為降雨量，又稱為**乾燥界限**）；寒冷導致樹木無法生長的氣候則稱做**極地氣候**。

依據氣溫分類的氣候帶

「樹木氣候」適合樹木生長，其中又依據氣溫大略分成3類。從溫暖地帶起，分別是**熱帶氣候**、**溫帶氣候**及**副極地氣候**。大致而言，熱帶氣候是椰子能生長的氣候；副極地氣候是形成魚鱗雲杉、庫頁冷杉跟落葉松等寒帶針葉林的氣候；而溫帶介於熱帶和副極地氣候帶之間。所以，**地球上大略存在著5種氣候帶。**

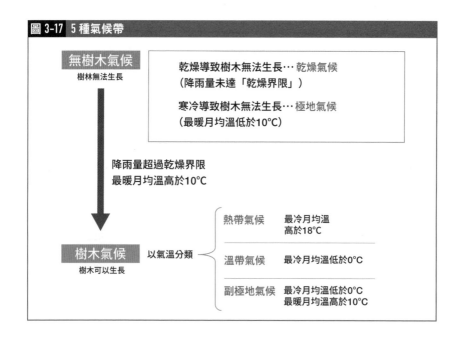

圖 3-17　5種氣候帶

無樹木氣候
樹林無法生長

乾燥導致樹木無法生長…乾燥氣候
（降雨量未達「乾燥界限」）

寒冷導致樹木無法生長…極地氣候
（最暖月均溫低於10°C）

降雨量超過乾燥界限
最暖月均溫高於10°C

樹木氣候
樹木可以生長

以氣溫分類

熱帶氣候　最冷月均溫高於18°C

溫帶氣候　最冷月均溫低於0°C

副極地氣候　最冷月均溫低於0°C
最暖月均溫高於10°C

第1章
地圖資訊與
地理

第2章
地形

第3章
氣候

第4章
農林漁牧業

第5章
能源與
礦產資源

第6章
工業

第7章
物流與消費

第8章
鄉村、都市
人口與

第9章
語言與宗教
衣食住、

第10章
國家

5 種氣候帶的分布順序

　　將5種氣候帶依照緯度低到高的順序排列，從赤道起分別是「熱帶、乾燥帶、溫帶、副極地、極地」。**這些氣候帶分別以英文代號「熱帶＝A，乾燥帶＝B，溫帶＝C，副極地＝D，極地＝E」作為區別。**

　　不過，南半球位於副極地氣候帶的地區只有遼闊的海洋，並沒有大陸，即使有陸地的地方也都是小島，四周被海水圍繞。海水的最低氣溫約在零下2度，而島嶼的氣溫並不會低於這個溫度，所以，**南半球沒有副極地氣候帶。**

　　除了柯本的5種氣候分類之外，後來又新增了代表高海拔山地氣候的**高地氣候（H）**。如果只看氣溫，高地氣候與極地或副極地氣候差不多，不過它具有山麓的氣候特徵，有必要與副極地和極地氣候區分，因而獨立為新的類別。

圖 3-18　地球上的氣候帶

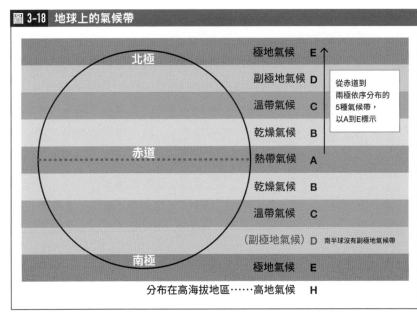

14 種氣候分類

雨量跟氣溫是氣候分類依據

這裡接著談一談5種氣候帶之下的不同氣候。

首先，**將熱帶、溫帶及副極地氣候，進一步以夏季較多雨、冬季較多雨或一整年的降雨量差異不大，進行細分。** 尤其，熱帶地區也有雨季與乾季明顯的地區，和雖然有乾季但是並不明顯的地區，因此必須區分開來。

在英文代號方面，冬季乾燥的氣候帶為「w」，夏季乾燥為「s」，年雨量分布平均的氣候為「f」。熱帶有明顯乾季的用「w」，乾季不明顯則用「m」代表。其中，溫帶的溼潤氣候還有更細的分類，後面再說明。

接著，**乾燥氣候帶之中，如果降雨量未達到足以供應樹木生長的「乾燥界限」一半，這種極端乾燥的地方就屬於「沙漠氣候帶」，標示為「W」。降雨量超過界限值的一半，但未達到界限值的地區（樹木無法生長，但小草可生長的程度），屬於草原氣候帶，標示為「S」。**

在極地氣候帶中，**最暖月均溫未達0度的極端寒冷地域，屬於「冰原氣候帶」，標示為「F」。而最暖月均溫在0度以上，未達10度的地域，稱為「苔原氣候帶」，標示為「T」。**

圖3－19中整理出柯本氣候分類法中14種類型，目前這個分類法受到全世界廣泛使用。

圖 3-19 14 種氣候分類與代表的植被

熱帶氣候	A	Af 熱帶雨林氣候 熱帶 (A)，全年溼潤 (f)	熱帶雨林 常綠闊葉樹
		Am 熱帶季風氣候 熱帶 (A)，無明顯乾季 (m)	落葉闊葉樹
		Aw 熱帶莽原氣候 熱帶 (A)，冬季乾燥 (w)	莽原 草原上零星生長著樹木

| 乾燥氣候 | B | BW 沙漠氣候
乾燥帶 (B)，降雨量未達乾燥界限的一半 | 幾乎沒有植被 |
| | | BS 草原氣候
乾燥帶 (B)，但降雨量達乾燥界限一半以上 | 草原
低矮的草原 |

溫帶氣候	C	Cs 溫帶地中海型氣候 溫帶 (C)，夏季乾燥 (s)	硬葉林 橄欖樹等
		Cw 冬乾溫暖氣候 溫帶 (C)，冬季乾燥 (w)	照葉林 栲樹、櫟樹等
		Cfa 溫帶溼潤氣候 溫帶 (C)，全年溼潤 (f)	混合林 樹種多樣
		Cfb 溫帶海洋性氣候 溫帶 (C)，全年溼潤 (f)	落葉闊葉樹 山毛櫸、橡樹

| 副極地氣候 | D | Df 常溼寒冷氣候
副極地 (D)，全年溼潤 (f) | 常綠針葉樹
魚鱗雲杉等 |
| | | Dw 冬乾寒冷氣候
副極地 (D)，冬季乾燥 (w) | 落葉針葉樹
落葉松等 |

| 極地氣候 | E | ET 極地苔原氣候
極地 (E)，最暖月均溫高於0度 | 苔原
苔蘚類 |
| | | EF 極地冰原氣候
極地 (E)，最暖月均溫低於0度 | 幾乎沒有植被 |

| 高地氣候 | H | | |

第1章 地圖資訊與
第2章 地形
第3章 氣候
第4章 農林漁牧業
第5章 礦產資源與源
第6章 工業
第7章 物流與消費
第8章 鄉村與都市、人口
第9章 語言與宗教、衣食住
第10章 國家

植被也是氣候分類的依據之一

樹木的大致分類

　　柯本最初想為氣候分類的動機，是他注意到各地的植物分布狀況（植被）並不相同。因此，氣候帶分類與植被有著緊密的關聯。樹木大致可分為**闊葉樹**與**針葉樹**，而這兩類又分別有常綠植物和落葉植物，因此可以細分成**常綠闊葉樹、落葉闊葉樹、常綠針葉樹跟落葉針葉樹**這4種。

熱帶地區的植被

　　樹葉會進行光合作用以製造養分，所以對植物來說，葉片就像是為企業帶來利潤的員工。例如闊葉樹的葉片會積極光合作用，製造大量養分，是優秀的員工。

　　尤其在熱帶雨林氣候帶，由於全年都有豐富的降雨量和強烈日照，供應樹葉一年四季勤奮地工作。因此，**熱帶雨林氣候的植被以常綠闊葉樹為中心。**

　　但是，熱帶季風氣候帶或莽原氣候帶有乾季，此時降雨量少，植物就無法充分進行光合作用。以企業為例，乾季就像「休假期間」，這種時候如果持續支付優秀員工高額薪水，公司只會虧錢。

　　因此，這些地區的樹木會在乾季時暫時要求員工離職，等到繁忙期再重新雇用。也就是說，這種樹木的**樹葉會在乾季時落盡，到了雨季再長出來，稱為落葉闊葉樹。**

🌡️ 溫帶地區的植被

同樣地，如果溫帶地區全年都有充分的降雨量和日照，就可以長出常綠闊葉樹。但是，溫帶的降雨量和太陽的熱能都比熱帶少，以企業為例，就是「雖然有獲利，但是並不優渥」的狀況，為了產生利潤，企業必須花點心思，像是加入保險或削減成本。**溫帶的常綠闊葉樹會運用巧思，例如照葉樹會在葉片表面加上保護層，硬葉樹會縮小葉片面積，減少水分蒸發。**

緯度更高的地方，冬季的日照更少，所以**經常看到讓葉片暫時「離職」以削減成本的落葉闊葉樹。**落葉闊葉樹多分布於溫帶溼潤氣候帶常見的混合林，或是溫帶海洋性氣候常見的落葉闊葉林等。

🌡️ 寒帶、草原與沙漠氣候帶的植被

接著來到緯度更高，且寒冷又乾燥的副極地氣候帶。在這種不利植物生長的惡劣條件下，闊葉樹企業已經無法生存，所以**企業（樹木）必須重新調整結構。在副極地氣候帶，樹木的葉片會縮小而變成針狀，樹木構造也與闊葉樹不同，因此形成廣大的針葉樹林**（其實，針葉樹比闊葉樹更早出現在地球上）。

針葉樹林的植物也分成常綠植物和落葉植物兩種，**在副極地地帶，落葉針葉樹遇到比較寒冷、乾燥的季節時，也必須暫時讓樹葉「離職」，縮減成本。**

另外，在極地與草原氣候帶本來就沒有樹林，這些地區的植被只有草原氣候帶常見的短莖草，以及分布在苔原氣候的苔蘚類等植物，而沙漠氣候和冰原氣候則幾乎看不到植被。

第1章 地理資訊與地圖
第2章 地形
第3章 氣候
第4章 農林漁牧業
第5章 礦產能源與資源
第6章 工業
第7章 物流與消費
第8章 人口與鄉村、都市
第9章 衣食住語言與宗教
第10章 國家

熱帶的基準是「冬天不冷」

適合椰子樹生長的氣候

　　從本節開始，將按低緯度到高緯度的順序，解說14種特徵各不相同的氣候類型。

　　首先，從緯度最低的熱帶氣候開始說起。熱帶的判斷基準是**最冷月均溫在18度以上。**這一點與椰子的生長條件一致，**要注意的是，熱帶的區分標準是「最冷月均溫」，而不是「最暖月均溫」。**舉例來說，「全年都在20度」的地區，與「冬季平均氣溫是10度，但是夏天氣溫上升到40度左右」的地區比較，給人前者「涼」後者「熱」的印象，但前者屬於熱帶，後者則屬於溫帶。因為判斷熱帶的標準不是「夏天很熱」，而是「冬天不冷」（話雖如此，由於接近赤道，熱帶的平均氣溫還是偏高）。

熱帶的紅土不適合農業發展

　　熱帶特有的赭紅色泥土，稱做磚紅壤。熱帶地區陽光強烈且雨水豐富，所以植物生長快速，當植物枯死或樹木傾倒後，微生物便將這些植物分解，產生氮、鉀、錳等養分。熱帶的微生物活動力強，因此，死去的植物很快就被分解成營養。

　　由於雨量多，這些養分溶入水中，有利於熱帶植物吸收生長。不過，這些含有養分的雨水，也容易流入河川或大海，**因而產生「微生物製造的養分立刻被周遭的植物吸收，再加上大雨沖刷，養**

圖 3-20 熱帶的分布與熱帶的分類

熱帶氣候分布圖

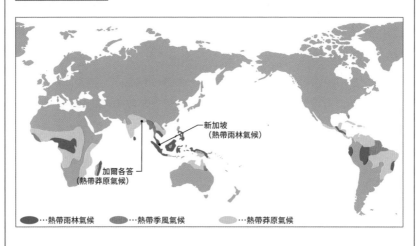

新加坡
（熱帶雨林氣候）

加爾各答
（熱帶莽原氣候）

●⋯熱帶雨林氣候　　●⋯熱帶季風氣候　　●⋯熱帶莽原氣候

熱帶氣候的分類

最冷月均溫高於18℃

進一步
以降雨量分類

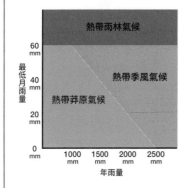

熱帶的特徵

土壤多為磚紅壤
（土質呈酸性且貧瘠的紅土）

海岸分布紅樹林
（根部浸在海水中的植物）

第1章　地理資訊與
第2章　地形
第3章　氣候
第4章　農林漁牧業
第5章　礦產資源與能源
第6章　工業
第7章　物流與消費
第8章　人口與鄉村、都市
第9章　語言、衣食住與宗教
第10章　國家

分不易留存在土壤中」的狀況。

　　相對地，土中留下的鐵質和鋁，生鏽後會形成氧化鐵、氧化鋁等氧化物或氫氧化物。氧化鐵即所謂的「鐵鏽」，**富含氧化鐵的土壤中帶著強烈的紅色**，自古以來一直用做顏料。熱帶磚紅壤的紅色，就是鐵鏽的顏色。

　　另外，熱帶地區雨量多，當滲入土壤的酸性雨水（二氧化碳會溶入雨水中，變成「稀碳酸水」降落地表）和植物根部發生作用，土壤就會轉為酸性。帶強酸性的土壤一般不適合用於農業，因此熱帶的磚紅壤可說是「不適合農業的貧瘠紅棕色酸性土」。

　　大家或許認為，熱帶有充足的陽光和水，還有叢林等豐富的自然環境，應該很適合農作。然而，從農耕的角度看來，這些地區卻因為泥土中缺乏養分，很難有好收成。

海岸附近的紅樹林

　　分布熱帶地區海岸邊的常綠樹林，稱為「**紅樹林**」。「紅樹」並不是植物名，而是這一類植物的統稱。這類植物生長於熱帶淡水與海水混合的海岸附近，根部浸在漲退的海水中。據說，世界的熱帶海岸線約有4分之1分布著紅樹林。

　　紅樹林的周圍有豐富的生態系，在紅樹林植物周邊的地面，生長著可以分解落葉的浮游生物和微生物；浸在水裡的根成為小魚的隱藏處；果實則成為昆蟲、鳥類、猴子、鹿和山羊的食物，因此也有人稱紅樹林是「生命的搖籃」。

　　紅樹林的光合作用旺盛，可以吸收大量二氧化碳，當樹枝斷裂或葉子掉落時，樹枝和葉片中的碳則會被泥土吸收，並且累積在泥土中。因此，紅樹林分布的環境可以吸收較多碳，對抑制地球暖化發揮強大的功能。此外，紅樹林還能減輕滿潮、強風跟海嘯等災害

影響。但是近年為了開闢蝦子的養殖池（例如日本大量進口的「白蝦」就是代表）而大量砍伐紅樹林，已成為環境問題。

熱帶氣候的 3 種分類

　　熱帶氣候依降雨量又分成**熱帶雨林氣候、熱帶季風氣候**跟**熱帶莽原氣候**。首先，熱帶雨林氣候的特徵是沒有乾季，**全年雨量最低的月份，平均降雨量依然在 60 毫米以上**。東京 1 月份的平均降雨量約為 60 毫米，而熱帶雨林氣候的降雨量全年都高於這個基準。

　　熱帶季風氣候與莽原氣候具有「雨季和乾季」，**熱帶季風氣候乾季不明顯，而莽原氣候乾季明顯**。至於怎麼樣的乾季才算明顯呢？這就要看全年整體降雨量是否平均。在雨量較多的地區，即使有些月份幾乎不下雨，但是「整體氣候溼潤」，因此認定為沒有明顯乾季，這種氣候就被歸納在熱帶季風氣候。

　　而在全年雨量少的地區，降雨量最少的月份就被視為「整體乾燥的氣候中降雨較少的月份」，因此認定為明顯的乾季，屬於莽原氣候。

第1章 地理資訊與

第2章 地形

第3章 氣候

第4章 農林漁牧業

第5章 礦產源與

第6章 工業

第7章 物流與消費

第8章 人口與 鄉村、都市

第9章 衣食住、語言與宗教

第10章 國家

茂密的熱帶雨林是野生生物的寶庫

熱帶雨林氣候（Af）

本節將依序介紹3種熱帶氣候。

首先是位於赤道地區的**熱帶雨林氣候**，從名稱有「雨」字，就知道這種氣候受到赤道低壓帶的影響，全年降雨大。一般來說，越接近赤道，季節變化越不明顯，所以熱帶雨林氣候帶一整年都高溫多溼，夏季和冬季的氣溫幾乎沒有差異。

這個地區生長著繁茂高聳的常綠闊葉密林，因而稱為**熱帶雨林**。此外，這裡有很多昆蟲和以昆蟲為食的動物，物種多樣性堪稱「物種的寶庫」。在亞洲，熱帶雨林氣候分布於馬來半島到印尼、太平洋中部的島嶼；非洲剛果河流域；以及南美洲的亞馬遜河上游流域。

全年降雨量豐沛

熱帶地區緯度低，所以一年四季的平均氣溫差異很小。而且，**此處受強烈赤道低壓帶的影響，容易生成低氣壓。另外，由於地面受熱，地表水分蒸發旺盛，空氣飽含水蒸氣，所以降雨量也多。**
（熱帶雨林氣候的條件是最低月雨量超過60毫米，所以年降雨量最少要到達720毫米。不過，熱帶雨林氣候一般的年降雨量實際為2000毫米上下）。

尤其熱帶地區白天太陽的位置高，日光強烈直射，從上午開始

第1章
地圖資訊與
地理

第2章
地形

第3章
氣候

第4章
農林漁牧業

第5章
能源與
礦產資源

第6章
工業

第7章
物流與消費

第8章
人口與
鄉村、都市

第9章
衣食住、
語言與宗教

第10章
國家

圖 3-21 熱帶雨林氣候的特點

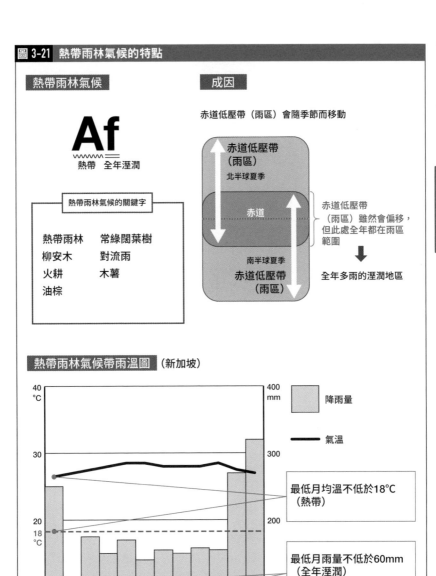

熱帶雨林氣候

Af

熱帶　全年溼潤

熱帶雨林氣候的關鍵字

熱帶雨林	常綠闊葉樹
柳安木	對流雨
火耕	木薯
油棕	

成因

赤道低壓帶（雨區）會隨季節而移動

赤道低壓帶
（雨區）
北半球夏季

赤道

南半球夏季
赤道低壓帶
（雨區）

赤道低壓帶
（雨區）雖然會偏移，
但此處全年都在雨區
範圍

⬇

全年多雨的溼潤地區

熱帶雨林氣候帶雨溫圖 （新加坡）

降雨量

氣溫

最低月均溫不低於18℃
（熱帶）

最低月雨量不低於60mm
（全年溼潤）

年均溫27.8℃
年平均降雨量2123mm（理科年表）

就持續加溫地面，過了中午，地面氣溫到達高峰，瞬間生成上升氣流。這種劇烈上升的氣流，便導致傾盆而下的強降雨，稱為**暴雨**。下暴雨時，由於上升氣流導致低氣壓形成，帶動風的流入，就產生強風。暴雨在短時間內集中降下，而且很快下完，所以當地經常可看到不帶傘出門的人，在附近的屋簷下躲雨等雨停的景象。

日溫差大，年溫差小

暴雨過後，地面溫度下降，不久之後就是日落，所以熱帶雨林地區在晚間感覺較為涼爽。**一般而言，熱帶雨林氣候帶一天之中的溫差（日溫差）比一年四季的平均溫差（年溫差）更大**，年溫差只有3度左右，然而日溫差經常高達10度以上。

熱帶雨林的生活型態

熱帶雨林地區的溼度與氣溫都相當高，所以常見的住宅多為容易通風的干欄式建築。土壤為廣泛分布的貧瘠紅色酸性土壤，也就是**磚紅壤**。

由於土地貧瘠不適合農業，所以人們轉而砍伐山林或原野，放火燒地，並以草灰為肥料，栽種薯類或豆類，稱為**火耕**。熱帶雨林地區的主要作物是**木薯**，為薯類的一種。

另外，天然橡膠、油棕跟可可樹都是適合在高溫多溼的環境下生長的經濟作物，所以當地也盛行生產這些作物的**熱帶栽培業**。

林業方面，則是大量砍伐龍腦香科木材這種常綠闊葉樹，以作為「**柳安木**」的原料。這種木材常用於家具店販售的木料或家具，但許多熱帶雨林國家因過度砍伐而造成環境破壞，近年來已實行森林保護和出口限制。

🌡️☁️ 熱帶季風氣候（Am）

　　熱帶季風氣候就像是「乾季明顯」的熱帶雨林氣候，介於整年溼潤的熱帶雨林氣候和乾季明顯的莽原氣候中間，例如印尼半島、非洲西部海岸及亞馬遜河下游流域。熱帶季風氣候的乾季，通常指「最低月雨量高於100毫米減去年平均降雨量的25分之1，且不滿60毫米」。簡單來說，就是最低月雨量在20到60毫米之間。

　　熱帶季風氣候的乾季之所以比莽原氣候還「不明顯」，原因在於**夏季有海洋吹向大陸的溼潤季風，冬季又有大陸吹向海洋的乾燥季風，降雨量受到這些影響而變動。另外，儘管受赤道低壓帶的影響，但此區有些時期也受到副熱帶高壓帶的影響，出現降雨量較少的現象。**例如亞馬遜河下游流域雖然位在赤道上，不過它位在巴西高原的背風側，7月吹東南風時就形成乾季（而亞馬遜上游地帶是盆地，四周被幾亞那高地、巴西高原及安地斯山脈包圍。不論從哪個方向吹來的風，遇到山地都容易形成上升氣流，造成降雨。因此，上游屬於熱帶雨林氣候）。

🌡️☁️ 熱帶季風氣候的植被

　　熱帶雨林的樹木以「常綠闊葉樹」為主，但**熱帶季風氣候有乾季，所以主要的植被是「落葉闊葉樹」。**因為闊葉植物葉片面積大，水分會從葉面不斷蒸發，所以熱帶季風帶的植物會使葉片凋落，以對抗乾燥。

🌡️☁️ 熱帶季風氣候帶的生活型態

　　熱帶季風氣候也和熱帶雨林氣候一樣高溫多溼，經常下暴雨，

第1章 地圖資訊與地理
第2章 地形
第3章 氣候
第4章 農林漁牧業
第5章 能源與礦產資源
第6章 工業
第7章 物流與消費
第8章 人口與鄉村、都市
第9章 衣食住、語言與宗教
第10章 國家

圖 3-22 熱帶季風氣候的特點

熱帶季風氣候

Am
熱帶 「中間」的氣候
(位在熱帶雨林與莽原中間)

熱帶雨林氣候的關鍵字	
落葉闊葉樹	對流雨
稻作	二期作
柚木	甘蔗
香蕉	茶
種植園	

成因

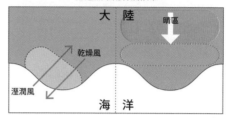

鄰近熱帶雨林氣候帶

①受季風影響
　　海上吹入的溼潤夏風
　　大陸吹來的乾燥冬風
　⇒形成夏冬降雨量的差異

②冬天接近副熱帶高壓帶（晴區）
　⇒有不明顯的乾季

熱帶季風氣候的雨溫圖 （邁阿密）

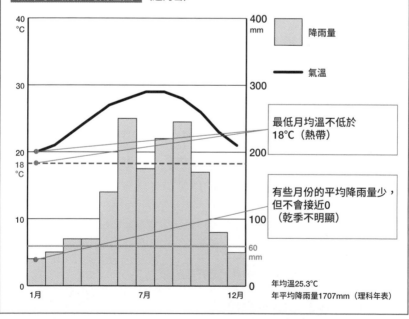

最低月均溫不低於
18℃（熱帶）

有些月份的平均降雨量少，
但不會接近0
（乾季不明顯）

年均溫25.3℃
年平均降雨量1707mm（理科年表）

所以人們的衣、食、住等生活型態與熱帶雨林氣候帶十分類似。

至於農業方面，亞洲的熱帶季風地區盛行稻作。**因為稻子在高溫多雨的環境之下發育良好，非常適合種植於熱帶季風帶。**當地居民在雨季時儲水用於乾季，結合乾季作，進行一年可收成2次稻米的**二期作**或收成3次的**三期作**。乾季時日照時間長，也不會發生洪水，具有肥料不易流失的優點，因此近年乾季作有增加的趨勢。

林業方面，熱帶季風帶地區所生產的高級「**柚木材**」，有「樹中寶石」的美譽。柚木是落葉闊葉樹，到了乾季會落葉停止生長並形成年輪，是硬度高且具耐久性的木材。

此外，這種氣候適合生產甘蔗、香蕉、咖啡、茶等嗜好類作物，熱帶栽培業十分盛行。

🌡️☁️ 熱帶莽原氣候（Aw）

熱帶莽原氣候的緯度比熱帶雨林氣候略高一點，通常圍繞在熱帶雨林氣候帶周邊。「莽原」是這種氣候下常見的植被（又稱「疏林草原」，但在教科書裡一般稱「莽原」），主要分布在非洲及南美洲的低緯度地區、印度、印尼半島跟巴西高原等地，例如巴西高原的塞拉多。

在熱帶莽原氣候，**赤道低壓帶造成的雨季跟副熱帶高壓帶造成的乾季會交互出現。**乾季非常乾燥（最低月雨量接近0），無法長出熱帶雨林那種密林，只有草原中零星生長的**猢猻木**或**金合歡**等耐旱的樹木。

🌡️☁️ 「野生王國」熱帶莽原上的動物

聽到熱帶莽原，就讓人聯想到非洲大莽原，上面棲息著成群草

第1章
地理資訊與

第2章
地形

第3章
氣候

第4章
農林漁牧業

第5章
能源與礦產資源

第6章
工業

第7章
物流與消費

第8章
人口與鄉村、都市

第9章
語言、衣食住與宗教

第10章
國家

圖 3-23 熱帶莽原氣候的特點

熱帶莽原氣候

Aw
〰〰〰〰
熱帶　冬季乾燥

```
┌─ 莽原氣候的關鍵字 ──┐
```

疏林草原	草原
零星樹木	猢猻木
金合歡	野生動物
稻作	咖啡
棉花	

成因 (圖為北半球)

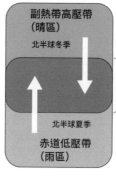

副熱帶高壓帶
(晴區)

北半球冬季

夏天是雨區
冬天是晴區

北半球夏季

赤道低壓帶
(雨區)

乾季明顯

莽原氣候的雨溫圖 (加爾各答)

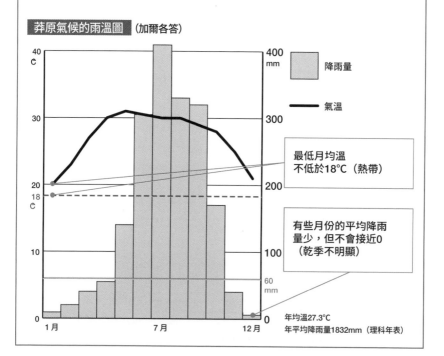

降雨量

氣溫

最低月均溫
不低於18℃（熱帶）

有些月份的平均降雨
量少，但不會接近0
（乾季不明顯）

年均溫27.3℃
年平均降雨量1832mm（理科年表）

食動物，和獵捕牠們為食的肉食動物。

在有乾季明顯的莽原上，雨季長出的草到乾季就會枯死，水塘的水也會乾涸，所以**草食動物有大遷徙的習性，目的是尋找草地和水源。肉食動物便趁機襲擊從群體中落單的草食動物，是草原上充滿生命力的風景。**

許多國家都在莽原上設置自然保護區，將生態作為觀光資源。最具代表性的是坦尚尼亞北部的塞倫蓋蒂國家公園，它已被認定為世界遺產，廣大的園區中可以看到300萬頭野生動物的生態，十分有名。

莽原氣候帶的生活

莽原上常見的野草大多是稻科植物，可見**莽原氣候適於稻作。**由於這種氣候的乾季非常乾燥，居民大多等待雨季到來才開始種稻。除了眾所皆知以米鄉聞名的泰國莽原，近年來，非洲也開始普遍種植適合當地的稻作，稻米生產量節節高升。

此外，從莽原氣候的分布可以看出，巴西、哥倫比亞跟衣索比亞等**代表性的咖啡產地，也多位在莽原氣候帶。**

莽原氣候地區也生產大量棉花，因為這些地區高溫多雨的時期正是棉花的生長期，乾季則是收成期，正好適合栽培棉花。另外，這種氣候帶形成的廣闊草原可直接作為牧場，因此也盛行畜牧業。

第1章
地理資訊與地圖

第2章
地形

第3章
氣候

第4章
農林漁牧業

第5章
礦產能源與資源

第6章
工業

第7章
物流與消費

第8章
人口與鄉村、都市

第9章
語言食衣住、與宗教

第10章
國家

占全球陸地4分之1的乾燥帶

分布於中緯度地區，範圍廣大的乾燥氣候帶

從熱帶往緯度較高的地區走，就來到**占據全世界陸地面積4分之1以上的廣大乾燥氣候帶**。乾燥氣候中包含沙漠氣候（BW）和草原氣候（BS）兩種氣候類型。

乾燥氣候帶位在約為緯度20到30度之間以及內陸地區。緯度20到30度的地方，一年四季受副熱帶高壓帶的影響，因此降雨量少，再加上內陸遠離海洋，缺乏水蒸氣，因此這個地帶十分乾燥。

蒸發量高於降雨量的地區

乾燥氣候帶除了降雨量少，還有另一個重要特徵，就是**蒸發的水分比降雨量還多**。因此，在判斷乾燥氣候時，除了降雨量，也必須把影響蒸發散量的氣溫納入考慮。

那麼，乾燥到什麼程度才符合「乾燥氣候」的標準？這裡又要提到「**乾燥界限**」，也就是「低於這個雨量，地表就太過乾燥，導致樹木無法生長」的降雨量界限。

就標準而言，乾燥界限值為年雨量500毫米。但是，如果平均氣溫高，或降雨集中在氣溫高的夏季，由於水分蒸發量高，乾燥界限的門檻也會提高，即使年雨量超過500毫米的地區也有可能屬於乾燥氣候帶。反之，如果全年平均氣溫低，或是冬季多雨，雨水蒸發量很低，此時乾燥界限的標準就會低於500毫米。

第1章 地理資訊與

第2章 地形

第3章 氣候

第4章 農林漁牧業

第5章 能源與礦產資源

第6章 工業

第7章 物流與消費

第8章 人口與鄉村、都市

第9章 衣食住、語言與宗教

第10章 國家

圖 3-24 乾燥帶的分布與乾燥帶的分類

乾燥帶的分布位置

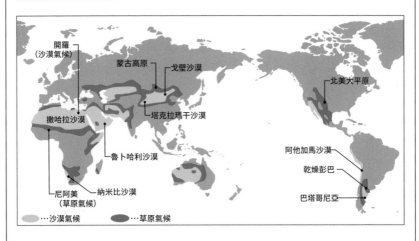

開羅
（沙漠氣候）

蒙古高原 　戈壁沙漠

北美大平原

撒哈拉沙漠

塔克拉瑪干沙漠

魯卜哈利沙漠

阿他加馬沙漠

乾燥彭巴

巴塔哥尼亞

尼阿美
（草原氣候）

納米比沙漠

⬜…沙漠氣候 　⬛…草原氣候

乾燥帶的分類

① 按降雨季節分類
 ・夏季乾燥型（冬天降雨量是夏天的3倍以上）
 ・全年溼潤型
 ・冬季乾燥型（夏天降雨量是冬天的10倍以上）

⬇

② 從年平均氣溫算出乾燥界限
 ・夏季乾燥型
 　年平均氣溫（℃）×20＝乾燥界限（mm）
 ・全年溼潤型
 　年平均氣溫（℃）×20＋140＝乾燥界限（mm）
 ・冬季乾燥型
 　年平均氣溫（℃）×20＋280＝乾燥界限（mm）

夏季多雨的地區蒸發量也大，雖然多雨依然屬於「乾燥」氣候

⬇

③ 降雨量在乾燥界限的
 ・一半以下 ⇒ 沙漠氣候（BW）
 ・一半以上 ⇒ 草原氣候（BS）

※範例只是為了介紹分類方法，不需要死背

145

沙漠與草原

沙漠氣候帶（BW）

沙漠氣候的降雨量未達到乾燥界限的一半，且蒸發量多，因此極度乾燥，植物幾乎無法生長。沙漠氣候絕大多數都位在年雨量不到250毫米的地方。

提到沙漠，大家連想到的多是黃沙無邊的景象。事實上，也有岩石裸露的「岩漠」，和滿布礫石的「礫漠」，而「沙質沙漠」只占沙漠面積的2成。

植物、水蒸氣和雲就像「棉被」般包裹著地球的多數地區，但是沙漠地帶沒有這些東西覆蓋，所以白天時陽光直射地面，到了晚上熱能散去，**1天內的溫差（日溫差）非常劇烈**，晚上降到0度以下，但白天熱到40度的情形並不罕見。

沙漠氣候的 4 種形成原因

形成沙漠氣候的原因有4種，第1種是**全年受強烈的副熱帶高壓帶影響而缺乏降雨**，以世界最大的沙漠撒哈拉沙漠，和阿拉伯半島的魯卜哈利沙漠為代表。

第2種是因為**位於內陸，缺少海洋水分供應**。歐亞大陸是世界最大的大陸，位於此處的中亞地區所形成的戈壁沙漠和塔克拉瑪干沙漠就是這種沙漠的代表。

第3種是**在涼流流經的沿岸地帶形成的海岸沙漠**。涼流流經的

地區會形成冷空氣層，冷空氣層上空是較溫暖的空氣層。由於上層空氣較溫暖，無法產生上升氣流，也就幾乎不降雨，因而形成沙漠氣候，例如非洲的**納米比沙漠**跟南美洲大陸的**阿他加馬沙漠**。

第4種是由於**位於大規模山脈背風側**而形成沙漠。當溼潤空氣越過山脈時，先是沿迎風坡上升而形生上升氣流，並造成降雨。接著越過山頂下降時，空氣已經因下過雨而乾燥，沿斜面向下產生下沉氣流，造成背風側降雨量少而形成沙漠。阿根廷南部的**巴塔哥尼亞**就屬於這種類型。

沙漠的水資源

水是存活的必要物質，因此，對於生活在沙漠的人來說，如何獲得水源是非常重要的問題。人們主要生活在沙漠的水源地──**綠洲**周邊，從事椰棗及小麥等小規模種植。綠洲也是交易的據點，因

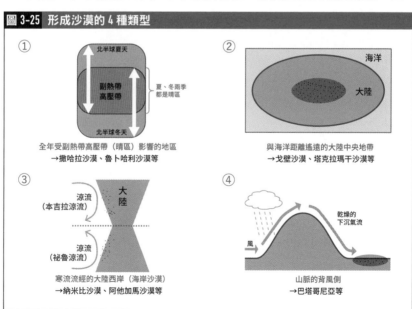

圖 3-25 形成沙漠的 4 種類型

① 北半球夏天
副熱帶高壓帶
夏、冬兩季都是晴區
北半球冬天
全年受副熱帶高壓帶（晴區）影響的地區
→撒哈拉沙漠、魯卜哈利沙漠等

② 海洋　大陸
與海洋距離遙遠的大陸中央地帶
→戈壁沙漠、塔克拉瑪干沙漠等

③ 大陸
涼流（本吉拉涼流）
涼流（祕魯涼流）
寒流流經的大陸西岸（海岸沙漠）
→納米比沙漠、阿他加馬沙漠等

④ 乾燥的下沉氣流
風
山脈的背風側
→巴塔哥尼亞等

第1章 地理資訊與地圖
第2章 地形
第3章 氣候
第4章 農林漁牧業
第5章 礦產能源與資源
第6章 工業
第7章 物流與消費
第8章 鄉村與人口、都市
第9章 衣食住、語言與宗教
第10章 國家

圖 3-26 沙漠氣候的特點

沙漠氣候　　　　　　　　成因

BW

乾燥帶　德語「沙漠」的字首

| 沙漠氣候的關鍵字 |

綠洲	外源河
地下水道	旱谷
土壤鹽化	椰棗

①全年受副熱帶高壓帶影響

②水蒸氣供給少的
　大陸中央地帶

③涼流流經的大陸西岸

④山脈的背風側

沙漠氣候的雨溫圖 (開羅)

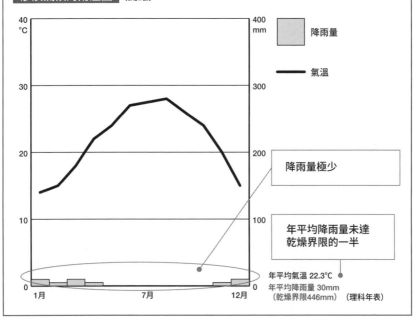

降雨量

氣溫

降雨量極少

年平均降雨量未達
乾燥界限的一半

年平均氣溫 22.3℃
年平均降雨量 30mm
（乾燥界限446mm）　（理科年表）

為這裡有地下水及湧泉，以及從沙漠外溼潤地帶流入的外源河川。另外，沙漠的居民自古以來就懂得使用**地下水道**從遠處山麓引水。近年來，利用工廠將海水轉化為淡水的國家也逐漸增加。

此外，由於沙漠水分蒸發旺盛，地底的鹽分不斷被引到地表，造成土壤「被鹽覆蓋」的**鹽化**現象。在這些地區，農耕時必須使用比平常更多的水，而農業用水中的鹽分又使情況雪上加霜。

沙漠地區的降雨與「沙漠中的河流」

雖然沙漠全年乾燥，但偶爾還是會下雨。沙漠降雨出現在受到太陽光線加溫後，產生強烈上升氣流的地帶，所以它的特徵是在短時間內一口氣下完的豪雨。

沙漠也分布著多條乾涸的河道，稱為「**旱谷**」，平常主要利用為貿易路線，不過一旦下雨，大量的水就會湧入旱谷並形成河流。此時，本已沒有水的河流在短時間內重新出現，甚至形成洪水，因此「在沙漠中溺死」的傳說並不是開玩笑的。

草原氣候帶（BS）

草原氣候帶主要分布在沙漠氣候帶的周邊，例如中亞、蒙古高原跟北美洲大陸的**北美大草原**等平原，和阿根廷的**彭巴草原**。

草原氣候帶的降雨量比沙漠氣候稍微多一些，可是不足以供樹木生長，因此植被主要是廣大的低矮草原。大致來說，比起沙漠氣候帶，**緯度較低的草原氣候地區接近夏天的雨區，所以夏天比較容易下雨；緯度較高的地方則靠近冬天的雨區，所以冬季也會降下少量的雨。**

第1章 地理資訊與
第2章 地形
第3章 氣候
第4章 農林漁牧業
第5章 礦產資源與源
第6章 工業
第7章 物流與消費
第8章 人口與鄉村、都市
第9章 衣食住、語言與宗教
第10章 國家

圖 3-27 草原氣候的特點

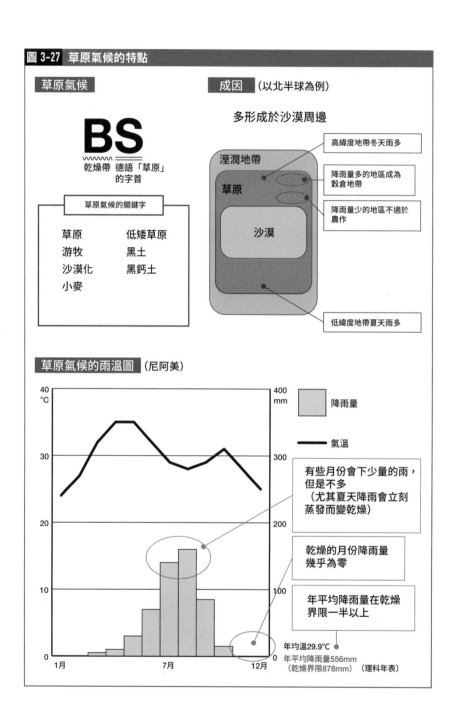

草原氣候

BS

乾燥帶 德語「草原」
的字首

草原氣候的關鍵字

草原	低矮草原
游牧	黑土
沙漠化	黑鈣土
小麥	

成因 （以北半球為例）

多形成於沙漠周邊

溼潤地帶

草原

沙漠

高緯度地帶冬天雨多

降雨量多的地區成為
穀倉地帶

降雨量少的地區不適於
農作

低緯度地帶夏天雨多

草原氣候的雨溫圖 （尼阿美）

降雨量

氣溫

有些月份會下少量的雨，
但是不多
（尤其夏天降雨會立刻
蒸發而變乾燥）

乾燥的月份降雨量
幾乎為零

年平均降雨量在乾燥
界限一半以上

年均溫29.9°C
年平均降雨量556mm
（乾燥界限878mm）（理科年表）

🌡️☁️ 草原的乾燥地帶不適於農業

　　草原氣候帶分成雨量少且**接近沙漠的乾燥草原，與比較溼潤的草原地帶**。在這個區域，降雨量少的地區遍布著土質接近沙漠的「半荒漠土」和「栗鈣土」，由於土質貧瘠，不適合農作。

　　在這種土壤上，如果**過度放牧，或是利用地下水進行耕作，這些地區就會快速轉變成沙漠**。非洲撒哈拉沙漠周圍的**沙黑爾**地區，就是因為**過度放牧**和**過度耕作**而沙漠化的代表。

🌡️🌧️ 草原的溼潤地區是世界的穀倉

　　另一方面，草原氣候帶**降雨量較多的地區，遍布著適於農作的肥沃黑土，景象截然不同**。這種土壤之所以形成，是由於適宜的溼度與溫度，因此野草枯萎後，會被微生物分解成黑色的腐殖土（如果土地乾燥堅硬，枯草就無法腐爛，只有適當的溼氣與溫度才能讓枯草腐爛分解）。

　　而且，由於草原地帶的降雨少，土壤不會被沖走，養分得以經年累積，形成「**雨量雖少，但是足以分解枯草，土壤又不會被雨水沖刷掉**」的絕妙平衡，蓄積成肥沃的草原。代表的例子有烏克蘭到南俄羅斯周邊的**黑鈣土**，和遍布北美洲大陸的**草原黑土**。**這些地區通常大規模栽培小麥，是世界主要的穀倉地帶。**

🌡️☁️ 草原的游牧民族

　　在草原氣候地區，常見飼養羊、牛、駱駝等家畜，逐水和草而移居的**游牧民族**。例如以方便移動的**蒙古包**帳篷為家，就是蒙古高原地區的傳統生活形態。

人口密集的溫帶氣候帶

溫帶氣候的 4 個分類

　　溫帶大約位在緯度30到50度左右的地帶。由於低緯度的暖空氣與高緯度的冷空氣會在這條緯度帶混合，所以大致上屬於溼潤的地區，四季變化鮮明也是溫帶的特徵。**由於溫帶氣候溫和，而且適合農業及居住，所以許多人口都集中在溫帶地區。**若是將溫帶氣候分類，夏季少雨的是**地中海型氣候**，冬季少雨的則是**冬乾溫暖氣候**。而全年溼潤的氣候，又可以按最暖月均溫來區分成**溫帶溼潤氣候**與**溫帶海洋性氣候**。

圖 3-28　溫帶的分類

溫帶的分類方法

（前提是降雨量在「乾燥界限」以上）

① 按照氣溫來判斷是否為「溫帶」
- 最暖月均溫不低於10℃
- 最冷月均溫在−3℃以上（高於副極地帶標準），18℃（未達熱帶標準）以下

② 從夏季或冬季較乾燥來分類
- 夏季乾燥型（冬季降雨量是夏季的3倍以上）→ 地中海型氣候（Cs）
- 全年溼潤型→第③步驟
- 冬季乾燥型（夏季降雨量是冬季的10倍以上）→ 冬乾溫暖氣候（Cw）

③ 全年溼潤型，又可以最暖月均溫分為
- 最暖月均溫不低於22℃ → 溫帶溼潤氣候（Cfa）
- 最暖月均溫低於22℃ → 溫帶海洋性氣候（Cfb）

※範例只是為了介紹分類方法，不需要死背

冬雨型與夏雨型氣候

第1章 地圖資訊與地理

第2章 地形

第3章 氣候

第4章 農林漁牧業

第5章 礦產資源與能源

第6章 工業

第7章 物流與消費

第8章 人口與都市、鄉村

第9章 語言與宗教、衣食住

第10章 國家

🌡️ 「稀有角色」地中海型氣候（Cs）

　　首先，先來介紹在溫帶氣溫中分布緯度較低的地中海型氣候與冬乾溫暖氣候。

　　地中海型氣候，是**高中學習的所有氣候中，唯一一個英文代碼的第二字母是小寫「s」，代表「夏季乾燥但冬天多雨」的氣候。**它的判斷條件是冬季最高月雨量在夏季最低月雨量的3倍以上。一般來說，溫帶地區雨量較多的季節通常是夏季（因為地面受熱，容易產生上升氣流，以及水分蒸發造成空氣中容易含有水蒸氣）。地中

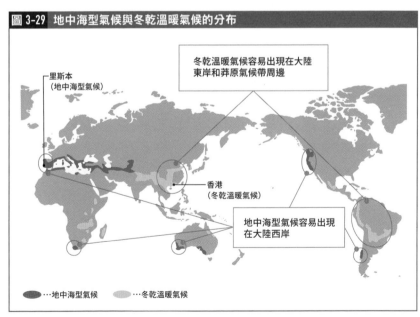

圖 3-29 地中海型氣候與冬乾溫暖氣候的分布

里斯本
（地中海型氣候）

冬乾溫暖氣候容易出現在大陸東岸和莽原氣候帶周邊

香港
（冬乾溫暖氣候）

地中海型氣候容易出現在大陸西岸

⬛…地中海型氣候　　　⬜…冬乾溫暖氣候

153

圖 3-30 地中海型氣候的特點

地中海型氣候

Cs

溫帶　夏季乾燥

地中海型氣候的關鍵字

夏季乾燥	硬葉樹
橄欖	栓皮櫟
柑橘類	觀光勝地

成因 （以北半球為例）

副極地低壓帶
（雨區）

北半球冬季

北半球夏季

副熱帶高壓帶
（晴區）

形成夏天是晴區，
冬天是雨區的地區

↓

出現夏季乾燥的氣候

地中海型氣候的雨溫圖 （里斯本）

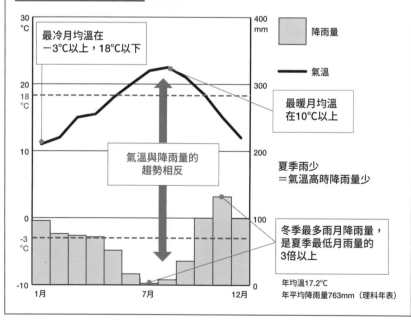

□ 降雨量

—— 氣溫

最冷月均溫在
－3℃以上，18℃以下

最暖月均溫
在10℃以上

氣溫與降雨量的
趨勢相反

夏季雨少
＝氣溫高時降雨量少

冬季最多雨月降雨量，
是夏季最低月雨量的
3倍以上

年均溫17.2℃
年平均降雨量763mm （理科年表）

154

海型氣候帶夏季受「晴區」的副熱帶高壓帶籠罩，所以雨量稀少，屬於氣候帶中少見的「稀有角色」。

這種氣候大多位在草原氣候的高緯度地帶，以及緯度30到45度的大陸西岸，例如南北美大陸西岸、南非開普敦及澳洲的伯斯一帶。**從地圖上可以看見，這些地區都位在大陸西側。**這是因為大陸東部受季風影響，夏季多雨，無法形成地中海型氣候。

地中海型氣候的植被與生活型態

由於地中海型氣候帶夏天氣溫高、降雨量少，因此夏季乾燥。雖然冬季的降雨量較夏天多，但整體雨量並不多，所以植被**主要是比較抗乾旱的植物**。

葉片小且具有厚度的硬葉樹是這類植物的代表。硬葉樹的特徵是**葉片小以減少葉表水分的蒸發，加上葉表覆有厚厚的保護層，因此葉片硬**，例如**橄欖樹、栓皮櫟**和生長在南半球的**尤加利樹**。此外，比較耐旱的甜橙、檸檬等柑橘類水果的栽培，在這些地區也很興盛（「瓦倫西亞橙」的「瓦倫西亞」跟「西西里檸檬」的「西西里」，都是地中海沿岸的地名）。此外，**夏季乾燥也表示溫暖的季節天氣好，所以適合當作度假的觀光地。**高溫且乾燥的夏季容易發生火災，也是這個地區的特徵。

冬乾溫暖氣候（Cw）

冬乾溫暖氣候的特徵與地中海型氣候恰成對比，**夏季多雨，冬季少雨**。冬乾溫暖氣候的標準為夏季最高月雨量在冬季最低月雨量的10倍以上。

這種氣候的分布位置也與常見於大陸西岸的地中海型氣候相

第1章 地理資訊與地圖

第2章 地形

第3章 氣候

第4章 農林漁牧業

第5章 能源與礦產資源

第6章 工業

第7章 物流與消費

第8章 人口與鄉村、都市

第9章 語言、衣食住與宗教

第10章 國家

圖 3-31 冬乾溫暖氣候的特點

冬乾溫暖氣候

Cw
溫帶　冬季乾燥

冬乾溫暖氣候的關鍵字

副熱帶常綠闊葉林（低緯度側）
稻作　茶
棉花　玉米

成因（以北半球為例）

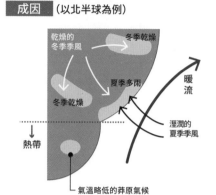

乾燥的
冬季季風

冬季乾燥

夏季多雨

暖流

冬季乾燥

溼潤的
夏季季風

熱帶

氣溫略低的莽原氣候

冬乾溫暖氣候的雨溫圖（香港）

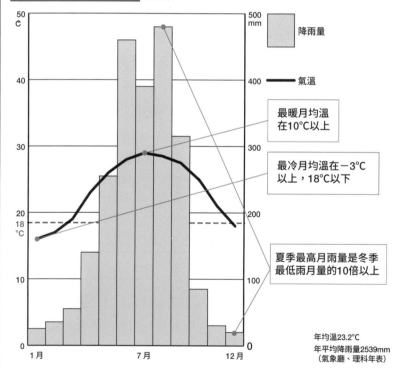

降雨量

氣溫

最暖月均溫
在10°C以上

最冷月均溫在−3°C
以上，18°C以下

夏季最高月雨量是冬季
最低雨月量的10倍以上

年均溫23.2°C
年平均降雨量2539mm
（氣象廳、理科年表）

反，多見於大陸東岸。此外，冬乾溫暖氣候又可以分成「夏季多雨」和「冬季少雨」兩種型態。

「夏季多雨型」 氣候常見於大陸的東南沿岸，由於大陸東岸附近有暖流通過，又受到夏季來自海洋的季風吹向大陸的影響，所以夏天時大陸東南沿岸的雨量非常多，與冬季降雨量差異很大。**「冬季少雨型」** 氣候布於中國的北部和內陸，這些地方冬季時受極地高壓帶影響，加上來自大陸的乾燥季風吹拂下，因此冬天十分乾燥。此外，有些緯度位在莽原氣候帶的地區，因為海拔較高，最冷月均溫跌破18℃，屬於 **「溫帶莽原氣候」** 。

冬乾溫暖氣候的植被與生活型態

冬乾溫暖氣候帶的主要植物是**照葉樹林**，屬於常綠闊葉樹林。「照」字表示葉子的表面有具光澤的保護層，看起來光滑油亮，如栲樹和樟樹。

因為此地區夏季降雨量多，所以植物的樹葉長得比較寬大，以利積極進行光合作用（由於生長條件嚴苛，地中海型氣候的硬葉樹必須把葉片縮小，才能防禦夏天的強烈乾燥，無法長出大葉片）。但是冬季雨少，所以也必須為抗旱作準備。因此，**葉片上包覆著帶光澤的保護層，防止冬季時的乾燥侵害**（高緯度的冬乾溫暖氣候帶，則是常見落葉闊葉樹）。由於落葉和枯葉少，冬乾溫暖氣候帶的土地並不特別肥沃，但是溫度高的時期正好雨量多，適合農業栽種，所以稻米和茶葉的栽培興盛。這種氣候與莽原氣候類似，也盛行棉花栽培。此外，美洲和非洲大陸的冬乾溫暖氣候帶也栽種大量玉米。

第1章 地理資訊與
第2章 地形
第3章 氣候
第4章 農林漁牧業
第5章 礦產資源與源
第6章 工業
第7章 物流與消費
第8章 人口與鄉村、都市
第9章 語言衣食住與宗教
第10章 國家

溫暖宜居的海洋性氣候帶

溫帶溼潤氣候（Cfa）

接下來介紹的是溫帶氣候當中，主要位在緯度較高地區的**溫帶溼潤氣候**和**溫帶海洋性氣候**。

日本列島中除了北海道之外，大部分地區都位在**溫帶溼潤氣候帶**上。這種氣候的特徵是夏、冬兩季的降雨量差異不大（夏季降雨量不超過冬季的10倍，或冬季降雨量不超過夏季的3倍），且最暖月均溫在22度以上。

溫帶溼潤氣候大致上位在緯度25到40度的大陸東岸，**這條緯**

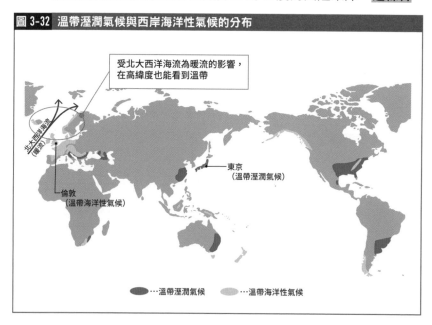

圖 3-32　溫帶溼潤氣候與西岸海洋性氣候的分布

受北大西洋海流為暖流的影響，在高緯度也能看到溫帶

北大西洋海流（暖流）

倫敦（溫帶海洋性氣候）

東京（溫帶溼潤氣候）

●…溫帶溼潤氣候　　●…溫帶海洋性氣候

第1章
地理資訊與

第2章
地形

第3章
氣候

第4章
農林漁牧業

第5章
礦產資源與源

第6章
工業

第7章
物流與消費

第8章
鄉村與、都市

第9章
語言衣食住與宗教

第10章
國家

圖 3-33 溫帶溼潤氣候的特點

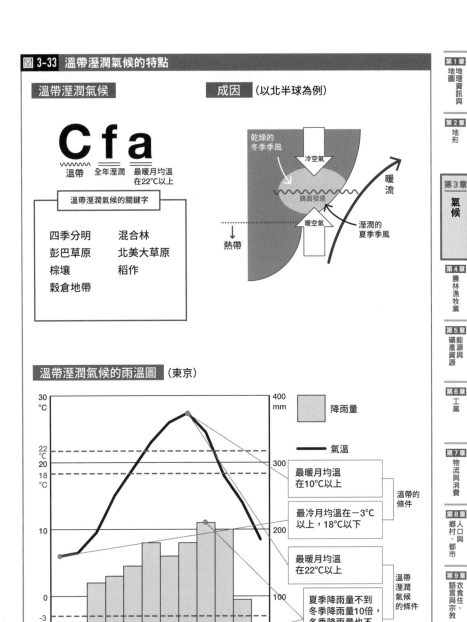

溫帶溼潤氣候

Cfa

溫帶　全年溼潤　最暖月均溫
　　　　　　　　在22℃以上

溫帶溼潤氣候的關鍵字

四季分明	混合林
彭巴草原	北美大草原
棕壤	稻作
穀倉地帶	

成因（以北半球為例）

乾燥的冬季季風
冷空氣
鋒面發達
暖空氣
暖流
溼潤的夏季季風
↓
熱帶

溫帶溼潤氣候的雨溫圖（東京）

降雨量

氣溫

最暖月均溫在10℃以上　　溫帶的條件

最冷月均溫在−3℃以上，18℃以下

最暖月均溫在22℃以上

夏季降雨量不到冬季降雨量10倍，冬季降雨量也不到夏季的3倍　溫帶溼潤氣候的條件

年均溫15.8℃
年平均降雨量1598mm（理科年表）

1月　　　　7月　　　　12月

159

度帶上有來自低緯度的暖空氣與高緯度的冷空氣交會，鋒面發達，**所以全年溼潤。**再加上大陸東岸受季風影響較強，夏天受海上吹向陸地的季風影響而高溫多溼，冬天受來自大陸的乾冷季風吹拂，因此溫度較低而且略微乾燥（但是，乾燥程度並不像冬乾溫暖氣候那麼明顯）。

多樣性的植被

由於這些特徵，溫帶溼潤氣候帶也是四季表現最為分明的地區。**因為氣溫和降雨量富於變化，所以在這些地區的植被也豐富多變**，遍布著混合常綠闊葉樹、落葉闊葉樹及針葉樹的**混合林**。

而大陸的內陸地區比較乾燥，植被是一片寬廣且高度較高的草原。北美大陸將這種草原稱為**大草原**，南美洲東南部則稱之為**彭巴**。

溫帶溼潤氣候帶的生活型態

在溫帶溼潤氣候帶，由於氣溫溫暖而且有一定的降雨量，落葉和枯草會分解為腐殖土，**形成適於農業的肥沃土壤**，稱為**棕壤**。因此，這個地帶的人口密度較高，例如中國東南部、日本與北美洲東部等。亞洲全年降雨量超過1000毫米，主要從事稻作；美國東北部則栽培玉米；阿根廷的彭巴草原種植小麥，這些地區都是世界知名的穀倉地帶。

溫暖多溼的氣候同時也意味著「容易腐敗」，因此也適合製作醬油、味噌跟納豆等發酵食品。日本多變的飲食文化，便是受益於這種氣候。

🌡️ 溫帶海洋性氣候（Cfb）

溫帶海洋性氣候簡言之就是「西歐的氣候」。英國、法國、德國西部都位在溫帶海洋性氣候帶上。

相對於溫帶溼潤氣候多在大陸東岸，溫帶海洋性氣候常見於大陸西岸。這種氣候**受到偏西風的影響，加上大陸西側廣闊大海造成「不易熱、不易冷」且「全年有一定溼潤程度」等特徵，屬於典型的海洋性氣候。**這種氣候在夏、冬兩季的降雨量差異不大，最暖月均溫不超過22度。

尤其在北歐，北大西洋暖流向高緯度流動，因此大陸海洋性氣候會擴展到北緯60度以上，也就是接近北極圈的高緯度地區。

🌡️ 溫帶海洋性氣候的植被與生活型態

大陸海洋性氣候的氣溫較溫帶溼潤氣候低，植被方面主要是山毛櫸、橡樹等**落葉闊葉樹**以及**針葉樹**。在以歐洲為背景的悲劇片中，經常出現別具風情的紅、黃色的林間道，這些樹木就是溫帶海洋性氣候的落葉闊葉樹。

由於溫帶海洋性氣候全年溫暖，降雨量約在500毫米到1000毫米之間，這些條件最適合小麥栽培。**自古以來，歐洲就盛行小麥栽培與牛、豬的飼養結合的混合農業**（因此他們的飲食常見小麥製作的麵包，以及火腿跟香腸）。緯度更高的地方氣溫也更低，不適合種植穀物，所以這些地區就開拓成廣大的牧地，經營酪農業。

第1章 地理資訊與地圖

第2章 地形

第3章 氣候

第4章 農林漁牧業

第5章 能源與礦產資源

第6章 工業

第7章 物流與消費

第8章 人口與鄉村、都市

第9章 衣食住、語言與宗教

第10章 國家

圖 3-34　溫帶海洋性氣候的特點

溫帶海洋性氣候

Cfb

溫帶　　全年溼潤　　最暖月均溫
　　　　　　　　　不到22℃

※另有最暖月均溫較低的Cfc氣候

西岸海洋性氣候的關鍵字

西歐　　　　落葉闊葉樹
針葉樹　　　小麥
混合農業　　酪農

成因 （以北半球為例）

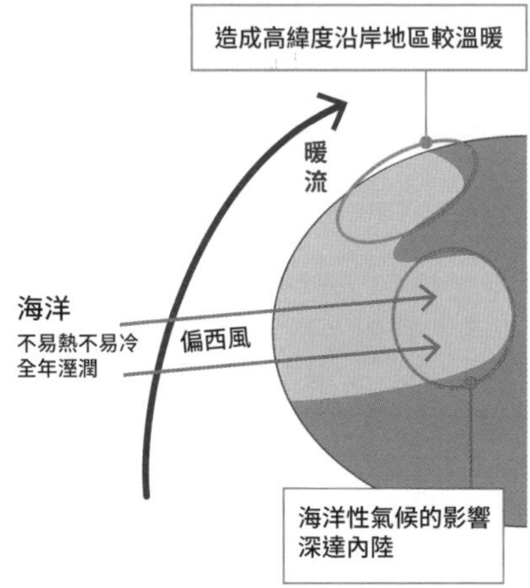

造成高緯度沿岸地區較溫暖

暖流

海洋
不易熱不易冷　　偏西風
全年溼潤

海洋性氣候的影響
深達內陸

西岸海洋性氣候的雨溫圖 （倫敦）

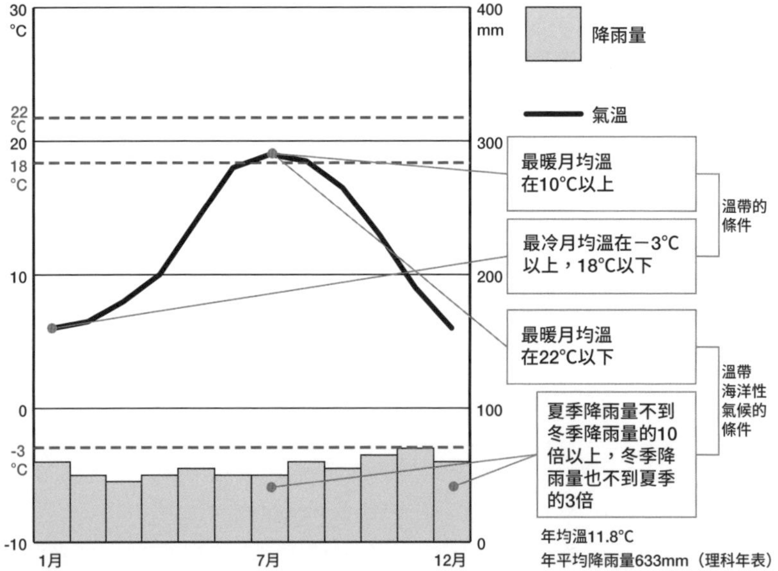

降雨量

氣溫

最暖月均溫
在10℃以上

最冷月均溫在－3℃
以上，18℃以下

最暖月均溫
在22℃以下

夏季降雨量不到
冬季降雨量的10
倍以上，冬季降
雨量也不到夏季
的3倍

溫帶的
條件

溫帶
海洋性
氣候的
條件

年均溫11.8℃
年平均降雨量633mm（理科年表）

冬長夏短的副極地氣候

第1章 地理資訊與

第2章 地形

第3章 氣候

第4章 農林漁牧業

第5章 礦能源與產資源

第6章 工業

第7章 物流與消費

第8章 鄉村、都市人口與

第9章 語言住、宗教衣食

第10章 國家

副極地氣候只存在於北半球

副極地氣候只存在於北半球，是樹木所能生長的氣候中最寒冷的氣候帶，夏天的氣溫超過10度，樹木得以生長，然而冬天氣溫下探至零下3度，地面還會結冰。

副極地位於高緯度地區，夏季與冬季的日照時間差異很大，所以冬天十分寒冷，夏天氣溫則相對上升，**年溫差大**。

副極地氣候帶的植被與土壤

這個地區因為氣溫低，地面蒸發的水分少，所以內陸地區相對溼潤。但是，副極地地帶冬天時會下雪且地面結冰，植物無法全年獲取水分。因此，副極地氣候帶的樹木以能夠抵抗寒冷和乾燥的針葉樹為主。

此外，在寒冷的氣溫下，微生物作用並不活躍，落葉和枯草無法分解因而不斷堆積，形成有機質層，含有強酸性成分，經過這層落葉層的水分也會帶有強酸性，融解下層土壤的鐵和鋁，進而滲透到更下方，而頂層土壤殘餘的是石英成分較多的白沙。**這種灰白色土壤是副極地氣候帶的特色**，稱為「**灰化土**」。灰化土缺乏養分且帶強酸性，不適合發展農業。

163

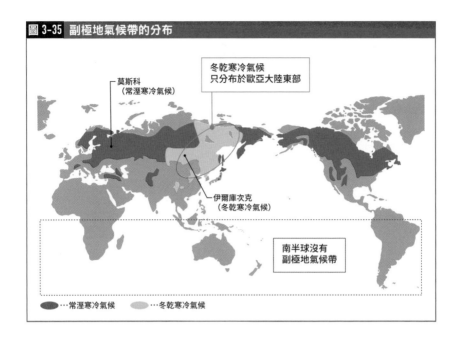

圖 3-35 副極地氣候帶的分布

冬乾寒冷氣候
只分布於歐亞大陸東部

莫斯科
（常溼寒冷氣候）

伊爾庫次克
（冬乾寒冷氣候）

南半球沒有
副極地氣候帶

██…常溼寒冷氣候　　██…冬乾寒冷氣候

🌡️☁️ 副極地的生活型態

　　副極地氣候帶的冬季非常寒冷，造就形形色色的現象。例如積雪到春天也不會融化，形成殘雪，直到**融雪的季節才全部一齊融化並流入河川，導致河水流量瞬間增加**，引發融雪洪水。

　　緯度越高的地區，極地高壓帶的影響越強烈，積雪也比較少。積雪類似於「棉被」，具有阻隔地面熱能散失的作用功能，缺少積雪，寒意會深及地底，形成全年凍結的「**永凍土**」。如果在上面直接建築房屋，室內的熱度會融化永凍土層，可能導致房屋傾倒。

　　為了防止建築倒塌，副極地氣候帶經常可以看到底部加高的建築。這種建築是將木樁深深打入地底，將房屋樓板架高於地面上方，讓地板與地面之間保持空間，以防止房屋傾倒。

最寒冷的人類定居地，氣溫是−67.8度

第1章 地理資訊與地圖

第2章 地形

第3章 氣候

第4章 農林漁牧業

第5章 礦產資源與能源

第6章 工業

第7章 物流與消費

第8章 人口與鄉村、都市

第9章 衣食住與語言與宗教

第10章 國家

常溼寒冷氣候（Df）

　　常溼寒冷氣候廣泛分布在歐亞大陸和北美洲大陸北部，例如日本的北海道就屬於這種氣候帶。受副極地低壓帶的影響，這個區域全年有雨，氣候溼潤。

　　這種氣候帶的**北部地區有廣大的森林，密集生長著魚鱗雲杉與其他常綠針葉樹，稱為北方針葉林**。南部地區的夏季溫度比較高（例如美國芝加哥夏天的氣溫，比位於溫帶的法國巴黎更高），形成針葉林跟落葉闊葉樹混雜的混合林。這個地區適合農業，除了種植小麥跟裸麥，也發展混合農業及酪農業。

冬乾寒冷氣候（Dw）

　　冬乾寒冷氣候常見於歐亞大陸東部。歐亞大陸在冬季時會產生冷高壓，大陸東側受乾燥風的強烈影響，導致這個區域的冬季非常乾燥。

　　如果溼度足夠，雲和雪就會像「棉被」覆蓋地面，保持一定的地面氣溫。然而，冬乾寒冷氣候帶缺乏水分，所以**冬季平均氣溫在零下20度到零下40度，是個嚴寒的世界。**位於這個氣候帶的俄羅斯奧伊米亞康，曾出現零下67.8度的氣溫紀錄，是人類定居地中最寒冷的地方。儘管如此，冬乾寒冷氣候帶在夏季的白天時，氣溫會上升到20度以上，年溫差非常大。這對植物來說是十分嚴苛的生長條件，只有**冬季時會落葉的落葉松等落葉植物能生存。**

圖 3-36 常溼寒冷氣候的特點

常溼寒冷氣候

Df

副極地　全年
氣候帶　溼潤

常溼寒冷氣候的關鍵字

北方針葉林　常綠針葉樹
魚鱗雲杉　　混合林
小麥　　　　裸麥
酪農

成因

副極地
低壓帶

全年受副極地低壓帶
影響
氣溫極低，
降雨量少且蒸發量低

↓

形成全年溼潤的地區

常濕溼寒冷氣候的雨溫圖（莫斯科）

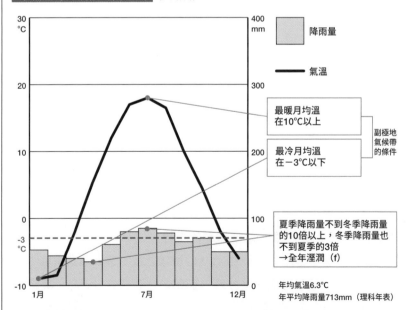

降雨量

氣溫

最暖月均溫
在10℃以上

最冷月均溫
在－3℃以下

副極地
氣候帶
的條件

夏季降雨量不到冬季降雨量
的10倍以上，冬季降雨量也
不到夏季的3倍
→全年溼潤（f）

年均氣溫6.3℃
年平均降雨量713mm（理科年表）

166

第1章
地理資訊與

第2章
地形

第3章
氣候

第4章
農林漁牧業

第5章
礦產資源與能源

第6章
工業

第7章
物流與消費

第8章
鄉村、都市與人口

第9章
語言與宗教、衣食住

第10章
國家

圖 3-37　冬乾寒冷氣候的特點

冬乾寒冷氣候

成因

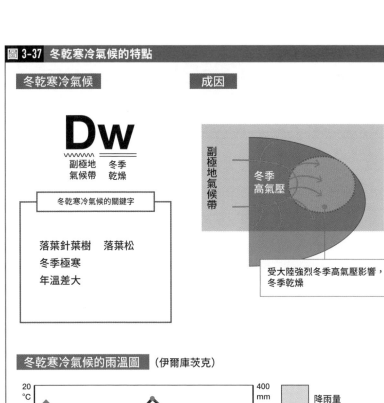

Dw
副極地氣候帶　冬季乾燥

冬乾寒冷氣候的關鍵字

落葉針葉樹　　落葉松
冬季極寒
年溫差大

副極地氣候帶

冬季高氣壓

受大陸強烈冬季高氣壓影響，冬季乾燥

冬乾寒冷氣候的雨溫圖 （伊爾庫茨克）

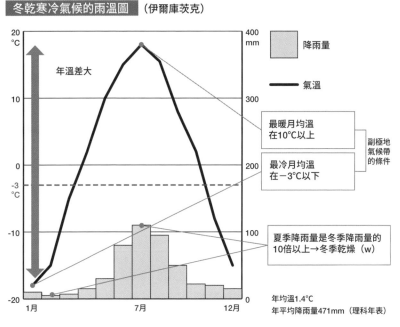

年溫差大

降雨量

氣溫

最暖月均溫在10°C以上
最冷月均溫在−3°C以下
} 副極地氣候帶的條件

夏季降雨量是冬季降雨量的10倍以上→冬季乾燥（w）

年均溫1.4°C
年平均降雨量471mm （理科年表）

樹木無法生長的冰凍世界

🌡️ 極地氣候的特徵

極地氣候是指**最暖月均溫低於10度，樹木無法生長的氣候。**位於極地氣候帶的地區，由於受到極地高壓帶的籠罩，降雨量不多。此外，在北極圈跟南極圈還可以看到永晝和永夜的現象。

🌡️ 苔原氣候帶（ET）

苔原氣候帶分布在北極海沿岸，這個地區的土壤是廣大的永凍土層，**地表冰層只在夏季融化，因此植被僅有短草、苔蘚類及菌類。**這種荒涼的原野，稱做苔原。

由於完全無法進行農耕，生活在苔原的北方民族以獵捕海豹或是飼養馴鹿的游牧生活為生。在這個地區，夏季融化的冰到了冬天會吸起地底的水並再次結冰，造成地面隆起。永凍土遇到建築內的熱能會融化，導致建築傾斜或馬路出現裂縫等不良影響，因此，這裡與副極地氣候帶一樣，可以看到將住宅架高的巧思。

🌡️ 冰原氣候帶（EF）

冰原氣候帶是最暖月均溫不超過0度的冰封世界。這種嚴寒的氣候會產生下沉氣流，形成暴風雪。冰原氣候只出現在格陵蘭內陸和南極大陸這些有巨大冰河覆蓋大地的大陸冰河（冰床）地形。

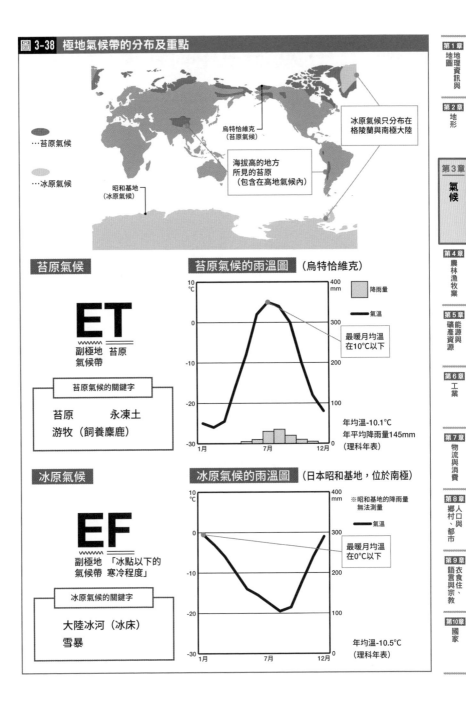

圖 3-38 極地氣候帶的分布及重點

…苔原氣候

…冰原氣候

烏特恰維克
（苔原氣候）

海拔高的地方
所見的苔原
（包含在高地氣候內）

冰原氣候只分布在
格陵蘭與南極大陸

昭和基地
（冰原氣候）

苔原氣候

ET

副極地　苔原
氣候帶

苔原氣候的關鍵字

苔原　　永凍土
游牧（飼養馴鹿）

苔原氣候的雨溫圖　（烏特恰維克）

降雨量

氣溫

最暖月均溫
在10℃以下

年均溫-10.1℃
年平均降雨量145mm
（理科年表）

冰原氣候

EF

副極地　「冰點以下的
氣候帶　寒冷程度」

冰原氣候的關鍵字

大陸冰河（冰床）
雪暴

冰原氣候的雨溫圖　（日本昭和基地，位於南極）

※昭和基地的降雨量
無法測量

氣溫

最暖月均溫
在0℃以下

年均溫-10.5℃
（理科年表）

第1章
地理資訊與

第2章
地形

第3章
氣候

第4章
農林漁牧業

第5章
礦產資源與
能源

第6章
工業

第7章
物流與消費

第8章
人口與
鄉村、都市

第9章
語言、衣食住
與宗教

第10章
國家

無法用氣溫和降雨量分類的高地氣候

🌡️ 只出現在高海拔地區的氣候

高地氣候分布在西藏高原、洛磯山脈、安地斯山脈跟東非高原地帶等海拔較高的地方。在只以氣溫和降雨量分類氣候的柯本氣候分類法中，並沒有這種氣候，而是後來的研究學者新增的氣候分類。

這些地區由於海拔高，**既保有同緯度地區的氣候特徵，氣溫又較平地低。**如果只看氣溫，那麼玻利維亞的拉巴斯應該屬於苔原氣候，但是從雨溫圖則可以明顯看出當地氣候與苔原氣候不同，而是跟山麓地區的莽原氣候一樣，有明顯的雨季及乾季。高地氣候就是為了修正這種誤差而設立的分類。

🌡️ 垂直分布的植被與農作物

高地氣候分布於海拔落差大的地方，從山麓到山頂，氣溫緩緩降低，因此這些地區的植被也因應高度變化，呈現**垂直分布**。農作物也是如此，例如在赤道附近的山麓地區，主要生產香蕉和可可，但是超過海拔1000公尺處，栽培的則是咖啡和玉米，超過2000公尺處生產小麥，超過3000公尺則栽培馬鈴薯。在安地斯地區，居民也會飼養**駱馬**和**羊駝**。由於地形起伏大，人們移動時必須翻山越嶺，山上及山下的氣溫差異大，加上當地日溫差大，而且空氣稀薄也導致紫外線強烈，所以在衣著上必須注意溫差影響。

第1章
地理資訊與

第2章
地形

第3章
氣候

第4章
農林漁牧業

第5章
能源與礦產資源

第6章
工業

第7章
物流與消費

第8章
人口與鄉村、都市

第9章
衣食住與語言與宗教

第10章
國家

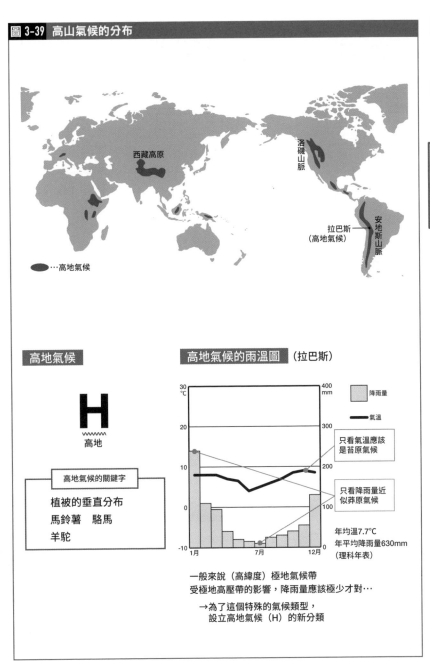

圖 3-39 高山氣候的分布

西藏高原

洛磯山脈

拉巴斯（高地氣候）

安地斯山脈

…高地氣候

高地氣候

H
~~~~~
高地

高地氣候的關鍵字

植被的垂直分布
馬鈴薯　駱馬
羊駝

高地氣候的雨溫圖（拉巴斯）

降雨量

氣溫

只看氣溫應該是苔原氣候

只看降雨量近似莽原氣候

年均溫7.7°C
年平均降雨量630mm
（理科年表）

一般來說（高緯度）極地氣候帶
受極地高壓帶的影響，降雨量應該極少才對…

→為了這個特殊的氣候類型，
設立高地氣候（H）的新分類

氣候和植被產生不同土壤

🌡️ 土壤肥不肥沃，關鍵在降雨量和植被

　　經過前面的解說，相信大家已經了解到植物是柯本分類氣候的關鍵，如熱帶雨林氣候的主要植物是「熱帶雨林」，地中海型氣候是「硬葉樹」，而常溼寒冷氣候是「常綠針葉樹」。

　　降雨量、氣溫以及植被，對土壤的影響非常大。雨水是弱酸性，所以雨量多的地區，土壤也呈現酸性，而雨量少的地區，土壤則屬於鹼性。此外，氣候也對微生物的活動有所影響。當微生物的作用旺盛，積極分解落葉和枯草，就形成養分較多的肥沃土壤。

🌡️ 大規模分布的顯域土

　　由此可以看出，土壤與氣候之間有著緊密的關連，這也表示，**同一氣候帶通常遍布著大規模相同性質的土壤。**

圖 3-40 　顯域土

顯域土	受氣候和植被影響而大規模分布的土壤
熱帶氣候	…磚紅壤（呈紅色的貧瘠酸性土壤）
沙漠氣候	…荒漠土
草原氣候	…栗鈣土、黑土（黑鈣土、草原黑土）
溫暖濕潤氣候 溫帶海洋性氣候	…棕壤
副極地氣候	…灰化土（呈灰白色的酸性土壤）
苔原氣候	…冰沼土

這種與氣候帶分布一致的土壤，叫做**顯域土**，代表的例子有熱帶的**磚紅壤**、副極地的**灰化土**跟苔原氣候帶的**冰沼土**等。

局部分布的間域土

相反地，**分布於局部地區，與氣候、植被沒有關連的土壤，稱為間域土**。間域土主要是由岩石經過長年的風化作用而碎裂形成的，例如地中海地帶石灰岩風化而形成的**脫鈣紅土**；分布在印度，由玄武岩風化而成的**黑棉土**；以及巴西高原的**熱帶紅土**。黑棉土與脫鈣紅土適合耕作，黑棉土則是因為經常用於棉花栽培而得名，而脫鈣紅土主要種植咖啡。此外，細土受到風力搬運和堆積形成的土壤稱為**黃土**，也屬於間域土。

第1章 地理資訊與
第2章 地形
第3章 氣候
第4章 農林漁牧業
第5章 能源與礦產資源
第6章 工業
第7章 物流與消費
第8章 人口與鄉村、都市
第9章 衣食住、語言與宗教
第10章 國家

圖 3-41 間域土

間域土　分布在局部地區的土壤

黃土
由風力搬運的細沙堆積而成的土壤，
分布在歐洲中部和中國北部

脫鈣紅土
石灰岩風化而成的紅色土壤，
分布在地中海周邊

熱帶紅土
玄武岩風化而成的紫紅色土壤，
分布在巴西高原

黑棉土
玄武岩風化的黑色土壤，
多見於德干高原

令人畏懼的地方風系

全球各地的風

前面解說氣候因子時，說明過有關風的常識，也說明了偏西風和信風的原理，以及夏季時吹向大陸並且在冬季時由陸地吹向海洋的季風。在這一節，我想要解說**地方風系**（也叫做地方風）。

「有綽號」的風

地方風系是只吹送於比較狹窄的地區，並且只在特定季節吹拂的風。人們會為這些代表性的地方風系，依照神話、傳說及風向來取名。

而特別為風系命名的原因，正是因為這些風系帶來許多重大危害，使人們感到畏懼。許多地方風系會在短時間內大幅改變氣溫與溼度，對農作物造成不良影響。

代表的地方風系

首先，「**西洛可風**」是初夏從撒哈拉沙漠吹向南歐的南風。原本屬於撒哈拉沙漠上乾燥的風，經過地中海時吸收了溼氣，來到南歐時就產生霧。此外，這種風還會颳起撒哈拉沙漠的沙，所以有時會引起沙塵暴。「**密斯托拉風**」是吹向法國東南部的乾冷北風。這種風經由阿爾卑斯山脈的西側山谷，吹降到地中海附近，風力強而

寒冷，大多在冬季起風，但是其他季節也出現過。起風時，強風橫掃數日之久，甚至會出現雷鳴。還有「**布拉風**」，是亞德里亞海地區寒冷乾燥風，在冬季時吹降到義大利半島與巴爾幹半島之間。這種強風經常把屋瓦吹走而帶來災害。「**焚風**」是指從南方吹往阿爾卑斯山脈北側的乾燥風，這種風帶來的就是大家熟知的「焚風現象」。越過山脈吹落的風，在爬坡時已形成上升氣流造成降雨，因此越過山頂的風變得高溫又乾燥，而且風力強盛，一旦造成火災就不容易熄滅，因此，位於背風側的居民必須預防山林火災發生。

　　「**山背風**」是日本代表性的地方風系，指的是夏季時吹向日本東北地區太平洋沿岸的潮溼冷風。這種風會造成低溫和陽光不足，帶來寒害，導致稻米發育不良。

第1章 地理資訊與地圖
第2章 地形
第3章 氣候
第4章 農林漁牧業
第5章 能源與礦產資源
第6章 工業
第7章 物流與消費
第8章 人口與鄉村、都市
第9章 衣食住與語言、宗教
第10章 國家

圖 3-42 地方風系

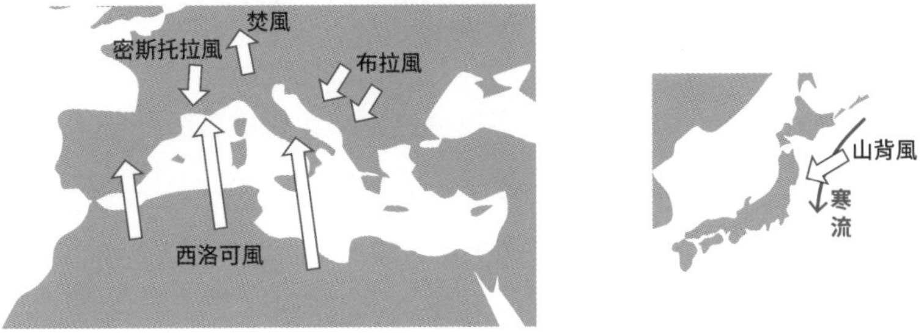

西洛克風	…初夏從撒哈拉沙漠吹向南歐的南風
密斯托拉風	…法國東南部的乾冷北風
布拉風	…從山上吹下亞德里亞海的乾燥冷風
焚風	…阿爾卑斯山脈北側的乾燥南風
山背風	…夏季日本東北地區太平洋岸的溼冷東北風

氣候其實不斷變化

地球氣候每隔數萬年到數年就會改變

前面了解的**多種氣候因子和氣候類型，都並非永恆不變。**從遠古時代以來，地球就經歷過冰河期與間冰期這些長達數萬年到數百萬年不等的劇烈氣溫變動，以及以數百年為單位的小冰期這種氣溫變化。

此外，地球每數年就發生一次全球規模的氣溫「振盪」現象，像是太平洋東部熱帶地區海水升溫的**聖嬰現象**，和海水溫度降低的**反聖嬰現象**。當這種現象出現時，經常伴隨氣溫異常的情形。

密集的人口造成都市氣候

另外，眾多人口居住的城市也衍生**都市氣候**這種特殊的氣候。人口大量集中，也就表示產生熱能的源頭增加。因此，都市中心的氣溫變得比郊區更高，稱為**熱島現象**。

都市中心的氣溫高，也就容易產生上升氣流，暖熱空氣快速上升，形成雲層然後下雨，經常是**超大豪雨**等局部性大雨發生的原因。此外，汽車或工廠排放的廢氣中所含的物質，有時也會形成「光化學霧」。

如果要減緩都市氣候的惡化，就必須致力於大樓屋頂的綠化，以及實行改善通風機制的都市計畫。

第4章

農林漁牧業

第4章 農林漁牧業 大綱

農林漁牧業
是人類生活的基礎

　　前面章節主要介紹是自然環境，但第4章開始，將著重於人類活動。

　　第4章解說的是農業。首先，從生產力與集約度來解釋農業，並介紹農業的歷史和形態。

　　漫長的歷史中，人類不斷努力以更有效率的方式取得更多收穫。同時，農業的樣貌也從傳統形式轉變為大規模的商業性農業。

　　現在，各地區會因應當地的狀況來開發農業，在人口眾多的亞洲，主要採取接近傳統農業的集約稻作或集約旱作；在歐洲，則是從事混合農業和酪農業等商業性農業；美國和澳洲，運用廣大農地進行商業性農業。

　　本章的後半部分，將介紹稻米、小麥、玉米等主要作物。重點在掌握每種作物的特性差異和產地的分布趨勢。另外，本章也會介紹畜牧業、林業及漁業的概要。

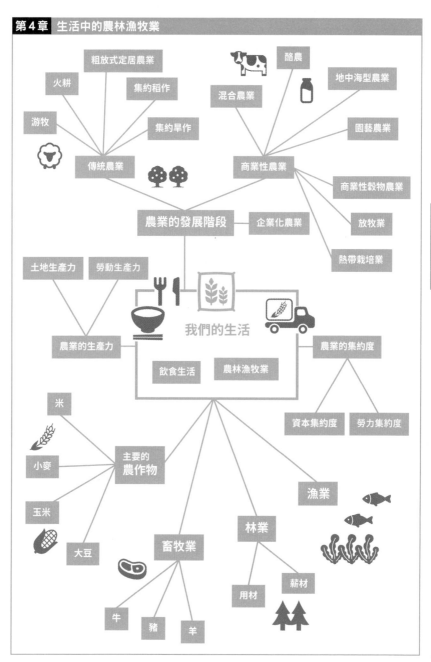

第1章 地理資訊與地圖

第2章 地形

第3章 氣候

第4章 農林漁牧業

第5章 能源與礦產資源

第6章 工業

第7章 物流與消費

第8章 人口與鄉村、都市

第9章 衣食住、語言與宗教

第10章 國家

農業的各種指標

🌾 農業深受自然條件的影響

　　前面的章節主要講述了我們周遭的地形及氣候等自然環境，接著在第4章到第7章，我要談一談在這些自然環境上形成的各種產業。

　　前一章整理了氣候的知識，本章則要進一步討論農林漁牧業。**農林漁牧業涉及植物與動物，因此很容易受到氣候和其他自然條件的影響。**千萬別忘了前一章的內容，請將它們放在腦海一角，繼續往下閱讀。

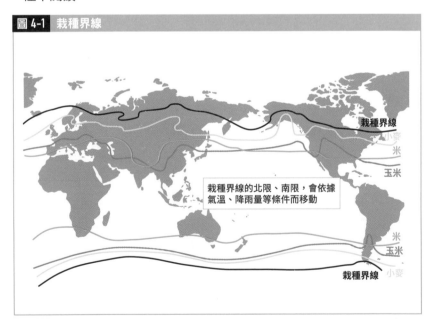

圖 4-1　栽種界線

栽種界線

小麥

米

玉米

栽種界線的北限、南限，會依據氣溫、降雨量等條件而移動

米

玉米

小麥

栽種界線

第1章 地圖資訊與地理

第2章 地形

第3章 氣候

第4章 農林漁牧業

第5章 能源與礦產資源

第6章 工業

第7章 物流與消費

第8章 人口與鄉村、都市

第9章 衣食住、語言與宗教

第10章 國家

🌾 不同農作物的栽種界線

不同農作物各有適合生長的環境，基本上，原產地就是最適合的環境。從作物最理想生長的環境開始，隨著環境條件變得更加乾燥或寒冷，作物也越來越難以生長，當環境條件超越界限時，作物將無法生存。**各種作物栽培的可行範圍的極限**稱為**栽種界線**。人類透過引水到乾旱地區，以及通過品種改良栽培出耐寒的作物等方法，逐步克服了栽種界線。

🌾 土地生產力及勞動生產力

在了解農業時，有幾個指標最好先記在心裡。首先是「**生產力**」指標。生產力是作物收穫效率的指標。生產力的高低分成2個方面：「**每單位土地面積的生產力**」與「**每單位勞動力的生產力**」。

圖 4-2 生產力與集約度

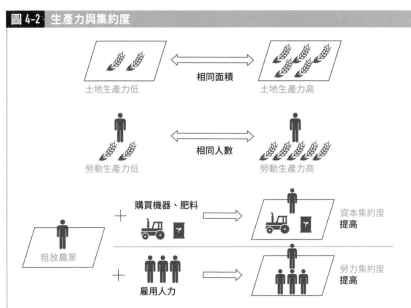

每單位土地面積的生產力，稱做土地生產力。**相同面積的土地，如果收成的作物更多，就表示「土地生產力高」。**

每單位勞動力的生產力稱做勞動生產力。**投入相同人手或勞力，如果收成的作物更多時，就表示「勞動生產力高」。**

集約度

此外，農業的另一個指標是「集約度」。這個指標顯示該土地投入了多少「人力」或「資本」以增加生產量。**相同單位面積，投入更多的機械、肥料等「資本」就稱為「資本集約度高」，相同單位面積，投入較多「人力」則稱做「勞力集約度高」。** 集約度高的農業類型稱為「集約農業」，分為「勞力集約型」跟「資本集約型」。兩種集約度都很低的農業類型，稱為「粗放農業」。

農業的發展階段

在了解各種農業形態之前，不妨先記住農業的發展階段。大致來說，農業分為自給自足的自給式農業，以及以販賣為目的的商業性農業，進而發展成大規模經營的企業化農業。

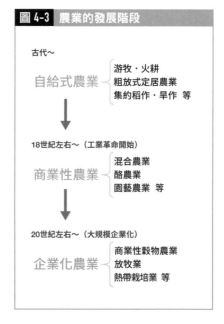

圖 4-3　農業的發展階段

古代～

自給式農業 ─ 游牧・火耕
粗放式定居農業
集約稻作・旱作 等

↓

18世紀左右～（工業革命開始）

商業性農業 ─ 混合農業
酪農業
園藝農業 等

↓

20世紀左右～（大規模企業化）

企業化農業 ─ 商業性穀物農業
放牧業
熱帶栽培業 等

融入文化與環境的傳統農業

第1章 地圖資訊與地理

第2章 地形

第3章 氣候

第4章 農林漁牧業

第5章 能源與礦產資源

第6章 工業

第7章 物流與消費

第8章 人口與鄉村、都市

第9章 衣食住、語言與宗教

第10章 國家

🌾 自給自足的傳統農業

　　最初，農業是一種自給自足的營生方式。世界各地配合當地風土和環境發展農業，現在還有很多地區都還保持這種傳統。此外，有些地區的自給式農業，也發展出商業性質。例如泰國和越南的稻作，雖然都採取傳統農業的形態，但是稻米對兩國來說也是重要的出口商品。接著，我們依照集約程度來依序了解這些傳統農業。

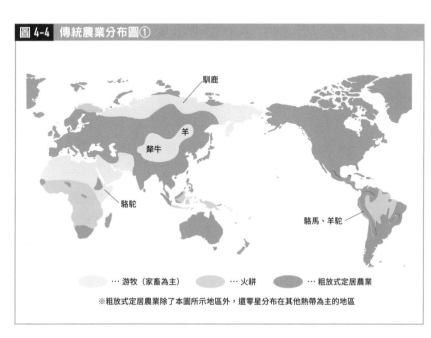

圖 4-4　傳統農業分布圖①

馴鹿

羊

氂牛

駱駝

駱馬、羊駝

　　　… 游牧（家畜為主）　　　　… 火耕　　　　… 粗放式定居農業

※粗放式定居農業除了本圖所示地區外，還零星分布在其他熱帶為主的地區

183

逐水草而居的游牧民族

　　一邊飼養家畜，同時追尋自然生長的草地和水源地遷徙的畜牧形式稱做游牧。傳統上，游牧的主要範圍在乾燥、寒冷地區或是高山地區。從中亞到北非的沙漠及草原地帶，主要飼養駱駝、綿羊跟山羊；蒙古飼養馬和綿羊；北極海沿岸的苔原等地則飼養馴鹿。**乾燥或寒冷地帶的游牧民族為了找尋牧草，會在廣大的平原上進行「水平移動」。**

　　相較之下，西藏高原主要飼養犛牛，安地斯山脈上飼養駱馬和羊駝。**高山地區的游牧民族，會在山谷和高地之間「垂直」移動來尋找牧草地。**

焚燒樹木野草為肥料的火耕

　　非洲中南部、中美洲、南美洲及東南亞的熱帶地區，採行的是火耕這種粗放農業。因為熱帶地區的土壤為磚紅壤，帶有酸性，而且土質貧瘠不適合農業，因此，人們會**焚燒森林或草原，利用帶鹼性的草木灰燼作為農業肥料。**

　　這些地區的主要作物是木薯（樹薯）、芋頭、香蕉跟豆類。木薯是熱帶的代表性作物，含豐富的澱粉（廣為人知的「珍珠粉圓」，原料就是木薯澱粉）。

　　進行火耕的土地，最初可以收穫幾年的作物，但是在那之後土地生產力便急速衰退。因此，**每2到3年就必須移動到其他土地，燒光林地以開闢新的耕地。**大約經過10年，舊耕地上的草木重新生長，生產力恢復之後，才能再次燒林開田。

　　但是，由於人口增加而出現的商業作物栽種，往往還**未能等到草木充分生長，就再次焚地火耕，造成土地的生產力無法復原，最**

終無法耕種的問題。

住在固定地點，只移動耕地的農業形式

　　火耕是反覆遷徙並焚燒林地用來耕種的農業方式。而土地上開闢道路等建設之後，**許多地區的人開始定居，農業型態也轉變為只移動田地的粗放式定居農業。**後來，他們連移動耕地也放棄了，轉變為定點耕種和飼養家畜。此外，有些地方還會搭配商業作物栽種，如西非的可可樹農園。安地斯山脈周邊也有一些地區，同時進行傳統的馬鈴薯栽培與飼養駱馬及羊駝。

沙漠或草原的綠洲農業

　　綠洲農業是沙漠或草原氣候的農業型態。乾燥地帶不適合農

第1章 地圖資訊與地理

第2章 地形

第3章 氣候

第4章 **農林漁牧業**

第5章 能源與礦產資源

第6章 工業

第7章 物流與消費

第8章 人口與鄉村、都市

第9章 衣食住、語言與宗教

第10章 國家

圖 4-5　傳統農業分布圖②

　… 集約稻作　　　　… 集約旱作

耕，只有在可以取水的綠洲周邊，才能靠著湧泉和外源河流等水源從事農耕，而地下水豐富的山麓有時會建設地下水道通向農地，這種地下水道在新疆稱為「坎兒井」。綠洲農業主要的作物有椰棗、小麥及棉花等。

多雨地區的集約稻作

東南亞到中國南部平原普遍實施集約稻作農業，**日本也有著從事集約稻作農業的傳統。**由於稻作需要大量的水，因此在年降雨量超過1000毫米的地區才能進行。

這些地區的人口密度高，可以投入大量人力。在亞洲農村，稻作通常是全家總動員一起下田，所以**勞動集約度非常高，土地生產力也高。但是手工作業多，如果就每個人的生產力來看，勞動生產力並不高。**

中國南部和東南亞等高溫多雨的地區，同一塊水田可以進行一年收穫兩次稻米的二期作。而緯度較高、氣溫稍低的地區，在收割稻子之後，有時會從事輪作，在同一塊土地上輪流栽種小麥和豆類2種作物。

乾燥地帶的集約旱作

降雨量未達1000毫米的地區無法從事稻作，因此，亞洲的乾燥地區會投入大量人力，種植小麥、玉米、高粱等旱作，實施集約旱作農業。這種乾燥地帶不時會發生旱災，因此有收成不穩定的缺點。不過，近年來建立了灌溉系統，生產力也漸趨穩定。其中，印度德干高原則是充分運用肥沃的黑棉土，棉花栽培興盛。

以歐洲為發展中心，商業導向的農業

第1章
地理資訊與
地圖

第2章
地形

第3章
氣候

第4章
農林漁牧業

第5章
能源與
礦產資源

第6章
工業

第7章
物流與消費

第8章
人口與
鄉村、都市

第9章
語言與宗教
衣食住、

第10章
國家

工業革命發展出都市與農村的角色分工

　　歐洲起初也實施自給自足的農業形式，但是在18世紀以後，**工業革命興起，都市與農村漸漸發展出角色分工。**從事工廠勞動或服務業的人住在都市裡，成為農村農作物的消費者。相對地，**農村成為生產糧食並販賣給都市的銷售者。**這種以市場販賣為目的的農業形式稱為商業性農業。

　　從自給自足的傳統農業轉向商業性農業，這種轉變發跡於最早

圖 4-6　商業性農業分布圖

　… 混合農業　　　　… 酪農業　　　　… 地中海型農業

　… 盛行園藝農業的地區（大都市周邊）

發生工業革命的歐洲，並且隨著工業化普及到全世界。介紹商業性農業的同時，我們也來談一談歐洲的傳統農業。

走向混合農業之路① 三圃式農業

歐洲傳統上主要從事麥穀的栽培。古代時，夏季乾燥的地中海沿岸區會在冬季種植小麥；西北歐在夏季時則會栽種大麥。

不過，如果每年都在同樣的土地上耕種麥類，會發生發育不良和病蟲害等問題，稱為「連作障礙」（如果是水田，在灌溉及放水時會發生「新陳代謝」，所以不易出現連作障礙）。因此，**歐洲自古以來採行在某一年栽培麥類，第2年讓土地休耕（這塊土地稱為休耕地），等土地恢復肥力後，第3年再次栽種麥類**的農耕模式（稱做二圃式農業）。

不同於全年有雨的地區，進入中世紀後，阿爾卑斯山脈以北的土地則是施行「三圃式農業」，將耕地分成3大塊，分別耕種冬季作物（小麥）、夏季作物（大麥或裸麥）及作為休耕地，以3年為周期輪替。休耕地可以栽培牧草，放牧豬隻家畜，並將豬糞作為堆肥，以維持土地肥力。

走向混合農業之路② 從四圃輪作到混合農業

隨著時代推進，即將走向近代的１８世紀時，三圃式農業進一步發展成四圃輪作。**這種農法把土地分成4塊，分別種植冬季作物（小麥）、根莖類（蕪菁、甜菜）、夏季作物（大麥）和苜蓿，以4年為單位循環。**

苜蓿不但可作為家畜的食物，也能吸收空氣中的氮，轉化為土壤的養分；根莖類蔬菜可以作為人和家畜的食物，根部還有深耕土

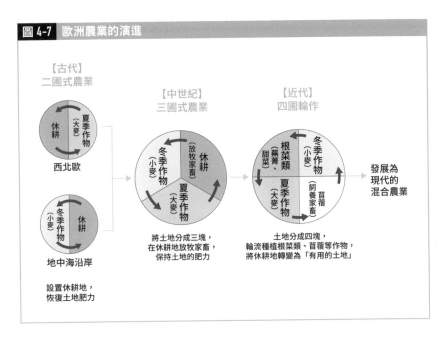

圖 4-7 歐洲農業的演進

【古代】
二圃式農業

休耕 / 夏季作物（大麥）

西北歐

冬季作物（小麥） / 休耕

地中海沿岸

設置休耕地，
恢復土地肥力

【中世紀】
三圃式農業

休耕 / 放牧家畜 / 冬季作物（小麥） / 夏季作物（大麥）

將土地分成三塊，
在休耕地放牧家畜，
保持土地的肥力

【近代】
四圃輪作

冬季作物（小麥） / 根菜類（蕪菁、甜菜） / 夏季作物（大麥） / 苜蓿（飼養家畜）

土地分成四塊，
輪流種植根菜類、苜蓿等作物，
將休耕地轉變為「有用的土地」

→ 發展為
現代的
混合農業

第1章 地圖資訊與地理
第2章 地形
第3章 氣候
第4章 農林漁牧業
第5章 能源與礦產資源
第6章 工業
第7章 物流與消費
第8章 人口與鄉村、都市
第9章 衣食住與語言與宗教
第10章 國家

地的效果。四圃輪作透過種植這些作物，將過去三圃式農業中的「休耕地」**轉變為「有用的土地」，用來飼養家畜、提升肥力。**

　　引進四圃輪作的方法後，土地能夠飼養的家畜越來越多，因此產生更多堆肥，麥穀的生產量也上升了。歷史中還有麥穀的土地生產力因此增加 2 · 5 倍的紀錄。現代的混合農業也延續四圃輪作的手法，將重點放在家畜的飼養上。

現代的混合農業

　　現今，歐洲廣泛從事混合農業，種植小麥、裸麥、馬鈴薯等食用作物；大麥、燕麥、玉米、甜菜、苜蓿等飼料用作物，以及飼養肉牛、豬等家畜。

　　由於工業革命之後，歐洲都市人口擴大，穀類作物又必須與南

北美洲大陸等地進口的廉價穀類競爭，因此歐洲的混合農業選擇著重於四圍輪作中較容易獲利的家畜飼養。

混合農業也傳入美洲大陸，例如美國中西部就是一片無邊無際的混合農業地帶，稱做玉米帶。這片地區從事大規模農業，用巨型拖拉機栽培玉米和小麥、大豆，同時飼養大量肉牛和豬。

涼爽地區適合發展酪農業

酪農業是**商業性農業，包含栽培飼料作物或牧草；養育乳牛及生產牛奶、奶油、起司等商品。**可以說，有長草的地方就能經營酪農業，所以穀物不易生長的涼爽氣候帶，或是貧瘠的土地上都能發展酪農業。具體來說，酪農業多見於英國或丹麥等西北歐沿岸，和美國五大湖周邊等氣溫涼爽的地區。

從前，牛奶和乳製品無法長期保存，所以酪農業都集聚在都市近郊。後來殺菌和冷藏技術提升，遠離都市的地方也開始發展酪農業。接著，隨著冷藏運輸船的發達，澳洲和紐西蘭等地逐漸開始專門經營乳製品出口。

此外，瑞士山岳地帶的居民也施行「山牧季移」。夏季時他們會將乳牛趕到高山的草地飼養，同時收割牧草，初夏和秋天再將家

圖 4-8　瑞士的山牧季移

高山放牧地
約2100m
中間放牧地
約1500m
山腳的村莊

夏季…在高山放牧
一面遷徙一面放牧
夏季先將乾草割下儲存
冬季…在山腳村莊裡以乾草餵養家畜

畜趕到海拔較低的牧草地，冬季則在山腳的牛舍中餵食牧草。卡通《小天使》中海蒂和爺爺居住的小木屋，就是山牧季移時使用的夏季山屋。

園藝農業培育有新鮮需求的作物

園藝農業是指**栽種蔬菜、水果、花卉（觀賞用花）等蔬果類，販售到市場上的農業形式。**這些作物非常要求新鮮度，主要在大都市的近郊栽種，因而又稱為近郊農業，例如荷蘭的花卉和蔬菜栽種業。此外，日本的茨城縣和千葉縣也盛行這種農業類型，以供應首都圈的需求。

近年來運輸方式進步，即使運送距離遠，產品送到大都市時也能保持鮮度。這種從遠地運到市場的園藝農業，稱做運輸園藝。

尤其是航空運輸的發達，擴大了運輸園藝的運送範圍。在日本，小香蔥、蘆筍、花卉等較小型的高價蔬菜，都可以用貨機從北海道或九州運到東京。園藝農業的成本大多投資在溫室或肥料等，屬於資本集約式的生產方式。

地中海型農業

地中海型農業是地中海沿岸、美國西岸、澳洲西南部、智利中部、南非西南部等地中海型氣候帶常見的農業型態。地中海氣候夏季乾燥，冬季溼潤，所以**夏季會栽種耐旱的橄欖樹、栓皮櫟、葡萄、柑橘類，冬季則種植小麥用於內銷。**另外，這個地區也盛行飼養綿羊和山羊。

第1章 地理資訊與地圖
第2章 地形
第3章 氣候
第4章 農林漁牧業
第5章 能源與礦產資源
第6章 工業
第7章 物流與消費
第8章 人口與鄉村、都市
第9章 衣食住與語言與宗教
第10章 國家

由大型企業管理的企業化農牧業

🌾 大規模生產，開啟農業工業化時代

進入20世紀，農業也出現了翻天覆地的變化。人們**將農作物當作「農業產品」，如工業產品般大量生產及大規模販售，這就是企業化農業的開端。**企業募集資金，並投入高額的資本，生產商品價值高的作物和家畜以增加營業額。而將農業與商業結合的農業綜合企業扮演了主導角色。其中，數家糧商巨頭具有左右世界各國農業政策的力量，它們進軍世界各地，更拍板決定國際農作物價格。

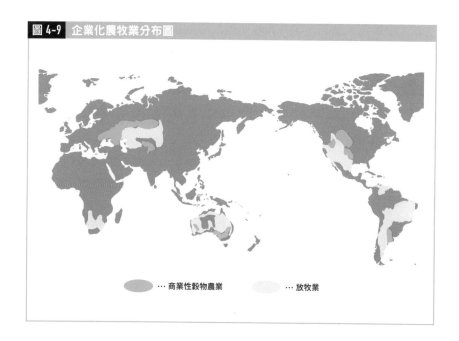

圖 4-9 企業化農牧業分布圖

⬮ … 商業性穀物農業　　　⬮ … 放牧業

這種農業型態主要從南北美洲大陸、澳洲大陸，也就是所謂「新大陸」為中心，向外擴展。另外，南俄羅斯到烏克蘭的黑土地帶也經營企業化農業。熱帶與副熱帶的熱帶栽培業，也算是企業化農業的一環。

勞動生產力極高的商業性穀物農業

從美國到加拿大的大草原、南美洲彭巴草原、烏克蘭到俄羅斯西南部的黑土區、澳洲東南部等地都實施商業性穀物農業，大規模生產小麥、玉米、大豆等作物。

商業性穀物農業大多是使用大型機械在廣大的土地上耕作，**通常只需1個人操作機器，使用極少人力就能獲得大量收成，勞動生產力極高。**但是，這種農業形式無法仔細照顧到田地的每個角落，所以土地生產力並不高。

占地廣大的放牧業

北美大草原、阿根廷彭巴草原、澳洲、紐西蘭及南非都發展放牧業，在廣闊的牧草地上大規模生產畜產品，出口到全球市場。

工業革命之後，為了滿足歐洲逐漸擴大的肉類需求，南北美洲大陸的草原地區開始發展放牧業。在鐵路的發展和冷凍船啟航後，澳洲和南非也跟上腳步。

美國和巴西的放牧業會先在牧草地放牧，等小牛成長到一定階段，再送入加肥場餵食穀物飼料，將牛隻養肥之後再出貨。

第1章 地理資訊與地圖

第2章 地形

第3章 氣候

第4章 農林漁牧業

第5章 能源與礦產資源

第6章 工業

第7章 物流與消費

第8章 人口與鄉村、都市

第9章 語言與衣食住、宗教

第10章 國家

🌾 熱帶地區常見的熱帶栽培業

　　東南亞、拉丁美洲、非洲等熱帶地區，開闢了許多**熱帶種植園**，栽培可可、天然橡膠、咖啡、香蕉及茶葉等商業作物。熱帶栽培業開始於**殖民時期，過去歐洲列強曾在這些地區進行殖民統治，透過宗主國提供的資金和技術，以及當地氣候和廉價勞力，生產商業作物。**

　　各國獨立後，種植園大都轉型為國營農場，或是交給當地的資本家經營，不過還是有不少農園由歐美農業綜合企業所掌控。

　　熱帶種植園主要的問題，在於集中生產單一商業作物，造成國家或該地區的經濟嚴重受到一作物收穫量或國際價格變動的影響，導致經濟不穩定。

圖 4-10　熱帶栽培業的分布

北回歸線

赤道

南回歸線

🍫 … 可可　　🍌 … 香蕉　　☕ … 咖啡豆　　📦 … 甘蔗

🍃 … 茶葉　　🌿 … 天然橡膠　　🌴 … 油棕　　🌼 … 棉花

以亞洲為生產中心的稻米

第1章 地理資訊與地圖

第2章 地形

第3章 氣候

第4章 農林漁牧業

第5章 能源與礦產資源

第6章 工業

第7章 物流與消費

第8章 人口與鄉村、都市

第9章 衣食住與語言與宗教

第10章 國家

稻米產量與人口數量息息相關

從本節開始，我們要逐一解說稻米、小麥、玉米、大豆等主要穀物的生產情形。這些穀物是供應世界糧食需求的重要農作物，而且在生產地區、流通量、消費方式上有很大的差異。掌握這些穀物的生產情形，對於了解地理中的農業十分重要。

稻米適合生長在高溫多溼的環境，現在全世界產量共是7億5000萬噸左右。然而，稻米的全球總出口量卻只有約4200萬噸。因此可知，**稻米生產主要是為了自給**，90％的消費都來自生產國內。因此，**稻米的生產量與人口有明顯的比例關係。**稻米生產量最高的國家是中國、印度、印尼、孟加拉、越南及泰國，全都是人口多而溫暖溼潤的亞洲國家。

主要的稻米種類

稻米的貿易量少，原因可能出在人們對口感的喜好。稻米大致可分為秈稻（在來米）和粳稻（蓬萊米）兩種，秈稻米粒細長，黏性低，大多是炒過後加入口味濃郁的湯汁，或與其他食材一起食用。栽培於熱帶、副熱帶等氣溫較高的地方。粳稻的特徵是顆粒短，較有黏性。這種稻米大多是蒸煮後直接作為主食，與菜餚分別食用。不過粳稻在氣溫太高的地方生長遲緩，所以主要栽培在溫帶。

195

圖 4-11　主要的稻米生產國

人口多、溫暖溼潤的亞洲國家生產量高，主要作為內銷

■…產量排名前5名的國家　　■…排名6到10名的國家

　　籼稻與粳稻各有各的支持者，有的人習慣吃籼稻，有的人習慣吃粳稻，**很少有人「今天吃這種，明天換另一種吃」**。就算外國米比較便宜，人們也不會因此改變食用習慣，這或許是稻米的國際貿易量不高的原因。

稻米增產與綠色革命

　　由於稻米可以餵養大量的人口，所以人口持續增加的地區，總是不斷嘗試提高稻米收穫量。尤其在 1960 年代，亞洲各地的開發中國家都致力於農業技術革新，以及引進高產量的品種，稱之為「綠色革命」，而這也為亞洲各國帶來顯著的糧食增產。

　　但是，**引進高產量品種後，有些人有能力投入資本在灌溉設備和肥料上，有些人卻無法負擔**，因此造成農村內貧富差距的產生。

第4章 農林漁牧業　　　　　　　　　　　主要作物② 小麥

第1章 地理資訊與
第2章 地形
第3章 氣候
第4章 農林漁牧業
第5章 能源與礦產資源
第6章 工業
第7章 物流與消費
第8章 人口與鄉村、都市
第9章 衣食住、語言與宗教
第10章 國家

流通全球的小麥

🌾 全球主要糧食，具貿易優勢

　　小麥和稻米是供應世界糧食需求的兩大重要穀物。全世界的小麥生產量約是7億6000噸，和稻米不相上下。但是，全球總出口量為1億8000萬噸，**比稻米的出口量多得多**。小麥粒極少直接食用，一般都是磨成粉後加工成麵包或麵條。**小麥磨成粉後，就不像稻米有口感不同的問題，也能保持品質平均，適合作為貿易商品。**

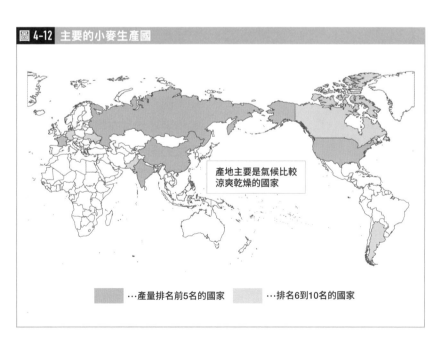

圖 4-12　主要的小麥生產國

產地主要是氣候比較涼爽乾燥的國家

▢…產量排名前5名的國家　　　▢…排名6到10名的國家

🌾 寒冷地帶種「春小麥」，溫暖地區種「冬小麥」

小麥適應涼爽、乾燥的氣候，主要的生產國有人口眾多的中國跟印度，和俄羅斯、美國、法國、加拿大、烏克蘭等，主要種植在人口密集國家中氣候比較涼爽的地區。

小麥分成兩種，一種是在秋季播種，過冬後在初夏到夏季時收穫的冬小麥；和春季播種，秋天收穫的春小麥。

本來，許多地區一般栽培的是冬小麥，小麥發芽後必須經過冬天，隨著春天來臨而漸漸生長。但是高緯度地區的冬季長，而且地面凍結冰封，小麥無法生長。因此，**高緯度地區主要栽培春小麥，也就是在春天播種，在短暫的夏天生長，到秋天時收穫的種類。**也就是說，比較溫暖的地區種植冬小麥，較寒冷的地區則生產春小麥（冬小麥生長期間，經歷春天和初夏這兩段生長條件較好的時期，小麥充分成熟，結實飽滿，一般來說收穫量也較高。不過現在也研發出多種改良春小麥缺點的品種）。

冬小麥與春小麥的收穫時期不同，再加上澳洲和阿根廷等小麥產地位在與北半球季節相反的南半球，可在北半球無法生產時收穫，因此，一年到頭都有地方正在栽培小麥，並且流通全世界。

圖 4-13 北美洲的小麥生產區

西經100°

涼爽的高緯度地區生產春小麥

春小麥區

冬小麥區

比較溫暖的地區生產冬小麥

世界飲食生活的主角 ——玉米

第1章
地圖資訊與
地理

第2章
地形

第3章
氣候

第4章
農林漁牧業

第5章
能源與
礦產資源

第6章
工業

第7章
物流與消費

第8章
人口與
鄉村、都市

第9章
語言與宗教
衣食住

第10章
國家

全球生產量和貿易量最高的穀物

　　全世界的玉米生產量約為11億噸，是全球三大穀物中生產量及進出口量最高的穀物。日本是世界上數一數二的玉米進口國，一年的玉米進口量約是1600萬噸。日本稻米的總生產量為1000萬噸，而玉米的進口量竟然遠遠超過它。但是，我們很少看到日本人將玉米當成每天的主食，日常生活中直接食用玉米的機會，只有當作沙拉的配料，或夏天廟會的烤玉米，對吧？

圖 4-14　主要的玉米生產國

南北美洲大陸產量高，其中美國的產量最多

…產量排名前5名的國家　　　　…排名6到10名的國家

其實我們每天都會攝取到玉米

事實上，**我們每天都會間接將玉米吃進肚子裡。**例如餐廳的炸雞和果汁，其中炸雞使用的是餵養玉米飼料的雞肉，並且用玉米榨出的油來油炸；飲料則加了玉米做的甜味劑（果汁成分表中的「高果糖玉米糖漿」，主要原料就是玉米澱粉）。**甚至可以說，少了玉米，全球現在的飲食習慣就無法成立。**

美國是世界最大玉米出口國

玉米的原產地在中美洲和南美洲。目前，美國是主要的玉米生產國，尤其中西部玉米帶更是玉米的密集生產區。中國的生產量也很高，但是由於中國人口多，生產目的主要是滿足國內需求。

就結果而言，**美國是世界最大的玉米出口國，出口量占世界貿易量的一半以上。**玉米對世界飲食生活影響重大，因此可以說「玉米帶的天候左右了世界糧食的價格」。

玉米的主要用途是製作飼料。一般來說，生產1公斤牛肉需要11公斤飼料；生產1公斤豬肉需要6公斤飼料；而1公斤雞肉需要4公斤飼料。隨著開發中國家的經濟發展，肉類需求升高，因此玉米的需求也跟著提高。

另外，玉米也是由植物提煉的生質燃料主要原料。近年來，玉米加工製成的生質燃料產量也大幅增加。

不只是食物，用途多樣的大豆

第1章
地理資訊與
地圖

第2章
地形

第3章
氣候

第4章
農林漁牧業

第5章
能源與
礦產資源

第6章
工業

第7章
物流與消費

第8章
人口與
鄉村、都市

第9章
衣食住、
語言與宗教

第10章
國家

巴西大豆生產量激增

大豆與世界三大穀物「稻米、小麥、玉米」齊名，同樣是支撐世界飲食的重要作物。

市面上常見味噌、醬油、豆腐及納豆等食物，因此大家對食用大豆並不陌生。不過在全球，大豆和玉米一樣，主要供應作飼料還有榨油，以及作為生質燃料的原料，而食用的需求只占一小部分。大豆的主要生產國是巴西、美國及阿根廷，尤其巴西的生產量更是在近10年內飛躍性增加。

圖 4-15　主要的大豆生產國

南北美洲大陸產量高，其中巴西的產量最多

■ …產量排名前5名的國家　　■ …排名6到10名的國家

201

其他常見的作物

薯類

木薯是薯類的一種，容易栽培而且澱粉豐富，廣泛栽培於熱帶到副熱帶地區。生木薯有毒性，無法直接食用，必須煮熟並泡水以去除毒性。從木薯根部提取的澱粉，就是常見的樹薯澱粉。木薯栽培**集中在奈及利亞、印尼等熱帶的開發中國家，以自給為主。**

馬鈴薯原產於南美洲的安地斯地區，抗寒且生長快速，目前全世界都有種植。中國和印度等人口眾多的國家，和俄羅斯、烏克蘭、美國、德國等氣候涼爽的國家的馬鈴薯生產量都很高。

甘蔗

甘蔗分布在熱帶到副熱帶地區。在收穫前如果有乾季抑制成長，可以幫助甘蔗累積糖分，因此主要種植於有乾季的地帶。甘蔗除了莖部榨汁可以精製成砂糖，也能作為生質燃料的原料，生產重心在巴西、中國及印度。

可可

可可是巧克力的原料，象牙海岸、迦納等西非國家與印尼的產量最多。可可樹不耐直射的陽光和強風，需要在樹蔭下生長，無法在廣大農地上單一栽培，也不能利用機械收成，所以**可可栽培需要大量人力。**當地地主用低廉的薪資雇用小規模農家，這種產業模式

成為童工的溫床，導致農家的窮困更加根深柢固。

咖啡

熱帶作物咖啡在生長期需要雨水，結果期則最好在乾季，因此**最適合在莽原氣候生產**。咖啡生產量最大的國家是巴西、越南及哥倫比亞。說到咖啡產地，大家想到的大多是南美洲和非洲，想不到越南也產咖啡，對吧？

茶葉

茶性喜高溫多溼，適合種植於排水良好的丘陵地。綠茶、紅茶和烏龍茶等不同的茶類，其實都是從同樣的茶樹摘下葉片，再以不同方式加工生產而成。中國及印度從歷史到現代都是茶葉生產量最高的主要產地，其他產量名列前茅的國家還有**肯亞、斯里蘭卡，都是曾被具有喝茶文化的英國殖民統治的國家。**

棉花

棉花最適合種植在生長期會下雨但收穫期乾燥的地區，全年降雨量最好在600毫米到1200毫米左右。棉花是棉織品的原料，從種子到油都有用處。中國、美國都是棉花生產大國。

天然橡膠

橡膠樹是天然橡膠的原料來源，最適合生長在熱帶雨林氣候和熱帶季風氣候等全年高溫多溼的環境。泰國、印尼的天然橡膠產量占全球一半以上。

第1章 地圖資訊與地理

第2章 地形

第3章 氣候

第4章 農林漁牧業

第5章 能源與礦產資源

第6章 工業

第7章 物流與消費

第8章 人口與鄉村、都市

第9章 語言與衣食住、宗教

第10章 國家

家畜分布受宗教影響

牛

牛自古以來廣大飼養於世界各地，除了可以提供牛肉和牛奶之外，牛皮也有用途，牛隻更可用於農耕和搬運。牛隻飼養數量最高的國家分別是巴西、印度跟美國。

需要注意的是，印度的牛隻飼養量雖然高居世界第2名，但是牛肉生產量卻不在前10名以內。**這是因為印度國內有許多印度教徒，他們視牛為神聖的動物。** 在印度，牛隻主要用來提供牛奶和勞力（不過印度人並非完全不生產牛肉。當地有2到3億的非印度教人口，而且包含不被視為神聖動物的水牛在內，「牛肉產品」的生產量還是相當多）。

牛肉生產最多的國家為美國、巴西、中國，牛奶產量最多的國家是美國、印度、巴西。

豬

豬也是世界廣泛飼養的動物。豬隻的主要用途是提供肉類及油脂，不過豬皮也可供利用。此外，**伊斯蘭教徒的教典中禁止教徒食用豬肉，所以伊斯蘭國家較少養豬。**

中國不論是飼養數量或豬肉產量，在全世界都獨占鰲頭。另外，以「香腸之國」聞名的德國，還有以「生火腿之國」聞名的西班牙，飼養數量也領先群倫。

🌾 羊

　　羊比較耐乾旱,所以從中亞到北非的乾燥地帶以及澳洲等乾燥地區的飼養數量較多。相反地,養豬需要充足的水,因此主要集中在溼潤地區。另外,飼養大量羊隻的中亞和北非一帶國家普遍信仰伊斯蘭教,由於伊斯蘭教徒不養豬,所以**羊和豬的分布顯示相反的趨勢。**

　　全球羊隻飼養數量最多的國家,按順序是中國、印度跟澳洲。羊肉跟羊毛的生產量,前三名分別是中國、澳洲和紐西蘭。紐西蘭飼養的羊隻數雖然不在世界前10名內,但是羊肉跟羊毛的生量卻高居世界第3。這個國家的人口約為500萬人,而羊隻超過2500萬頭,由此可知,羊是紐西蘭十分重視的出口品項。

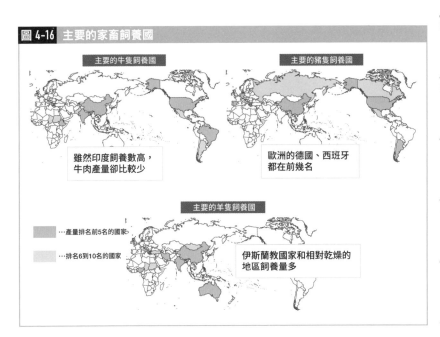

圖 4-16　主要的家畜飼養國

主要的牛隻飼養國

主要的豬隻飼養國

雖然印度飼養數高,
牛肉產量卻比較少

歐洲的德國、西班牙
都在前幾名

主要的羊隻飼養國

　…產量排名前5名的國家

　…排名6到10名的國家

伊斯蘭教國家和相對乾燥的
地區飼養量多

第1章　地理資訊與地圖
第2章　地形
第3章　氣候
第4章　農林漁牧業
第5章　能源與礦產資源
第6章　工業
第7章　物流與消費
第8章　人口與鄉村、都市
第9章　衣食住、語言與宗教
第10章　國家

出口與環境保護並存，是林業的難題

開發中國家的木炭需求高

接下來把目光轉向林業。森林資源的用途大略分成兩種，一種是**薪炭材**，也就是作為柴薪或木炭等燃料，另一種是**用材**，就是將樹木作成木料，用於建築（製紙的紙漿原料也包含在用材中）。**開發中國家使用較多燃料用木材，也就是薪炭材；而先進國家則主要將樹木作為用材。**

人類密集生活的地區，薪炭和用材的需求量也高，而面積廣大的國家可利用的森林資源多，因此面積越大、人口越多的國家，木材的採伐量也更高。

環境保護對林業不可或缺

樹木可分為闊葉樹與針葉樹，闊葉樹樹種豐富，枝幹通常較硬，且有獨特的紋理，因此經常作為高級木材，用於觀賞或製作家具、樂器等特殊用途。針葉樹樹種少，樹木高度相近，再加上硬度不高因此易於加工，多運用為建築用材。

對於擁有廣大森林的國家來說，木材是重要出口品項，但是毫無規劃地濫伐林木，會致使水質惡化、土石流頻繁，破壞生態系。過去，馬來西亞、印尼等東南亞國家一度盛行圓木出口，卻造成熱帶林減少。1970 年代，各國開始修法管制圓木出口，卻導致副極地帶針葉樹的需求升高，衍生出針葉樹林遭到破壞的結果。

飲食多樣化，擴大漁業需求

第1章 地理資訊與
第2章 地形
第3章 氣候
第4章 農林漁牧業
第5章 能源與礦產資源
第6章 工業
第7章 物流與消費
第8章 人口與鄉村、都市
第9章 衣食住語言與宗教
第10章 國家

中國是世界漁獲量最高的國家

漁業資源也是世界食物供應無中不可缺少的一環。近年來，由於中國、印尼、越南等亞洲新興國家的發展，**這些國家居民的飲食生活漸趨多樣化，漁業資源的需求隨之升高，因此全球漁業生產量也逐年上升。**

各國的漁獲量變動大，原本到1990年代為止，日本與蘇聯（現在的俄羅斯）兩國持續爭奪第1、2名，但是中國在1990年代中期奪得第1名後，漁獲量便一直遙遙領先。檢視中國的漁獲內容，來自鹹水與淡水的比例各占一半，**淡水漁獲量遠高於其他國家。**此外，中國不論海水或淡水漁獲都是養殖的比例較高，約占整體的7成以上（歸納來說，中國消費量最高的魚類應該是養殖淡水魚）。

漁業興盛的海域

世界主要的漁場位於大陸棚，也就**是從陸地延伸出來，坡度較平緩的部分，通常位於深度約130公尺的淺水水域**，或是海洋中比周圍淺一點的地方，稱為淺灘。在這些海域，陽光可以照入海底，促進浮游生物繁殖。另外，寒流與暖流交會的潮境，和深層海洋的豐富養分被帶到上層的湧升流海域，都是良好的漁場。

世界漁獲量最大的海域位在太平洋西北部，這裡可以捕撈到各式各樣的魚種。另外，大西洋東北部和太平洋東南部都是知名的傳

圖 4-17 漁場與魚種分布圖

大西洋東北部
鱈魚、鯡魚等

太平洋東北部
鮭魚、鱒魚、蟹等

大西洋西北部
鱈魚、鯡魚等

大西洋中部、東部
鮪魚、章魚等

太平洋西北部
鱈魚、鮭魚、鱒魚、
沙丁魚、鯖魚、秋刀魚等
世界最大的漁場

印度洋
鰹魚、鮪魚等

太平洋中西部
鰹魚、鮪魚等

太平洋東南部
鯷魚漁獲豐盛

統漁場。大西洋東北部是鯡魚、鱈魚、鮭魚的盛產地，太平洋東南部以捕撈鯷魚為大宗。鯷魚主要製成魚粉，出口作為飼料或肥料。

漁業資源的永續問題與養殖漁業

隨著漁獲量擴大，世界也面臨漁業資源枯竭的問題。漁業資源的枯竭自 1980 年代開始引起關注。之後，各國設定 200 海里的專屬經濟海域，可以自由捕撈的海域受到限制，海洋捕撈量因此下跌，取而代之的是養殖業漁獲量增加。現在，**世界上超過一半的漁業產量都來自養殖漁業。**

另外，將人工孵化的幼魚放入海中，等到長大後再捕撈的栽培漁業也行之有年。

第 5 章

能源與
礦產資源

第5章 能源、礦產資源 大綱

產業發展的重要基礎：
能源與礦產資源

　　第5章將介紹能源與礦產資源，其中，能源包含存在於自然界中，可直接使用的「初級能源」，和必須加工後再使用的「次級能源」。

　　初級能源主要指從地下開採出來的能源資源，以石油、煤、天然氣為代表，它們是由太古時代生物、植物遺骸所形成，因此又稱為「化石燃料」。本章將會逐一解說石油、煤、天然氣各自的特色和主要生產國。

　　對我們來說，電力是最常見的次級能源代表。主要的發電方法有水力、火力、核能等。由於國家的能源政策是根據能源的取得成本來制定，因此水力、火力、核能的比例因國而異。此外，近年再生能源的使用率也節節升高。

　　另外，礦產資源是各項工業製品的原料，可以粗略分成「鐵」與「非鐵金屬」兩種。鐵是許多產業不可欠缺的重要金屬；非鐵金屬則有鋁的原料鋁土礦，以及金、銀、銅等重要的礦產資源，本章後半部分會介紹這些金屬的概要。

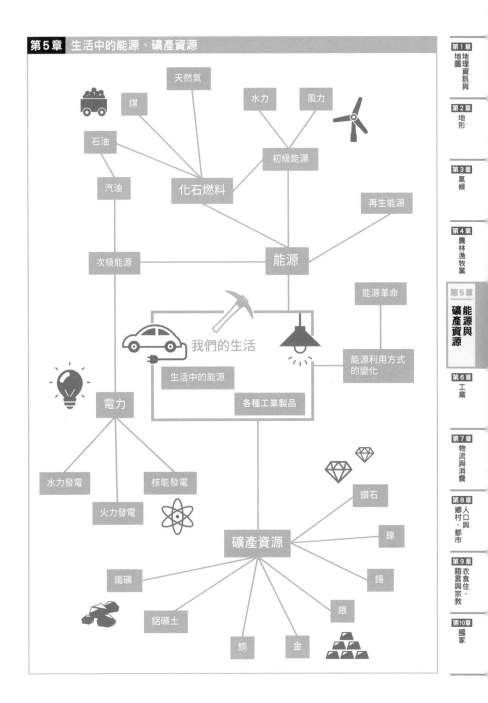

第1章 地理資訊與地圖

第2章 地形

第3章 氣候

第4章 農林漁牧業

第5章 能源與礦產資源

第6章 工業

第7章 物流與消費

第8章 人口與鄉村、都市

第9章 衣食住、語言與宗教

第10章 國家

常見的能源

初級能源與次級能源

本節將解說能源資源和礦產資源，這些資源跟下一章介紹的工業，都與「製造業」有關，屬於「第二級產業」。

我們使用的能源來源多不勝數，有煤、石油、水力、風力、核能、電力、蒸氣力等。這些能源大致分成初級能源與次級能源。

初級能源是指可以從自然界取得，並且直接利用的能源。例如，燃燒煤和石油產生熱能，或以水車和風車轉動石臼等，都稱做初級能源。

次級能源是初級能源加工而成的能源。例如透過各種能源資源產生的電力，或是從石油提煉的汽油等，都是由初級能源加工轉換而成，也更容易使用。

舉例來說，想像一下利用水車將小麥磨成粉的場景。如果是將石磨安裝在水車上，利用水力驅動水車來製造麵粉，就屬於初級能源。但是如果以發電機取代水車，利用電力啟動製粉機製粉，就屬於將初級能源轉換成次級能源加以利用。

能源資源還包括遠古動植物遺骸堆積在地底下，經過億萬年變化而成的化石，稱為「化石燃料」，如石油、煤和天然氣等。

與時俱進的能源利用方式

第1章 地圖資訊與

第2章 地形

第3章 氣候

第4章 農林漁牧業

第5章 能源與礦產資源

第6章 工業

第7章 物流與消費

第8章 人口與鄉村、都市

第9章 語言與衣食住、宗教

第10章 國家

工業革命改變能源使用方式

　　能源的使用方式因時代而異，古人使用柴薪、木炭生火，也利用水力或風力，能源主要來自身邊容易取得的「可再生能源」。

　　直到18世紀，英國發起工業革命，能源使用方式也產生巨大的變化。人們開始大量燃燒煤來產生蒸氣，蒸氣成為主要的次級能源，一直持續到19世紀末。

　　進入20世紀後，石油能源開始發展，現在，石油不只作為汽車的燃料，也是塑膠或化學纖維的原料。

能源重心從煤轉向石油

　　到了1960年代後期，世界迎來了能源革命。全球工業化、汽車普及、中東大規模開發油田，和油輪、輸油管等運輸管道的發達下，能源的使用重心一口氣從煤轉換成石油。

　　在能源革命之後，石油一直是世界主要使用的能源，不過新型能源的使用量也有緩慢擴大的趨勢。直到1970年代發生石油危機，以此為轉振點，天然氣和替代能源的使用量逐步增加，近年來也發展出可以減少環境負擔的再生能源和生質燃料。

用途多樣的石油

⛏ 投入高額經費的石油開採和運輸

　　當我們幫車子加汽油，或是在暖爐中加入煤油，使用的都是石油。石油也許是我們最容易取得的能源。

　　汽油和煤油都是從地下資源「原油」按用途分餾製造而成。原油是一種複雜的混合物，難以直接使用，必須將原油加熱，**利用各種成分的不同沸點，分離出「液化石油氣」、「石腦油」（塑膠和化學纖維的材料）、「汽油」、「煤油」、「輕油」、「重油」、「瀝青」等。**石油除了作為動力來源和燃料以外還有許多用途，可以說是最重要的資源，占目前全世界能源使用比例的三成。

　　從探勘石油資源、開採、運輸到精製後流通、販賣，一連串的工程必須花費巨額的資金，因此在這個產業，名為「石油巨頭（國際石油資本）」的**大規模跨國企業握有極大的影響力**。尤其是第二次世界大戰後到1970年代，少數石油巨頭壟斷石油生產，也掌握了價格決定權。

　　面對歐美大企業的壟斷，石油生產國逐漸興起資源民族主義的觀念，**試圖將國內資源國有化，由政府管理並運用於國家經濟發展**。例如1960年石油輸出國家組織（OPEC）組成，和1970年代石油生產國調漲石油價格，都是資源民族主義的代表性行動。現在，俄羅斯天然氣公司與中國石油天然氣等大型國營企業也加入石油市場，成為影響石油價格的重要因素。

石油的分布

一般認為，石油是遠古時代海洋中的浮游生物或藻類的屍骸堆積在海底，逐漸產生化學變化而形成的物質。世界各地都分布著石油，但並不是所有石油都能輕易開採。

開採石油的方法大致分成兩種。**第一種是將油管打入地層中石油自然累積而成的「油田」，直接抽取石油。**而石油自然積聚的地點，大多位在地層向上凸起褶曲（背斜）的地方。

另一種方法是從含有石油成分的油砂中提煉石油，或是從滲入了石油的岩層（油頁岩）中提取石油。要從油頁岩提取石油，需要水平鑽探深層岩盤，並利用高壓水力壓裂岩盤進行石油開採。

一般認為新能源的埋藏量足以與傳統能源匹敵。在石油資源枯竭的危機下，新能源的開採也正快馬加鞭地發展。

原油的主要出產國

縱觀全世界的原油生產量，第1名是積極開發新能源的美國，第2名是俄羅斯，第3名是沙烏地阿拉伯。

美國原油出產量雖然號稱全球最高，但是依然供不應求，需要仰賴進口，真不愧是人口龐大的巨型工業國家。

另一個相似的例子是中國，石油產量排名世界第5，卻是全球最大的原油進口國。

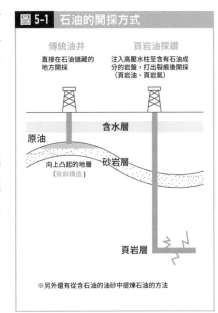

圖 **5-1** 石油的開採方式

傳統油井
直接在石油儲藏的地方開採

頁岩油探鑽
注入高壓水柱至含有石油成分的岩盤，打出裂痕後開採（頁岩油、頁岩氣）

含水層

原油

向上凸起的地層（背斜構造）

砂岩層

頁岩層

※另外還有從含石油的油砂中提煉石油的方法

第1章 地理資訊與地圖

第2章 地形

第3章 氣候

第4章 農林漁牧業

第5章 能源與礦產資源

第6章 工業

第7章 物流與消費

第8章 人口與鄉村、都市

第9章 衣食住與語言與宗教

第10章 國家

中國也是人口眾多的工業國，所以光靠國內產量仍不足已供應需求，必須大量進口石油。

而沙烏地阿拉伯正好相反，儘管產量僅排名世界第3，但人口只有美國的10分之1，因此石油產量的4分之3都可用於出口。

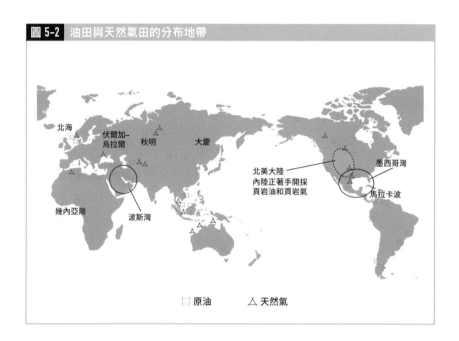

圖 5-2 油田與天然氣田的分布地帶

遠古植物碳化形成的 「黑鑽石」

第1章 地理資訊與地圖

第2章 地形

第3章 氣候

第4章 農林漁牧業

第5章 能源與礦產資源

第6章 工業

第7章 物流與消費

第8章 人口與都市

第9章 衣食住與宗教語言

第10章 國家

「石炭紀」時期形成大規模炭田

煤是由遠古植物枯死後堆積在地底，在地熱和地底壓力下逐漸碳化形成的物質。尤其是在3億5000萬年到3億年前，也就是「古生代」後期的「石炭紀」（即稍早於「盤古大陸」形成前的時代），熱帶與亞熱帶地區分布著茂盛的地衣植物森林，滿足了形成優質煤炭所需的條件：大量的植物與足夠的形成時間。因此，大規模的煤田大多形成於這個時代的地層中。

大部分煤田經過3億年來地層的層層堆積，埋藏在地底深處。**不過在「古褶曲山脈」地區，當隆起的山脈受到相當程度的侵蝕後，也可以在容易開採的深度發現煤礦。**因此，大規模的煤礦產地經常位於古褶曲山脈周邊。

相反地，位於穩定地塊的地盾，是石炭紀之前的岩盤露出地表所形成，因此**地盾很少有煤田分布。**地盾面積廣闊的非洲各國（南非除外）和巴西，煤礦生產量都不多。

煤的消費與生產

過去，煤受到極高的重視，更有「黑鑽石」之稱。即使在「能源革命」之後，它仍然是造鐵、發電所須的重要能源資源。據說石油再開採50年就會枯竭，但是煤礦還能再開採100年以上。

過去，煤最受詬病的缺點是對環境造成的負面影響，但是近年

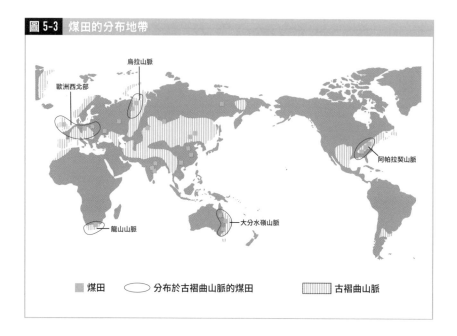

圖 5-3 煤田的分布地帶

烏拉山脈

歐洲西北部

阿帕拉契山脈

龍山山脈

大分水嶺山脈

■ 煤田　　○ 分布於古褶曲山脈的煤田　　|||||| 古褶曲山脈

液化及氣化煤炭以及去除污染物質的技術（潔淨煤技術，CCT）研究加速發展，因此煤炭的消費量呈現增加的趨勢。

　　石油是液體，方便運用輸油管或油輪運輸，而煤是固體且非常沉重，因此需要大筆的運輸成本。相比之下，**煤炭是一種「生產國直接在國內銷售」比例較高的資源。**

　　石油的進出口量約占開採量的6成，而煤炭的貿易量則只占開採量的2成左右。**中國在煤生產量上遠遠超越各國，世界約有一半的煤都是由中國生產。**印度的產量是全球第2名，但是只占世界生產量的1成左右，可見中國生產的規模之大。但是，中國也是世界最大的煤炭進口國，而日本為世界第3大煤炭進口國，其中6成都是從澳洲進口。

需求不斷成長的天然氣能源

第1章
地理資訊與
地圖

第2章
地形

第3章
氣候

第4章
農林漁牧業

第5章
能源與礦產資源

第6章
工業

第7章
物流與消費

第8章
人口與鄉村、都市

第9章
衣食住、語言與宗教

第10章
國家

「燃燒產物」少，相對乾淨的能源

天然氣使用量在石油危機之後不斷成長，占目前世界能源使用比例的2成以上。天然氣是「可燃氣體」，產生的「燃燒產物」比煤和石油少，因此被視為比煤和石油更乾淨的能源。

天然氣來自油田地帶，以及有機物在地底腐敗形成的甲烷。由於天然氣在氣體型態之下體積過大，運輸和貯藏不便，因此必須在零下162度將它冷卻液化，壓縮體積到600分之1後再進行運送跟儲存，也有利用**輸氣管**直接輸送氣體的案例。

俄羅斯、伊朗、卡達的天然氣產量高

世界最大的天然氣生產國是美國，第2名是俄羅斯，接下來是伊朗、中國、加拿大、卡達。**俄羅斯、伊朗、卡達的天然氣產量，甚至比石油更多。**

從整體能源進出口比例來看，日本能源自給率只有11%，約9成左右的能源需仰賴進口。為了穩定供應能源以因應國際情勢的劇變，均衡進口及儲備石油、煤和天然氣，是日本目前的重要課題。

發電方式及比例因國家而異

 生活不可或缺的次級能源

我們的生活中少不了電力，包含薪炭、水力、汽油及煤油的所有能源消費中，有3成的能源用於供電。而電力主要是由水力、火力、核能產生。

水力、火力、核能的發電比例，則視各國可獲得的能源以及國家能源政策而有很大的差異。

 不同國家的各種發電方式

以「水力發電」為主的國家，多為水資源豐富且地形適合建設水庫的地區，此外，降雨量多的高緯度國家和熱帶國家也很常見。水力發電比例高的國家有加拿大、巴西、挪威等國。

另外，以「核能發電」為主的國家包含法國、烏克蘭、瑞典。法國的電力約有7成來自用核能發電，烏克蘭占5成，挪威則接近4成。**核能發電的設施設置與運用，受到國家能源政策很大的影響。**也有很多國家不採用核能發電，或者是抑制核能發電比例。

除此之外，許多國家以「火力發電」為主，近年來，越來越多國家因顧慮二氧化碳排放而開始轉向再生能源。例如德國和英國雖然以火力發電為主，但是再生能源發電的比例超過3成，已經接近火力發電量了。

礦產：各種工業製品的原料來源

第1章
地圖資訊與
地理

第2章
地形

第3章
氣候

第4章
農林漁牧業

第5章
能源與
礦產資源

第6章
工業

第7章
物流與消費

第8章
人口與
鄉村、都市

第9章
衣食住、
語言與宗教

第10章
國家

鐵礦

金屬資源一般分成「鐵」與「非鐵金屬」。從這種二分法可以看出，鐵是自古以來最重要的金屬資源。所有的產業都需要用到鐵，也有人稱它是「產業之鑰」。

鐵礦的產地**大多存在於穩定地塊，尤其是地盾。**距今約27億年前的一段時期，遠古海洋中蓬勃生長能行光合作用的生物，水中的氧氣量因而增加。海水中的鐵離子與氧氣結合產生氧化鐵，堆積

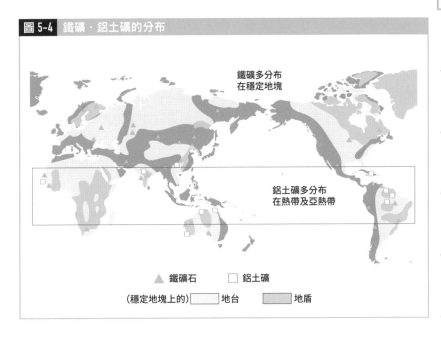

圖 5-4 鐵礦‧鋁土礦的分布

鐵礦多分布
在穩定地塊

鋁土礦多分布
在熱帶及亞熱帶

▲ 鐵礦石　　□ 鋁土礦

（穩定地塊上的）□ 地台　　■ 地盾

在海中，形成厚厚的鐵礦層。地盾大致在25億年前到8億年前抬升為陸地，而這些地區的岩盤直接暴露在地表，因此現在的鐵礦層多位在地表附近。

鐵礦主要分布在澳洲、巴西、中國、印度、俄羅斯等有大形地盾的地區。日本約有95％的鐵礦是從澳洲和巴西這兩國進口。

鋁土礦

鋁土礦是鋁的原料，鋁既輕又軟，容易加工，所以廣泛用於製造罐頭或鋁箔。生產最多鋁土礦的國家，大多是**熱帶和亞熱帶地區國家**，例如澳洲、中國、幾內亞、巴西、印度、牙買加。這是因為分布在熱帶的「磚紅壤」（有機物分解後，養分被吸收及沖刷，剩下含大量氧化鐵和氧化鋁的土）中含有大量的鋁，是鋁土礦的來源。

要將鋁土礦精煉成鋁金屬，必須先從鋁土礦中提取氧化鋁並將其溶解，然後進行電解，產生純鋁，而**電解時會耗費極大量的電力。**因此，生產鋁的國家主要是電力便宜且供應充足的國家，以中國、印度等生產煤炭的國家，還有俄羅斯、阿拉伯聯合大公國、巴林等產油國，以及加拿大、挪威等水力發電國家為代表。

銅礦

銅自古以來就運用在製作電線、硬幣及裝飾品。**銅礦主要的產地多見於造山帶，尤其是新褶曲山脈**，這是因為這些地區的岩漿作用活躍，當地底岩漿中銅的成分冷卻凝固，或是水受岩漿加熱，其中的銅聚集並冷卻凝固，就容易形成礦石。

例如岩漿作用形成的「溫泉區」就經常開採出銅。**日本也有大**

第1章
地圖資訊與
地理

第2章
地形

第3章
氣候

第4章
農林漁牧業

第5章
能源與
礦產資源

第6章
工業

第7章
物流與消費

第8章
人口與
鄉村、都市

第9章
衣食住、
語言與宗教

第10章
國家

量銅礦分布，從平安時代到明治時代，銅都是日本主要的出口產品（但是銅礦在戰後陸續封閉，現在日本已經不再開採銅礦）。此外，智利、祕魯等位於新褶曲山脈的國家，以及位於非洲大裂谷附近，**橫跨尚比亞和剛果民主共和國的「銅帶」（Copperbelt）**也開採出許多銅礦。

金・銀

金、銀礦脈跟銅礦一樣，主要是因地層受岩漿作用，或水分在岩漿的高溫加熱下形成，大多**位於新褶曲山脈地區**。

在歷史上，大航海時代的許多航海家就是瞄準了這些有「黃金之國」稱號的地區，度過重重大海，從這些地區開採金銀，決定了世界的貨幣價值。目前舊的金礦大略都已開採完畢，僅存少數礦脈

圖 5-5 金、銀、銅、錫、鑽石、鎳的分布地帶

▲金　○銀　●銅　▢錫　◆鎳　◇鑽石

還持續開採（雖然挖礦成本變高，但是黃金的稀有性也跟著提高，價值增加，所以開採依然划算）。黃金生產國遍布世界，如中國、澳洲、俄羅斯、美國及加拿大。相比之下，銀的產量更多（大約是黃金的8倍），大多生產於墨西哥、祕魯、中國、俄羅斯、智利等新褶曲山脈周邊國家。

錫、鎳

錫是青銅及銲錫等合金的原料，在中國以及緬甸、印尼等東南亞國家，還有安地斯山脈周邊的巴西、祕魯等國都有豐富的蘊藏量。鎳主要用於合金、電鍍及太陽能電池，代表的生產國是菲律賓和俄羅斯。此外，法屬新喀里多尼亞的鎳產量達全球的1成，是著名的「鎳島」。

鑽石

鑽石是寶石的一種，也用於製作銼刀或鑽石切割等工業用途。鑽石是由岩石在前寒武紀時代大規模的地函運動中形成，因此經常出產於穩定地塊上的地盾。鑽石產量以俄羅斯、加拿大最多，其次是非洲的波札那共和國跟剛果民主共和國。其中的波札那共和國是一個人口只有235萬的小國，但是卻擁有龐大的鑽石礦脈，GDP的2成來自鑽石相關產業，堪稱「鑽石之國」。

第6章

工業

第6章 工業 大綱

在工業支持下，
我們才有便利的生活

　　第6章的主題是工業，充斥於我們身邊形形色色的產品都來自於它。工業發展不只為製造及販賣工業製品的工廠、企業帶來利益，其他像是流通、銷售工業製品的批發商和零售商，以及使用工業製品的服務業，也都在工業的促進下逐漸發展。因此，世界各國都傾力投入工業。

　　最初的工業比較偏向自給性質，主要是在家庭內製作供自己使用的器物。接著，工業製品的面貌逐漸轉變成販賣用的「商品」。造成這個巨大變化的轉捩點，就是18世紀的工業革命。工業革命之後，工業的重心轉向機械工業，接著進入20世紀，重化學工業也漸漸發達。

　　工業最重視「工廠建在哪裡才能產生最大利益」。不同工業類別重視的工業區位也不相同，所以不同地方各有不同的工業型態。

　　本章將就金屬工業、機械工業、食品工業、高科技工業、數位內容產業等分類，介紹各種工業的特色。

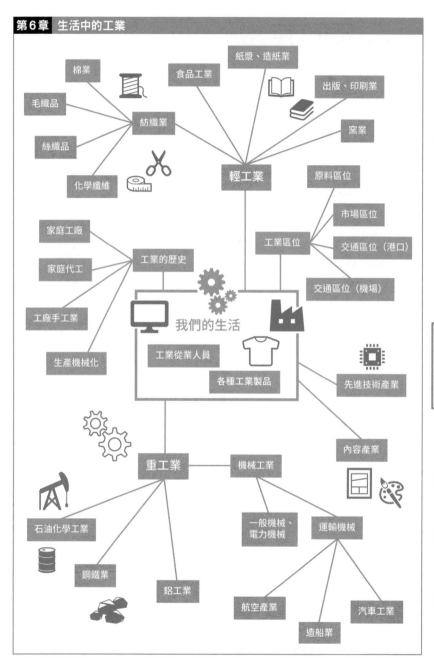

第1章
地理資訊與
地圖

第2章
地形

第3章
氣候

第4章
農林漁牧業

第5章
能源與
礦產資源

第6章
工業

第7章
物流與消費

第8章
人口與
鄉村、都市

第9章
衣食住、
語言與宗教

第10章
國家

工業的作用，在於從原料創造附加價值

 工業是產業中的核心角色

環視我們四周，到處都是便利的工業製品。**工業是指將農林漁牧業生產的原料或礦產資源加工，生產成對生活有幫助的產品。**一般來說，工業的勞動生產力比農林漁牧業跟礦業高，而且工業的發展也創造許多工作，促進商業和服務業的成長。因此，許多國家都實施優先發展工業的產業政策。

原料加工成商品時產生出的新價值，扣除製造工業製品需要購買的原料和燃料費用後，這個差額就叫做附加價值。世界各國的企業無不努力提升產品設計，或是附加新的功能，**致力於提高工業製品的附加價值**。

輕工業與重工業

工業大略可以區分為輕工業與重工業。輕工業製造的是家庭及個人使用的消費財，如紡織品及食品，在工業革命之前，世界工業發展以輕工業為主。

相對地，重工業製造的是工業用機械等用於生產產品的「生產財」，或是汽車、家電產品等經久耐用的「耐久財」，製造這些製品需要大規模設備，生產物的重量也比較重，因此稱為重工業。其中的代表產業有鋼鐵業及機械工業，這些產業都是在工業革命之後才發展起來的。

從家庭走向工廠，蓬勃發展的工業

第1章 地理資訊與地圖

第2章 地形

第3章 氣候

第4章 農林漁牧業

第5章 能源與礦產資源

第6章 工業

第7章 物流與消費

第8章 人口與鄉村、都市

第9章 語言與衣食住、宗教

第10章 國家

從家庭代工邁向生產機械化

工業的歷史始於自己製作自用品的自給式手工業，然後漸漸演變為將製作物販賣出去，隨後又發展出家庭代工業，**也就是由批發商委託家庭生產手工製品**，接著演進為**將勞工集中到工廠，集體從事手工業**的工廠手工業。

接下來出現的工業革命始於18世紀英國，影響隨後遍及世界各地，大幅改變了工業的樣貌。從手工業演進到機械工業的巨大變革中，手工作業陸續被機器取代，主要的工業生產方式轉變為機械化生產。領先完成工業革命的英國、法國、德國、美國、俄羅斯與日本，都成為世界工業的中心。

重化學工業崛起

進入20世紀，**電力與石油逐漸普及，機械工業、金屬工業和化學製品等**重工業領域也迅速發展。

接著來到戰後，曾在工業革命時領導全世界的工業國家，也就是美國和西歐等先進國家，以及重點發展國營企業並全力投入重化學工業的蘇聯，都在工業生產上有長足的發展。歐洲的「重工業三角地帶」；從英國南部到義大利北部，工商業繁榮的「藍香蕉」地區；美國的**五大湖**周邊以及蘇聯的工業區，成為世界工業生產的重鎮。第二次世界大戰的戰敗國日本，也在1950年代中期進入「高

229

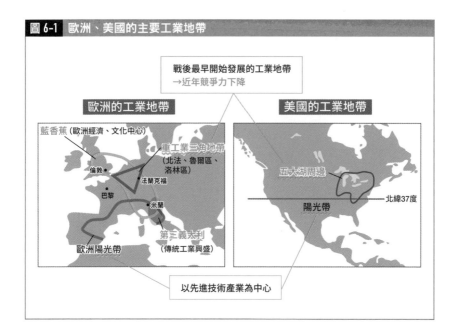

圖 6-1 歐洲、美國的主要工業地帶

戰後最早開始發展的工業地帶
→近年競爭力下降

歐洲的工業地帶

美國的工業地帶

藍香蕉（歐洲經濟、文化中心）

重工業三角地帶
（北法、魯爾區、
洛林區）

倫敦

法蘭克福

巴黎

米蘭

五大湖周邊

北緯37度

陽光帶

第三義大利
（傳統工業興盛）

歐洲陽光帶

以先進技術產業為中心

度經濟成長」，快速恢復工業生產能力。這些國家不只製造工業製品，也引進工業機器人和電腦等技術革新，追求更高的工業製品性能跟生產效率。

急速工業化的新興國家

然而，這種由先進國家主導工業發展的情況，自 1970 年左右出現變化。**許多開發中國家及地區，開始急速推動工業化。**尤其是韓國、台灣、香港、新加坡等**亞洲四小龍國家**，工業化加速。到了 1990 年代，泰國、馬來西亞等東南亞各國和中國、印度也走向工業化。

這些國家快速發展的原因在於，**先進工業國的企業將工廠移轉到工資低廉的開發中國家，以便在該國的市場傾銷更多產品。**很快

地，**這些總公司設在先進國的大企業，生產線全都轉移到工資低的國家，改以逆向進口的方式將產品輸入回本國市場。**為了吸引更多海外投資，開發中國家開闢工業園區，並設置加工出口區，透過稅率優惠吸引更多外國企業進駐。

在這個過程中，原本只是**購買跟消費先進國工業產品**的開發中國家，開始認為「與其花錢跟別人買，不如自己生產」，於是逐漸**設立本國企業，自己製造工業製品**，這就稱為「進口替代工業」，是許多發展中國家工業化的第一步。隨後，這些國家更出口產品到外國「賺取外匯收入」，轉向「出口導向工業」。

中國躍升「世界工廠」

進入2000年代，世稱金磚五國（BRICS）的**巴西、俄羅斯、印度、中國、南非共和國**，經濟出現顯著發展。這些國家運用豐富的地下資源和充沛的勞動力吸引海外投資，快速成長起來。**其中，中國更成為世界工業生產的中心，有「世界工廠」之稱。**

先進國家面臨產業空洞化

在工業化的潮流中，先進國家開始面臨「產業空洞化」的問題。由於企業將工廠移往國外，開發中國家的生產規模因此擴大，**導致先進國家的工作機會被開發中國家搶走，失業人口增加。**舉例來說，美國五大湖周邊工業地帶的失業問題就成為重要的社會問題，導致此地區一度陷入蕭條，而被稱為「鐵鏽帶」（Rust Belt）。

第1章 地理資訊與地圖
第2章 地形
第3章 氣候
第4章 農林漁牧業
第5章 礦產能源與資源
第6章 工業
第7章 物流與消費
第8章 人口與鄉村、都市
第9章 衣食住、語言與宗教
第10章 國家

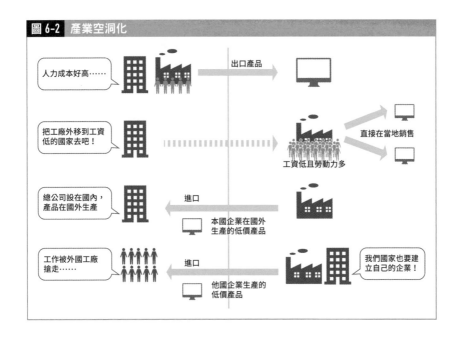

圖 6-2　產業空洞化

人力成本好高……　　　出口產品

把工廠外移到工資低的國家去吧！　　　直接在當地銷售　工資低且勞動力多

總公司設在國內，產品在國外生產　進口　本國企業在國外生產的低價產品

工作被外國工廠搶走……　進口　他國企業生產的低價產品　我們國家也要建立自己的企業！

各國持續摸索新的工業型態

產業空洞化的情形持續，工業發展的優勢已不再由先進國家獨占。因此，多個先進國家投入高額研究經費，致力開發新產品和新技術，這個產業稱為知識密集型工業。

美國和歐洲都已催生出先進技術產業的集中地，最具代表性的是美國南部遠離傳統工業城市的「陽光帶」地區，還有西班牙到義大利北部的「歐洲陽光帶」地區。

另一方面，重視當地獨特傳統的服飾產業和手工業等傳統工藝技術的趨勢也正在興起。代表的例子是義大利北部及中部稱為第三義大利（Third Italy）的地區。

從資源需求的角度看工業

第1章
地圖資訊與
地理

第2章
地形

第3章
氣候

第4章
農林漁牧業

第5章
能源與礦產資源

第6章
工業

第7章
物流與消費

第8章
人口與都市
鄉村、

第9章
語言與宗教
衣食住、

第10章
國家

勞力密集型工業

在農業的章節中，我們解說過「集約度」，例如投入大量人力的農業屬於「勞力密集型」，花費大量資金的農業稱為「資本密集型」，勞力跟資本投入都很低則稱為「粗放型」。而**工業也依據不同資源的「集約」程度，分為著重人力或資本投入這兩類。**

勞力密集型工業是指生產過程必須投入大量勞動力的工業類型。如紡織業及機械組裝，都屬於勞力密集型工業。由於生產過程中人力成本占比高，這類工業往往傾向尋求薪資低廉的勞動力。

資本集約型工業

資本集約型工業是**指需要投入高額資金，設置工廠或機械器材的工業類型**，如石化業或鋼鐵業。這種工業類型並非任何人都能興辦，因此在一國之中，通常只集中在少數資本雄厚的公司手中。

知識密集型工業

知識密集型工業是**生產過程需要高度專業知識的產業**，例如半導體等先進技術產業。另外，藥品和新材料開發也屬於知識密集型工業。

從「工業區位」看工業

 ## 工業區位與「收益」直接相關

　　「工業區位」是工業的其中一種分類方式。工廠經營者在將原料送進工廠，加工成產品，並送到市場販賣的一系列過程中，必須依據運費跟勞力成本等生產成本，**思考工廠建在哪裡最能節省經費、賺取利潤？**而類型相近的工廠，通常會集中在的相似的地點。接下來，我們就來看看工業區位有哪些類別？

 ## 工業區位① 原料區位

　　原料重量遠高於產品重量的產業，大多重視原料區位。例如煉鐵需要鐵礦，而鐵礦的成分中，鐵只占約5成到6成，搬運鐵礦的成本太高，所以鋼鐵業大多**在鐵礦產地附近製鐵，再將產品運送出去以減輕重量**。在鐵礦產地附近設立製鐵廠，就可以將運輸成本降至最低，提高利潤。

　　除了利用礦石製造金屬的鋼鐵業之外，將石灰石加工成水泥的水泥業，以及利用木材製作紙張的造紙業，都屬於原料區位。

 ## 工業區位② 市場區位

　　不同於原料區位，一些製造業的**原料在任何地方都能取得，質地差異也不大**，這類工廠則會設立在市場附近，因而稱為市場區

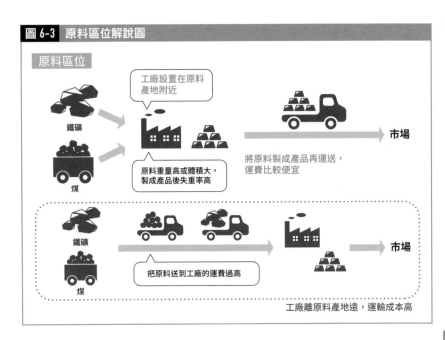

圖 6-3 原料區位解說圖

原料區位

工廠設置在原料產地附近

鐵礦

煤

原料重量高或體積大，製成產品後重量高

市場

將原料製成產品再運送，運費比較便宜

鐵礦

煤

把原料送到工廠的運費過高

市場

工廠離原料產地遠，運輸成本高

第1章 地理資訊與
第2章 地形
第3章 氣候
第4章 農林漁牧業
第5章 礦產資源與能源
第6章 工業
第7章 物流與消費
第8章 鄉村與都市、人口與
第9章 衣食住與宗教、語言
第10章 國家

位。市場區位工業的代表之一是啤酒和飲料製造商。這些飲料的重量，幾乎都來自經過淨水場過濾的自來水。而自來水到處都能取得，品質並沒有差別。相較之下，小麥或果汁等其他原料重量，遠比水來得輕，因此比起在遠離市場的地方製造飲料，再運到市場，**直接在鄰近市場的地方，取自來水製造飲料再送去販賣，輸送費更便宜。**在日本，啤酒工廠大多位在關東的府中市、船橋市、關西的吹田市等距離都心不遠的地方。

此外，出版、印刷業、精品服飾業等必須隨時掌握流行趨勢的產業，也屬於市場區位的產業。這些產業的附加價值高，與其節省紙張或布料等原料成本，不如趕上流行快速出貨更容易獲取利潤，所以工廠通常建在市場附近。

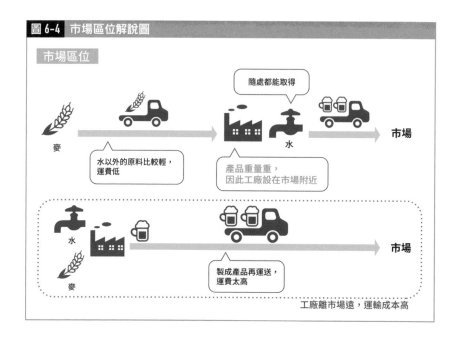

圖 6-4 市場區位解說圖

市場區位

隨處都能取得

麥 → 水以外的原料比較輕，運費低 → 水（隨處都能取得）→ 市場

產品重量重，因此工廠設在市場附近

水、麥 → 製成產品再運送，運費太高 → 市場

工廠離市場遠，運輸成本高

工業區位③ 交通區位（港口）

前面提到，鋼鐵業的工廠大多設置在鐵礦產地附近，屬於原料區位。不過，許多國家需要進口鐵礦來製鐵，**如果從船上卸下的鐵礦，不必經過國內運送，而是可以在卸貨地點直接煉鐵生產，自然是最為理想。**

因此，必須進口笨重的原料進行生產的工業，通常將工廠設在臨近海港的地區，這就稱為交通區位工業，包含鋼鐵業和石油化學工業。

工業區位④ 交通區位（機場）

此外，有些工廠則設在機場附近，由於飛機的單次運量少，成

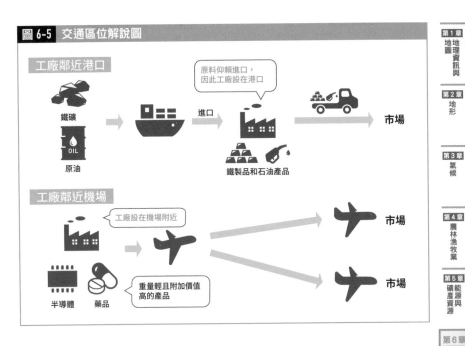

圖 6-5 交通區位解說圖

工廠鄰近港口

鐵礦

原油

進口

原料仰賴進口，
因此工廠設在港口

鐵製品和石油產品

市場

工廠鄰近機場

工廠設在機場附近

重量輕且附加價值
高的產品

半導體　藥品

市場

市場

第1章
地圖與
地理資訊

第2章
地形

第3章
氣候

第4章
農林漁牧業

第5章
能源與
礦產資源

第6章
工業

第7章
物流與消費

第8章
人口與
鄉村、都市

第9章
衣食住與
語言與宗教

第10章
國家

本也較高，所以適合**產品重量輕且價值高**的產業，例如製造半導體零件（IC或LSI等）的高科技產業以及醫療產業等產品附加價值極高的領域。

工業區位⑤ 勞力區位

組裝成衣與電器產品需要大量人力，**這類產業通常將工廠設在勞工薪資低廉的地方**，稱為勞力區位。它們大多遠離市中心，選擇沒有特色產業的地區，或是可以獲得廉價勞動力的開發中國家。

另外，一些產業必須聚集高知識人才或擁有特殊技術的工匠，例如美國的矽谷，以及京都的傳統工藝品產業，這些產業也屬於勞力區位的類型。

工業區位⑥ 聚集經濟

汽車、電器製造商及大規模的跨國石油公司,往往**需要大量的零件和相關的下游工廠**,例如汽車產業就包含製造引擎的公司、製造電池的公司、座椅布料公司、製造安全氣囊的公司、塗料公司,以及大規模的組裝工廠等。

這些公司通常會設立在臨近彼此的地方,這樣一來,完成的製成品可以立刻運到下一階段的相關企業,不但節省運輸成本,也能共享機械、零件及技術,這種工業區位就稱為「**聚集經濟(產業連鎖)**」。

有些地區甚至會形成「企業城」,指的是當地大部分的居民都在特定企業的相關公司工作,例如位於日本愛知縣豐田市的豐田汽車相關企業群。

圖 6-6 勞力區位、聚集經濟解說圖

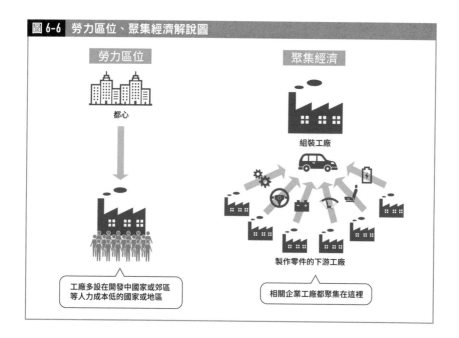

勞力區位

都心

工廠多設在開發中國家或郊區等人力成本低的國家或地區

聚集經濟

組裝工廠

製作零件的下游工廠

相關企業工廠都聚集在這裡

工業化的起源來自紡織業

第1章 地圖 地理資訊與

第2章 地形

第3章 氣候

第4章 農林漁牧業

第5章 礦產資源與能源

第6章 工業

第7章 物流與消費

第8章 鄉村、都市 人口與

第9章 語言與宗教 衣食住、

第10章 國家

中國是全球紡織業的佼佼者

紡織業是指將棉花、羊毛及石油等原料製成纖維，並加工成線或織品的產業。整個紡織業包含利用棉花、羊毛「紡」成線的紡紗業；將生絲製成絲線的製絲業；編織紗線製成布料的織布業，以及將布匹剪裁縫、製成衣服的成衣業（服裝業）等。

中國在目前的全球紡織業中，占有重要的地位。不論是棉紗、毛紗、絲線或化學纖維領域，中國的產量都是世界第一，棉紗產量甚至是排行第二名的印度的9.5倍左右，毛紗產量是第二名的土耳其的300倍左右，絲線產量是第二名的印度的2.5倍左右，化學纖維產量則是第二名的印度的8倍左右，生產量無人能出其右，紡織品的生產量也是世界第一。

工業革命的中心：棉紡工業

將棉花紡成棉紗，再編織成棉織品的棉紡工業，正是18世紀工業革命的中心產業。工業革命就是從棉紡工業開始，漸漸轉移到機械工業和重工業。現在的開發中國家，有不少都是在工業化初期引進棉紡工業。

棉織品的生產大國，包含中國、印度、巴基斯坦、印尼、巴西。近年來，東南亞國家的棉織品生產量也不斷增加，成衣店中經

常可以看到越南、孟加拉跟緬甸生產的衣服。

 歷史悠久的毛織品工業

　　人類自古就利用羊毛製做衣服，史前時代的出土遺跡中也曾發現毛織品。過去，澳洲、紐西蘭等南半球國家的羊毛產量較高，但是現在中國、土耳其、印度等北半球國家的羊毛產量也逐漸增加。

　　毛織品的生產大國中，排名前段的有中國、土耳其、日本等國，其中的土耳其，從鄂圖曼帝國時代就有製作地毯的傳統，而日本則是以愛知縣一宮市周邊的毛織品產業最興盛。

 絲織品曾是重要貿易商品

　　以蠶繭為原料抽取生絲，並將其加工製成絲織品的絲綢工業，在亞洲由來已久。眾所皆知的「絲綢之路」，正是因為古代中國生產的絲綢通過這條連接東西方的貿易路線，傳到西亞和歐洲而聞名。現在，絲織品生產的中心仍然是中國，世界上6成的生絲還有9成以上的絲織品都產自中國，產量排名於其後的則是俄羅斯及白俄羅斯。不過，中國與俄羅斯的絲綢產量差距高達30倍。

化學纖維是纖維中的主角

　　到這裡為止，我們的介紹了棉、毛、絲等天然纖維產業。不過，**其實全球使用的纖維中，有7成以上是以石油為原料的尼龍或聚酯化學纖維。**

　　過去，石油化學工業發達的美國、日本等國曾是化學纖維的生產中心，但是中國和印度的化纖生產規模也逐漸擴大。現在，中國、印度及美國成為全球化學纖維的主要生產國。中國的化纖產量傲視全球，全世界約有7成的化學纖維來自中國。

食品工業：全球經濟的重要支柱

第1章 地理資訊與地圖
第2章 地形
第3章 氣候
第4章 農林漁牧業
第5章 能源與礦產資源
第6章 工業
第7章 物流與消費
第8章 人口與鄉村、都市
第9章 衣食住、語言與宗教
第10章 國家

與生活息息相關的食品工業

食品與人類生活密不可分，所以**不論在哪個國家，食品工業都占工業生產額的5%到20%左右**（日本和中國約為10%，美國約為15%）。

食品工業涵蓋了製粉業、釀造業、製糖業、乳品製造業、糖果製造業以及水產加工業等多種產業。近年來，隨著飲食習慣的變化，方便食品、冷凍食品和即食食品市場迅速擴大。

食品工業的原料來自農業或漁業等農產及水產，基本上會在原料產地發展。對從事農業及漁業的人來說，食品企業大量採購他們的產品是一件值得感激的事。不過，食品業經常低價收購原物料，從中獨占利益，因此引發衝突。

食品工業的代表——製粉業與釀造業

麵粉是麵包和麵條的材料，也是全球重要的主食之一。因此，製粉業在食品工業中占有代表性的地位。製粉工廠重視原料區位，工廠會設置在原料產地，或是設廠在港口旁，使用進口小麥製粉，例如日本大規模的製粉工廠都位在臨海地區。全球主要麵粉生產國依序為美國、土耳其及俄羅斯。

至於釀酒業，人口眾多的中國及美國是啤酒生產量最高的國家。而葡萄酒大多以傳統釀造法生產，所以產量由葡萄生產興盛的義大利、西班牙及法國占據前三名。

241

常見的生活用品都來自輕工業

仰賴木材為原料的紙業

紙的生產過程由一系列工序組成，這些工序統稱紙漿工業及造紙業，屬於輕工業。**紙漿工業**從植物中分離出紙漿纖維，而**造紙業**則將紙漿纖維加工製成紙張。

紙漿工業著重原料區位，大多位在木材產地或是港口。全球紙漿生產大國主要是森林資源豐富的國家，產量由高到低分別是美國、巴西、中國、加拿大、瑞典和芬蘭。而紙張生產量由中國居冠，接著是美國跟日本。造紙業需要大量的工業用水，因此又稱為「**用水導向型區位**」的工業。

出版、印刷業大多位在大都市

出版跟印刷業就是印刷與出版雜誌、報紙等出版品的工業。這些產業重視市場區位，主要設在容易搜集資訊，消費者也多的國家首都或大城市周邊，例如東京、巴黎、紐約及倫敦等城市。

水泥業及窯業

以泥土為材料，製造水泥、陶瓷器、紅磚與玻璃的產業，稱為**水泥業及窯業。水泥的原料是石灰石，產品重量遠低於原料重量，屬於原料區位工業。**另外，玻璃工業則是為了減少運輸時產品破裂的風險，多位在市場附近。

工廠龐大、產品多樣的石化工業

石油除了做為燃料，也是塑膠的原料

石油除了可以製成重油、輕油、煤油、汽油等「燃料」，還有其他的用途。**石油化學工業就是利用石油、天然氣為原料，製成塑膠、化學纖維及肥料等化學製品的產業。**原油首先被加熱至蒸汽型態，再凝結成液體，並利用各種成分的凝結溫度不同，進行「分餾」。從分餾產物之一的「輕油」中提煉出各種原料，就能用於製造化學製品。

這些石油的衍生產品種類繁多，包含塑膠、化學纖維、合成橡膠、塗料、染料、黏著劑、肥料、洗潔劑和藥品等等。

以油管相連接的煉油廠

石油化學工業**需要大規模的工廠和設備**，加上原料是液體及氣體，從引進原油到生產產品都需要油管，因此相關工廠通常集中在1個地區，形成工廠之間以油管相連的**煉油廠**。石油是大規模的進出口資源，所以石油化學工廠大多設在臨海地帶。

中國和美國都是石油化學製品的生產大國。日本的主要煉油廠在臨海地區，尤其**集中在關東南部到九州北部的相連區域**，稱為「**太平洋帶**」。但是，日本的原油和天然氣幾乎完全仰賴進口，設備也較為老舊，相較於逐步建設大規模生產設備的中國，以及世界最大產油國美國，競爭力望塵莫及。因此日本轉換目標，專注於生

第1章 地圖與地理資訊

第2章 地形

第3章 氣候

第4章 農林漁牧業

第5章 能源與礦產資源

第6章 工業

第7章 物流與消費

第8章 人口與鄉村、都市

第9章 衣食住、語言與宗教

第10章 國家

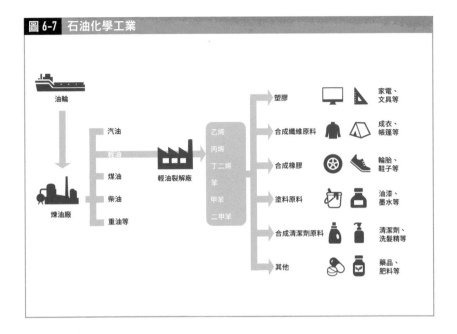

圖 6-7　石油化學工業

產高功能纖維、新材料、化妝品及藥品等附加價值高的產品。

藥品製造也離不開石化工業

　　聽到「藥品」屬於石化業的產品之一，也許有些人會感到奇怪。不過，其實有很高比例的藥品，是從石化原料合成而來的（人們研究自古使用的天然藥品成分，再從石油提煉的原料中，合成相同成分的藥物）。

　　生產藥品需要深厚的知識和技術，所以**在擁有悠久製藥傳統的歐洲，藥品工業非常發達**（藥品附加價值高，所以歐洲具有和中、美抗衡的競爭力）。在德國、法國跟英國的出口品項中，藥品都位居第三名，僅次於機械產品跟汽車。

鐵：全球工業不可或缺的重要資源

第1章 地圖資訊與地理

第2章 地形

第3章 氣候

第4章 農林漁牧業

第5章 礦能源與產源

第6章 工業

第7章 物流與消費

第8章 人口與鄉村、都市

第9章 衣食住、語言與宗教

第10章 國家

 ## 世界上一半的鐵都產自中國

鋼鐵業是利用鐵礦、煤、石灰石等原料煉鐵的產業。不論是建設或是機械工業等各種產業，鐵都是不可或缺的重要資源。

鐵的產量計算的是加工前的鐵（鋼），也就是「粗鋼」的產量。粗鋼經由敲打塑型，就成為各式各樣的工業製品。全球粗鋼生產量最高的國家是中國，產量占世界的55％以上。其次是印度跟日本，但這兩國的產量只有中國的10分之1。

 ## 鐵的主要生產國

製鐵是一門古老的行業，古代就已開始製作鐵製農具、刀具，但是直到英國發生工業革命，製鐵工藝才逐漸發展成「製鐵業」。工業革命前，人們主要以木材作為製鐵的燃料。後來，英國人達比發明燃燒焦碳製鐵的方法，焦碳是煤加工而成（將煤加熱提高碳含量製成燃料），因此煤成為生產鐵時不可缺少的原料。

鋼鐵業首先發展於英國，到了20世紀初，德國與美國積極開發煤田和鐵礦，成為生產鋼鐵的核心地區。第二次世界大戰後，以發展重工業為國家目標的蘇聯，以及進入高度經濟成長期的日本，都開始發展鋼鐵業。從蘇聯垮台到1990年代後半，日本成為世界最大的鋼鐵生產國。不過，近年來中國的鋼鐵產量大幅成長，印度也在推動工業化的同時擴大鋼鐵生產。而日本國內雖然因為少子高

齡化和景氣蕭條，導致鋼鐵需求量減少，但是對新興國家的出口量有所長，目前僅次於中國之後，是世界第2大鐵出口國。

原料笨重且仰賴進口，煉鐵廠大多位在港口

鐵的**主要原料是鐵礦跟煤等笨重的礦石，所以鋼鐵廠大多以原料區位優先。**歐美地區的鋼鐵業也是從煤田及鐵礦脈周邊發展起來的，如德國魯爾區及美國**五大湖周邊**。

但是，隨著能源技術發展提高煤的使用效率，以及運礦船和港灣設施逐漸完備，**「與其自己開採鐵礦，不如從大量生產這些原料的國家進口，成本比較低」的想法成為主流，現在鋼鐵業的工業區位也轉向交通區位，主要將工廠建設在港口周邊。**

圖 6-8　歐洲鋼鐵業中心的演變

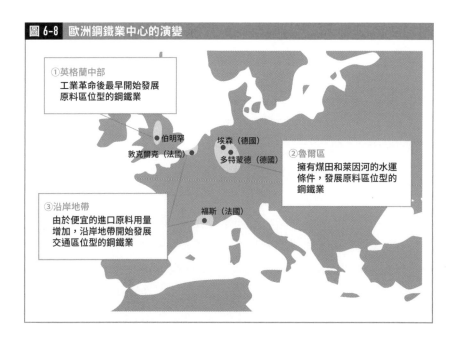

①英格蘭中部
工業革命後最早開始發展原料區位型的鋼鐵業

伯明罕
敦克爾克（法國）
埃森（德國）
多特蒙德（德國）

②魯爾區
擁有煤田和萊因河的水運條件，發展原料區位型的鋼鐵業

③沿岸地帶
由於便宜的進口原料用量增加，沿岸地帶開始發展交通區位型的鋼鐵業

福斯（法國）

鋁:用途廣泛但耗電量大的雙面刃

第1章 地圖資訊與地理

第2章 地形

第3章 氣候

第4章 農林漁牧業

第5章 能源與礦產資源

第6章 工業

第7章 物流與消費

第8章 人口與鄉村、都市

第9章 衣食住與語言與宗教

第10章 國家

集眾多優點於一身的鋁

在第5章的鋁土礦一節中介紹過,**鋁導熱快速也容易導電**,且具有質量輕而且不易生鏽的特性(鋁的表面會形成氧化膜,防止內部生鏽,所以也可以說「鋁的表面本來就是生鏽狀態,因此內部不易鏽蝕」)。

尤其,鋁的輕量感是一大優點,因此它經常用於製作飛機及汽車的零件,以及掛在鐵塔之間的高壓電線(電線越輕,對鐵塔的負荷越小,可以降低保養檢查的成本)。現在,鋁和鐵已並列為最重要的金屬材料。

「能源殺手」鋁工業

鋁材的主要原料是**鋁土礦**,4噸鋁土礦可以生產大約1噸的鋁材。不過,生產鋁材的過程中必須耗費大量電力進行電解,因此**鋁工業興盛的大多是電力便宜的國家**。鋁的主要生產國依序是中國、印度、俄羅斯、加拿大、阿拉伯聯合大公國、澳洲、挪威、巴林等煤礦開採國和產油國,以及採取水力發電的國家。

日本的鋁產量曾有一段時期位居世界第3名,但是石油危機導致電費高漲,鋁工廠相繼倒閉,現在日本已經沒有鋁精煉廠。

創造便利生活的機械工業

 產品多樣的機械工業

接下來，我們將焦點從金屬工業轉移到機械工業。「機械工業」是一個統稱，而「機械」所指的範圍相當廣泛，可分為一般機械（農業機械、建設機械、工作機械、產業機械等）、電力機械（如家用電器）、運輸用機械（汽車、船舶、飛機等）、精密機械（相機和手錶等），以及軍事武器。

另外，軍事武器產業的完整統計數據較難取得，不過它通常屬於機械製造商中的重要部門（例如美國航空器製造商波音的軍事部門，營業額占公司總營業額的3分之1以上），是許多國家重要的出口產業。

先進國家以機械工業為發展主軸

工業革命以後，人類創造出各式各樣的機械，不過，其實在第二世界大戰前，機械多數用於軍事和工廠內，並未進入一般民眾的生活中。**直到第二次世界大戰後，機械才開始普及於日常生活。**

在1950年代後期的日本，電動洗衣機、電冰箱跟黑白電視逐漸普及，號稱「**家電三神器**」。1960年代，彩色電視、冷氣機及家用車等「**3C**」產品也開始融入生活。這個時代，先進國家紛紛積極生產電力機械，以機械工業為主軸推動經濟發展。

⚙ 從產業空洞化到第四次工業革命

1970年代開始，由於新興國家崛起和石油危機的影響，先進國家的工業生產出現下滑趨勢。**機械工業的生產重心陸續轉移到亞洲四小龍和中國及東南亞各國**。因為組裝電力機械需要大量人力，於是越來越多企業把工廠遷移到工資低廉的國家。

最初，企業將總公司設在母國，在國內生產主要零件，再將零件出口到國外工廠進行組裝，最後逆向進口商品，也就是只在國外進行「組裝」的環節。但是，海外企業漸漸承包下從零件製造到組裝的一系列流程，這導致先進國家機械產業的工作機會減少，「產業空洞化」日益嚴重（話雖如此，在製造機械用的機器，和工業機器人及建設機械上，先進國家的產品還是有廣大需求）。

近年來，人工智慧（AI）、物聯網化（IoT）、機器人技術等新技術逐漸普及，又被稱為「第四次工業革命」。隨著3D列印的應用和無人工廠的發展，傳統工業所重視的「勞動力」和「生產力」等概念，預計將出現巨大的變化。

⚙ 「世界工廠」中國，機械產能領先全球

現在，電視、冰箱等**家電產品，大多都是由「世界工廠」中國所生產**。不只出口量大，在2000年代經濟發展下，中國所得水準升高，國內電器製品的需求量也隨之增加。無論家用電冰箱、吸塵器、家用洗衣機，中國幾乎在所有家電產品的生產數量上都拔得頭籌，大幅領先排行第2名的其他國家。

第1章 地理資訊與地圖

第2章 地形

第3章 氣候

第4章 農林漁牧業

第5章 能源與礦產資源

第6章 工業

第7章 物流與消費

第8章 人口與鄉村、都市

第9章 語言與衣食住、宗教

第10章 國家

國際巨頭主導的汽車工業

汽車零件多、相關產業豐富，形成聚集經濟

　　汽車是現代社會運送人和物品不可或缺的運輸工具。尤其在戰後，隨著世界走向機動化（motorization）社會，汽車普及到每個家庭，如今每家有2到3台車都不足為奇。車子是附加價值高的高價商品，由2到3萬個零件組合而成，需要製造金屬、玻璃、纖維、橡膠、塑膠等材料的企業；製造各種零件的企業；組裝成車輛的企業等，多家企業共同合作。

　　在日本，據說直接和間接與汽車工業相關的從業人員合計約有500萬人。**也就是說，製造與銷售汽車支撐著許多人的生活。另外，汽車零件生產分別由不同國家承包，國際分工的情形很普遍。**

縱觀各國大企業的汽車生產情形

　　汽車誕生於19世紀末的德國。美國於20世紀開始大量生產汽車，到了戰後已躍升汽車生產量的首位。到了1970年代，**發生石油危機，因此油耗低的小型日本車需求量大增。**日本急起直追並超越美國，成為世界首屈一指的汽車生產國。1990年代，日本車商開始在美國生產汽車，美國再度奪回產量的龍頭寶座。不過，在2000年代中期的短短幾年間，日本的油電車和電動車需求升高，日本的產量又回到世界第1名。直到2009年以後，中國的汽車生產量來到世界第1名，並且一直維持到現在。目前，全世界汽車年產

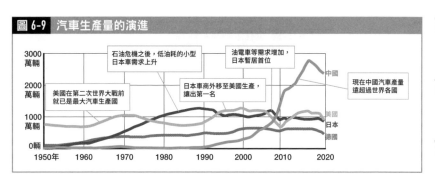

圖 6-9　汽車生產量的演進

- 石油危機之後，低油耗的小型日本車需求上升
- 油電車等需求增加，日本暫居首位
- 美國在第二次世界大戰前就已是最大汽車生產國
- 日本車商外移至美國生產，讓出第一名
- 現在中國汽車產量遠超過世界各國

3000萬輛
2000萬輛
1000萬輛
0輛

1950年　1960　1970　1980　1990　2000　2010　2020

中國
美國
日本
德國

第1章 地理資訊與地圖
第2章 地形
第3章 氣候
第4章 農林漁牧業
第5章 能源與礦產資源
第6章 工業
第7章 物流與消費
第8章 人口與鄉村、都市
第9章 衣食住、語言與宗教
第10章 國家

量約為7500萬輛，其中中國生產的汽車占30%以上。

　　就國家來看，汽車產量最高的是中國，而就企業來說，產量最高的都是國際知名的大型企業。光是總公司設在日本的「豐田汽車」、德國的「福斯集團」、法國與日本企業合作的「雷諾－日產－三菱聯盟」、美國的「通用汽車」、韓國的「現代汽車」、由義大利的飛雅特、美國的克萊斯勒、法國的寶獅等企業合併而成的「斯泰蘭蒂斯」，以及美國「福特汽車」等七家汽車製造商，一年合計就銷售了約5000萬輛汽車。

　　這些企業幾乎都是歐美和日本品牌，乍看之下似乎與中國產量位居首位的事實有所矛盾。這是因為許多中國企業主要是與豐田等汽車公司合作，生產他國的品牌車。中國為了保護本土產業，對外國製造的汽車課徵高額關稅以限制進口量，所以外國車商為了在中國賣車，一般都會與中國企業合作，在中國境內製造（例如「中國第一汽車集團」就為豐田、福斯、馬自達等多家製造商生產汽車）。這既增加了「大型汽車製造商的銷售量」，也造就「中國汽車生產數量」的攀升。

海運與國防
都少不了造船業

 ## 產業歷史悠久的造船大國：日本

　　造船業與汽車工業一樣，需要許多材料和零件。由於開發中國家的經濟崛起，貨船的需求逐年增加，全球造船市場也不斷擴大。

　　日本身為島國，環境適合發展造船業，不論在第二次世界大戰前後，一直都是代表性的造船國。直到第二次世界大戰前，造船業一直都是日本軍事產業發展的一環。雖然戰後的生產量暫時下降，但是隨著戰後復興，船隻生產量回升，日本在1956年超越英國，成為世界最大的造船國，直到進入2000年代前都維持這個地位，造船業就相當於日本的「祖傳家業」。現在，日本依然是占全球市場20%以上的造船大國。

 ## 急起直追的韓國與中國造船業

　　韓國的造船業發展速度緊追在日本之後。1970年代，韓國開始大力發展造船業，計劃透過出口船隻來獲取利潤。韓國財閥集團在國內東南部的**蔚山**建設大規模造船廠，到了2000年左右，韓國已經超越日本，成為世界最大造船國。

　　但是到2000年代後期，中國急起直追，超越韓國成為世界最大造船國。目前全球主要造船國依序為中國、韓國及日本，這3國的造船量占全世界的93%（出口額也由這3國位居前列）。

航太產業是先進科技的聚集地

第1章 地理資訊與地圖

第2章 地形

第3章 氣候

第4章 農林漁牧業

第5章 礦產源與資源

第6章 工業

第7章 物流與消費

第8章 人口與鄉村、都市

第9章 衣食住語言與宗教

第10章 國家

仰賴國際分工的飛機製造業

生產飛機的飛機製造業，跟汽車與造船業一樣需要大量的零件和材料。**由於它是飛行在空中的交通工具，零件必須具備精密性、輕量化和高耐久性，因此需要最先進的技術。**

大型飛機的生產幾乎是由美國波音公司跟歐洲的空中巴士兩家集團寡占市場（少數企業壟斷市場稱為「寡占」）。而小型飛機的生產商除了這2家公司之外，還有加拿大的龐巴迪公司和巴西的巴西航空工業公司等。

波音公司跟空中巴士都是高度國際分工的公司。波音在美國西海岸的西雅圖近郊和東海岸的北卡羅萊納州都有巨型的組裝工廠，零件則是來自法國、義大利、澳洲、韓國及日本等地（波音公司的主要機種——噴射客機B787，主翼由日本三菱重工製造）。

歐洲國家為了對抗波音等美國企業的壟斷，由法國與當時的西德企業合資設立了空中巴士公司，從成立之初就推動國際分工體制，由歐盟各國和英國製造零件，運送到法國南部城市**土魯斯**進行組裝。

太空產業從國營轉向民營化

太空產業主要製造火箭或人造衛星，原本是以軍事、科學研究為主的國營事業之一，不過現在已經**漸漸開放商業化，轉由民營企業發展**（如美國的SpaceX公司）。

產學合作，打造繁榮的先進技術產業

 ## 樣貌豐富的先進技術產業

　　「先進技術產業」並沒有明確的界定範圍。通常，先進技術產業指的是電子技術、資訊通訊技術、新材料、生物科技及奈米科技等產業的統稱。

 ## 美國是先進技術產業的集中地

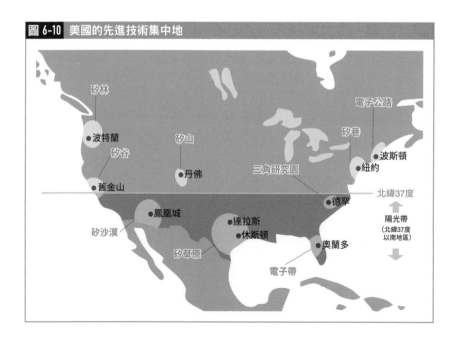

圖 6-10 美國的先進技術集中地

矽林

電子公路

波特蘭

矽山

矽巷

矽谷

丹佛

波斯頓

三角研究園

紐約

舊金山

北緯37度

鳳凰城

德罕

陽光帶
（北緯37度以南地區）

矽沙漠

達拉斯

休斯頓

奧蘭多

矽草原

電子帶

開發新技術**最重要的是投入研究開發費，以及與大學等教育機構和民間企業合作，也就是所謂的「產學合作」**。目前，美國投入全世界最高的研究開發費用，致力於先進技術發展。

美國北緯37度以南的地區稱為「陽光帶」，過去曾是工業生產落後的地區，隨著人口增加，先進技術產業蓬勃興起，現已經成為美國工業的重心。而加州的「矽谷」是英特爾、谷歌、蘋果等知名企業總公司的所在，其他還有德克薩斯州的「矽草原」、佛羅里達州的「電子帶」等，都成為先進技術產業的集中地。

另一方面，中國的先進技術產業產值也不斷成長。現在，全球95％以上的筆記型電腦、80％以上的智慧型手機、75％以上的平板電腦都是在中國組裝。如果檢視iPhone與iPad的產地，會發現包裝上寫著「加州設計，中國製造」的字樣，由此可知它們是在中國組裝生產的。

軟體產業是印度的強項

軟體產業是先進技術產業的一環，少了軟體，就算擁有電腦或手機等機器也無法使用。**印度**在軟體產業的發展歷史十分悠久，因為過去曾是英國屬地，使用英語的人才多，再加上數理科目的教育完善，印度成為歐美軟體企業業務外包的首選。此外，**印度與美國、歐洲各國之間有時差，歐美國家的企業總部在深夜時，印度能接著進行工作，是一大優勢。**

印度的軟體產業和通信技術（ICT）產業集中在南部，其中，邦加羅爾市（Bangaluru）更被譽為「印度矽谷」。

第1章 地理資訊與地圖

第2章 地形

第3章 氣候

第4章 農林漁牧業

第5章 礦產資源與能源

第6章 工業

第7章 物流與消費

第8章 人口與鄉村、都市

第9章 衣食住、語言與宗教

第10章 國家

「酷日本戰略」：動漫、遊戲成國家戰略產業

 內容產業需求飆升

　　內容產業是指「製作與流通影像、音樂、遊戲、書籍等內容的產業」。可以說，內容產業是為了充實人們的休閒時光而產生的產業，因此，隨著開發中國家的生活水準上升，國民的休閒時間增加，全世界對內容的需求也不斷擴大。

　　以「寶可夢」等動漫為代表的日本動畫與遊戲產業在海外享有高度評價，對日本來說是極具潛力的出口產業之一。造訪日本的外國觀光客，在內容相關商品上的消費也逐漸成長。因此，**日本政府將內容產業定位為與日本美食地位相當的資源，以目標為提升日本品牌力的「酷日本戰略」為中心，致力促進相關發展。**

日本的內容產業受到小規模企業的支持

　　不過，關於日本的內容產業整體是否「賺錢」？答案是否定的，其中還存在許多困難的課題。例如，與擁有網飛（Netflix）、亞馬遜Prime等串流服務及好萊塢電影產業的美國相比，日本的內容市場規模並不大。即使日本動畫透過網飛流通全球，部分收益仍會流向網飛所在的美國。

　　此外，**日本內容產業的主要由資金規模較小的小型企業支撐，這些企業往往仰賴低工資的勞動密集型工作方式**，這也是問題之一。在推廣本土內容至海外市場，以及提供資金籌措管道等方面，日本政府必須發揮更大的作用。

第 7 章

物流與消費

第7章 物流與消費 大綱

交通與物流
串連世界各國

　　第7章要談一談交通、貿易、觀光業與商業，也就是「第三級產業」。

　　汽車、火車、船隻、飛機等交通工具各有各的特色，例如開車移動雖然方便，但容易遇上塞車等狀況，具有移動時間不確定的缺點。而船隻的優點在於只須低廉成本就能運送大量貨物，但是運輸曠日廢時。因為運輸工具的特性各不相同，各國及各地的交通工具使用比例也有所差異。

　　此外，貿易和國際分工已是現代不可或缺的重要角色。本章也將解說自由貿易、保護貿易等不同的貿易政策。

　　至於觀光業，則與各國的休閒習慣有緊密的關係，尤其在歐洲有休長假的文化，歐洲居民經常在南歐長期度假，進行定點觀光。

　　在商業方面，可以分成零售業和批發業，我們會從百貨公司、超級市場、便利商店等不同通路形態，了解零售批發業的特徵。

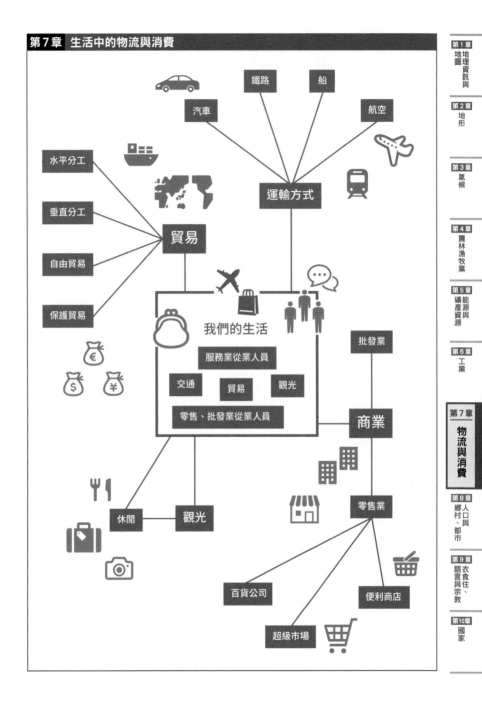

第1章　地圖資訊與地理

第2章　地形

第3章　氣候

第4章　農林漁牧業

第5章　能源與資源

第6章　工業

第7章　物流與消費

第8章　人口與鄉村、都市

第9章　衣食住、語言與宗教

第10章　國家

優點各有不同的交通工具

 交通工具① 汽車

　　汽車可說是目前最廣泛使用的交通工具。**汽車最大的優點是機動性高，能直接前往任何地點。**例如運送貨物時，汽車可以直接送達目的地，但火車只能運行在設有鐵路的範圍，船跟飛機也都少不了港口與機場，在便利性上遜於汽車。

　　不過，汽車也有缺點，例如**無法像火車及船隻一樣一次運送大量貨物，而且一旦遇到塞車就無法準時到達目的地。**隨著國家經濟發展，各國的人均汽車擁有數量增加，汽車逐漸普及於日常生活中，全球走向**機動化社會**。

 交通工具② 鐵路

　　雖然設置鐵軌跟車站等**鐵路**設施需要龐大的費用，但是鐵路系統結合貨車，就**能夠一次運送大量貨物**。此外，鐵路在相同運輸量之下的能源消耗量較汽車小，所以**運送同樣重量的貨物，鐵路的成本較低**。而且鐵路不受塞車影響，能夠準時抵達目的地也是優點之一。不過，鐵路無法直達家門口，不如汽車方便，因此使用比例逐年下滑。

　　近年來環保意識抬頭，鐵路因為能源消耗量低且對環境的負擔少，因此重新受到重視。例如各國政府為了緩解交通阻塞與減少廢氣排放，紛紛在都心增設機動性高的輕軌電車路線。

第1章
地理資訊與
圖

第2章
地形

第3章
氣候

第4章
農林漁牧業

第5章
礦產資源與源

第6章
工業

第7章
物流與消費

第8章
人口與鄉村、都市

第9章
衣食住、語言與宗教

第10章
國家

✈️🛍️ 交通工具③ 船

　　船運的速度雖然比其他交通工具慢，但是**運輸成本低且能運送大量貨物**。跨海貿易通常使用船隻或飛機，但考量到運送成本，船舶成為主要的貿易運輸工具。

　　擁有最多船舶的國家依序為巴拿馬、利比亞及馬紹爾群島。這些國家聽起來或許有些陌生，不過**由於它們對船隻課徵低稅率，世界各地的公司經常「在形式上」將擁有的船隻在這些國家註冊**（這稱為**權宜船籍國**）。此外，在歐洲的大河流域，河道流速平緩且寬廣，因此內陸船舶交通也很發達。

✈️🛍️ 交通工具④ 飛機

　　飛機是一種不受地形影響，能高速進行長距離移動的交通工具。但是，飛機不適合大量運輸，而且運輸成本較高。

　　航空運輸必須設置機場，其中有些大型機場就成為地區航空網絡的中心，這類機場稱為**樞紐機場**。樞紐機場之間通常需要大型飛機連接，而其他地方機場則以小型飛機連結，這種方式稱做**軸輻式系統**。

　　相對地，各地機場直接透過航線連接的方式叫做「**點對點系**

圖 7-1　物流與消費

軸輻式系統

地方機場

樞紐機場

使用小型飛機從地方機場運送旅客到樞紐機場，再使用大型飛機在樞紐機場之間進行輸送（形狀像自行車的車軸和「輪輻」）
→長距離航線成本降低，但需要轉乘

點對點系統

機場與機場之間透過許多航線直接連接
→省去轉乘的麻煩，但是需要多架油耗低的飛機
（現在油耗低的中、小型飛機增加，未來將繼續增編）

統」。這兩種方式各有優缺點，實際的航空網絡通常是兩者結合的形式。

✈🛍 各國的交通工具使用比例

圖7－2呈現的是日本、美國與西歐各國（圖表為英國、法國、德國的平均值）國內交通工具使用比例。日本的鐵路網密集且完善，即使進入機動化社會，**通勤與上學的人們利用鐵路的比例依然很高**。此外，日本是島國，而日本的內海──瀨戶內海就如同國內大型的「運輸航道」，因此**船運也占貨物運輸中很高的比例。**美國的汽車社會發達，交通主要依賴汽車。不過，由於國土廣闊，**鐵路也占貨物運輸中很高的比例。**相較之下，西歐各國使用鐵路的比例高於美國。

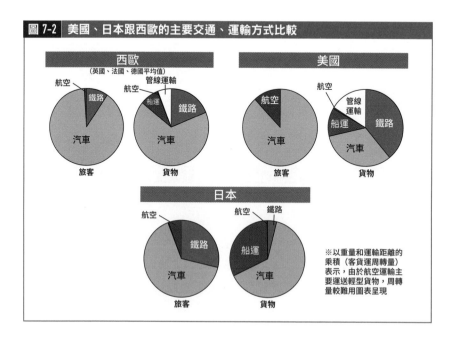

圖 7-2　美國、日本跟西歐的主要交通、運輸方式比較

自由貿易與保護貿易

第1章 地圖資訊與

第2章 地形

第3章 氣候

第4章 農林漁牧業

第5章 礦產能源與資源

第6章 工業

第7章 物流與消費

第8章 人口與鄉村、都市

第9章 語言衣食住、與宗教

第10章 國家

✈🛍 「貿易」不只是以物易物

觀察周遭，會發現不少物品都是在外國生產的。在工業的章節也討論過，我們隨身攜帶的手機大半都是在中國製造的，而我們身上穿的衣服、吃的食物等產品都是從海外進口的。

說到貿易商品時，大家通常會聯想到有形的物品，但貿易其實不僅限於物品，還包含跨越國境的金融貿易、旅行，以及各種影音文化產品。服務也是貿易商品之一，這種貿易稱為**服務貿易**。

✈🛍 歐盟域內貿易占比高

世界各國按貿易額依序是中國、美國、德國及日本（接著是歐洲各國及韓國）。雖然貿易額會依據匯率而變動，但是在前三名的國家之中，中國與德國大致上都是出口額大於進口額，而美國則是進口額超過出口額。不過，2020年新冠肺炎疫情與2022年俄羅斯侵略烏克蘭，都使國際貿易情況相當不穩定。

另外，歐盟各國則是組成盟國彼此進行國際分工，**成員國之間的貿易（內部貿易）額占總貿易額相當高的比例**（歐盟內的跨國購物也算是「內部貿易」，都是使用歐元這個共通貨幣，也是歐盟內部貿易額高的原因）。歐盟的總貿易額有65%以上來自內部貿易。

此外，在1970年代以前，**先進國家主要出口工業製品，而開**

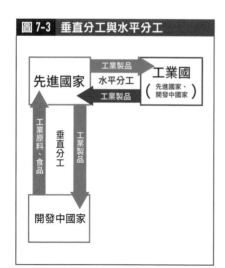

圖 7-3　垂直分工與水平分工

先進國家

工業製品
水平分工
工業製品

工業國
（先進國家、
開發中國家）

工業原料、食品
垂直分工
工業製品

開發中國家

發中國家則出口工業原料、燃料和食品，稱為「垂直分工」。

但是，自1980年代開始，開發中國家開始工業化，**先進國家與開發中國家也開始互相進出口工業製品**，這種分工方式叫做「**水平分工**」。

✈🛍 全球貿易量逐年增加, 與「自由貿易」有關

隨著全球化的進展，世界貿易量正在年年攀升。而**自由貿易**擴大到全世界，是全球貿易量擴大的原因之一。

例如，假設有一個國家擅長農業，但工業落後，而另一國家則正好相反，那麼工業進步的國家與其投入高昂成本，發展不擅長的農業，不如從農業國進口低價農作物，同時出口工業產品，這麼做更有效率。

這種各國分別專注於擅長領域的國際分工方式，必須建立在自由貿易的基礎上。隨著自由貿易推進，**在國際分工之下，每個人都能以更低的價格獲得商品，國與國之間的關係也在「互利合作」下更加密切。**

✈🛍 「保護貿易」守護本國產業，但恐影響國際關係

然而，**自由貿易擴大也造成某些人或國家損失。**當一個國家不

第1章 地理資訊與 地圖

第2章 地形

第3章 氣候

第4章 農林漁牧業

第5章 能源與 礦產資源

第6章 工業

第7章 物流與消費

第8章 人口與 鄉村、都市

第9章 衣食住、語言與宗教

第10章 國家

斷進口便宜的工業製品，本國的產品銷量就會下降，造成工廠倒閉。此外，在自由貿易的環境下，條件不利的國家可能必須與具有優勢的國家站上同樣的競技場上一同競爭。

為了保護本國產業，某些國家會採取**保護貿易**政策。**具體而言包括增加關稅以提高進口產品價格，藉此降低國人購買進口產品的意願，或是限制進口量。**保護貿易政策實質上意味著抵制來自某國的特定或所有產品，這會導致**全世界的經濟停滯，甚至造成國際關係緊張。**

近年來，美國為了保護本國勞工，提高中國製品的關稅，於是中國也實施「報復性關稅」與之抗衡，兩國關係因此惡化。過去的世界經濟大蕭條期間，各國也曾採取貿易保護政策，這被認為是第二次世界大戰爆發的原因之一。

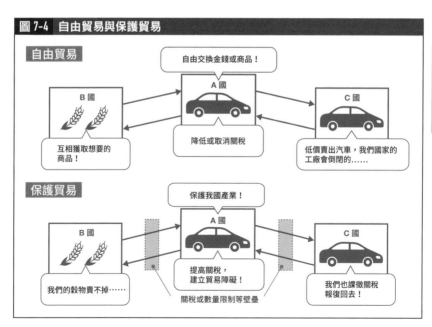

圖 7-4 自由貿易與保護貿易

自由貿易

自由交換金錢或商品！

B 國

A 國

C 國

互相獲取想要的商品！

降低或取消關稅

低價賣出汽車，我們國家的工廠會倒閉的⋯⋯

保護貿易

保護我國產業！

B 國

A 國

C 國

我們的穀物賣不掉⋯⋯

提高關稅，建立貿易障礙！

關稅或數量限制等壁壘

我們也課徵關稅報復回去！

世界貿易組織：實現自由貿易的「調解員」

許多國家陷於兩難的處境，一方面認同自由貿易有助於發展國際分工，增強國與國之間的聯繫，為世界帶來更多利益；另一方面，又想避免本國產業在競爭中輸給外國產品，導致勞工失業。

因此，**各國之間需要一個全球性機構，調解各國的情況與立場，以利推動全球自由貿易**，而扮演這個角色的正是**世界貿易組織**（**WTO**，以下稱**WTO**）。世界貿易組織不只涉及商品貿易，也包含服務貿易領域，透過協調各國降低或撤除關稅，促進全球貿易的順利進行。

 ## 區域貿易促進全球貿易發展

但是，**WTO也有一個無解的難題，那就是「會議經常難以取得共識」**。儘管WTO成員國涵蓋全球8成以上的國家，但是決策過程依然仰賴「全體一致」的原則。由於成員眾多，協調解各國利益時，**很容易出現「顧此失彼」的情況，難以達成共識。**

因此，部分國家選擇透過小規模的協議推動自由貿易，例如商定「在聯盟內採取自由貿易」或「針對某些商品進行自由貿易」，這就是**自由貿易協定（FTA）**。

除了貿易之外，還有內容包含**統一投資規範、智慧財產權的交易，目的是促進整體經濟合作關係的協定**，稱為**經濟夥伴協定（EPA）**。日本在2002年與新加坡簽訂EPA，此後也陸續與其他國家簽訂相關協定。

度假文化帶動觀光需求

第1章 地圖資訊與地理

第2章 地形

第3章 氣候

第4章 農林漁牧業

第5章 礦產資源與能源

第6章 工業

第7章 物流與消費

第8章 人口與都市、鄉村

第9章 衣食住、語言與宗教

第10章 國家

✈️ 🛍️ 統計數據中難以發現的「義務加班」現象

　　日本的工作文化經常被批評是「工作過度」，甚至有些人將長時間工作視為日本社會的特徵，但是從統計數字上來看卻有所矛盾。目前日本勞工每年的平均實際工作時間為1600小時左右，雖然超過全年工時約1400小時的法國跟工時不到1350小時的德國，不過卻低於韓國的1900小時及美國的1750小時，也低於經濟合暨發展組織（OECD）的平均值。

　　這是因為日本存在大量未反映在統計數據中的「義務加班」，且**有薪假使用率低、無法自由休假，顯示日本的勞動自由度低落。**此外，許多非正式雇員只能從事低薪且工時短的工作（即使他們願意增加工時），這也導致表面上的平均勞動時間下降。

✈️ 🛍️ 歐洲觀光客齊聚地中海沿岸國家

　　前面提過，西歐各國的勞動時間總體來說較短。原因之一是歐洲人有在夏季休長假（也就是度假）的習慣，而度過長假最典型的方式之一就是觀光。

　　歐洲的典型度假方式，是阿爾卑斯山脈以北的國家，如英國和德國的居民，會前往氣候溫暖的地中海沿岸國家長期觀光。**德國跟英國等國家，因為大量國民出境旅遊，導致觀光收入呈現赤字，而接待觀光客的法國、西班牙、葡萄牙及希臘，觀光收入則是盈餘狀**

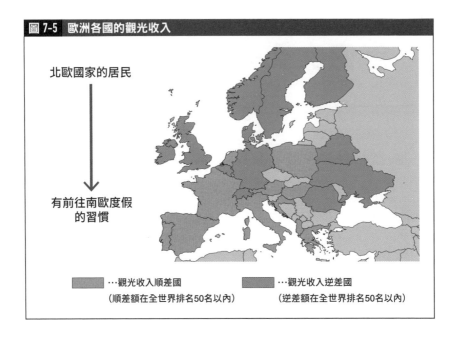

圖 7-5　歐洲各國的觀光收入

北歐國家的居民

有前往南歐度假
的習慣

▓▓▓ …觀光收入順差國　　　　　▓▓▓ …觀光收入逆差國
（順差額在全世界排名50名以內）　　　（逆差額在全世界排名50名以內）

態。如果看歐洲以外的國家，美國、澳洲及泰國都是觀光收入順差
的國家，日本也積極招攬外國觀光客，從2012年起降低簽證申請
門檻，外國觀光客數量因此增加，自2015年以後，日本的外籍觀
光客人數更是節節攀升。

多樣化的觀光形態

代表性的觀光形態，不外乎接觸地方歷史和文化，或到主題公
園遊玩等。不過，近年來旅行的形式也趨於多樣化。例如**綠色旅遊**
是透過留宿在農村或山村，體驗務農或與當地人交流，親近該地文
化及自然。而近年興起的**生態旅遊**，則是將地區自然環境及文化保
護納入觀光行程的一部分。

商業是連接生產者與消費者的橋梁

第1章 地理資訊與地圖

第2章 地形

第3章 氣候

第4章 農林漁牧業

第5章 礦產資源與能源

第6章 工業

第7章 物流與消費

第8章 鄉村與都市、人口

第9章 衣食住、語言與宗教

第10章 國家

商業的構成：零售業與批發業

商業是連接生產者與消費者的產業，由零售業與批發業組成。零售業直接將商品販賣給消費者，而批發業則是將商品販賣給零售商（也就是「中間商」的角色）。

直接接觸消費者的零售業

我們平常購物時前往的商店及百貨店，都屬於零售業。零售業的通路型態主要有百貨公司、超級市場、便利商店、專門量販店及專賣店等類型。

百貨公司主要透過接待顧客，面對面銷售高級商品。根據日本經濟產業省的統計定義，百貨公司賣場必須有50%以上的銷售空間用於進行面對面銷售。因此，在百貨公司購物時，通常是顧客看中

圖 7-6 商品銷售額概覽（日本）

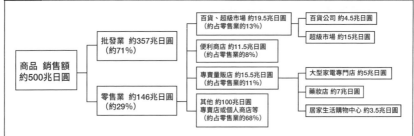

- 商品 銷售額 約500兆日圓
  - 批發業 約357兆日圓（約71%）
  - 零售業 約146兆日圓（約29%）
    - 百貨、超級市場 約19.5兆日圓（約占零售業的13%）
      - 百貨公司 約4.5兆日圓
      - 超級市場 約15兆日圓
    - 便利商店 約11.5兆日圓（約占零售業的8%）
    - 專賣量販店 約15.5兆日圓（約占零售業的11%）
      - 大型家電專門店 約5兆日圓
      - 藥妝店 約7兆日圓
      - 居家生活購物中心 約3.5兆日圓
    - 其他 約100兆日圓 專賣店或個人商店等（約占零售業的68%）

想要的商品後，店員前來服務並完成交易。**百貨公司大多設在大型車站前**，從前是零售業的「明星」。然而，隨著汽車普及，位在郊區的大賣場或購物商城跟著興起，**日本百貨公司的營業額自1990年代以後就一路下滑。**

超級市場以自助服務為主

與百貨公司不同，**超級市場**採取自助服務為主，賣場面積超過50％以上是自助服務區域（自助服務是指客戶自行選擇商品並拿到櫃檯結帳的服務方式）。超級市場又分為販售食材、成衣、日用品的大賣場，和專門經營特定商品類型的專門超市。

街頭巷尾都有的便利商店

便利商店是自助服務式的小型商店，主要提供飲料跟食品，通常每天營業14小時以上，許多便利商店則是全年無休。

除了飲食產品，便利商店也提供宅配貨品收發、公共費用繳費、影印服務和銀行ATM等五花八門的服務。由於這些便利的服務，自1990年代以來，便利商店的營業額急速增加。

由於便利商店的店面較小，沒有足夠保管庫存的倉庫空間，**必須建立隨時管理庫存的系統，持續從配送中心出車補充庫存**。於是，**銷售時點情報系統（POS）**受到廣泛應用，用來統計銷售商品的數據。

另外，我們經常看到同樣品牌的連鎖便利商店**在同1個區域集中展店，這就是所謂的「占優策略」**。採用這個策略可以提高配送效率，更能提升品牌在該地區的知名度（因為每一家店面都有如品牌的「廣告招牌」）。

第1章
地圖資訊與

第2章
地形

第3章
氣候

第4章
農林漁牧業

第5章
礦能產源與資源

第6章
工業

第7章
物流與消費

第8章
鄉村、都市與人口

第9章
衣食住與宗教語言

第10章
國家

銷售額占比最高的「專賣店」

此外，零售業中還有一種類型是專賣量販店，例如家電量販店、藥妝店跟居家生活購物中心就屬於這一類。這些零售店主要販賣電器、藥妝或居家生活產品，但也銷售其他類型廣泛的商品。

除了專賣量販店，市面上還有很多種「專賣店」，例如個人經營的蔬果店、汽車銷售店及加油站等，這類商店在分類上則屬於「其他」類別。如果實際統計店鋪數量，會發現歸類於「其他」類別的商店占絕大多數，銷售額也以這個類別占比最高。

此外，**在大都市的郊區或主要幹道沿線，常見結合超級市場及許多專賣店所形成的複合式大型購物中心。**這些購物中心通常擁有廣闊的停車場，以及電影院和美食街等吸引大量顧客的設施。

社會變化改變零售業的樣貌

機動化和資訊化社會的進展，也大幅影響零售業的樣貌。

隨著汽車普及，人們漸漸習慣開車前往郊外的大型商店或購物中心購物。因為有了汽車，即使採購大量商品也能輕鬆載回家，這促進了大量生產和大量消費的蓬勃發展。相對地，**車站前的商店街因為不再吸引人群而逐漸衰退，倒閉的商店紛紛拉下鐵門，形成「鐵門街」的景象。**

此外，由於資訊化社會的成熟，消費者利用網路購物（電子商務）的頻率增加，無店面的零售業形態也越來越普遍。

批發業主要位於交通便利的核心城市

我們在零售店購買的商品，是經過生產業者到零售業者等許多

人的手，才送達我們手中。其實，在消費者看不到的地方，有各種批發業者將商品流通到全國各地。因此，**從商業的整體銷售額來看，批發業的銷售額是零售業的兩倍以上，金額約占70%。**

批發業的功能是向各地的生產者進貨，再將商品販賣給眾多零售業者，因此**區位大多設在擁有地區交通樞紐，而且資訊匯聚的核心都市。**如果以日本的批發業與零售業作比較，北海道、宮城縣、廣島縣、福岡縣等地雖然人口較少，卻是該區域的核心城市，批發業的銷售額相對於人口來說也比較高。而與生活密不可分的**零售業，銷售額則與人口分布有關，人口越多的地方，銷售額也呈現增加的趨勢。**

圖 7-7　日本全國各都道府縣的零售業、批發業銷售額排名

	批發業營業額	零售業營業額	都道府縣人口
第1	東京都	東京都	東京都
第2	大阪府	大阪府	神奈川縣
第3	愛知縣	神奈川縣	大阪府
第4	福岡縣	愛知縣	愛知縣
第5	神奈川縣	埼玉縣	埼玉縣
第6	北海道	北海道	千葉縣
第7	埼玉縣	千葉縣	兵庫縣
第8	兵庫縣	福岡縣	北海道
第9	廣島縣	兵庫縣	福岡縣
第10	宮城縣	靜岡縣	靜岡縣

區域的核心城市，批發業銷售額較高

地區人口越多，零售業銷售額越高

（ 廣島縣第12名 宮城縣第14名 ）

第 8 章

鄉村、都市與人口

第8章 鄉村、都市與人口 大綱

我們生活的舞台—— 都市與鄉村

　　第8章主要介紹人類的活動，解說的中心將是人口，以及人們聚集的都市或鄉村等聚落。

　　首先，我們要了解人口結構。一般來說，人口結構會從「出生率高、死亡率高」（高穩定階段）轉變成「出生率高、死亡率低」（早期擴張階段），接著演進為「出生率低、死亡率低」（低穩定階段）。這種「人口轉型」的模式可以套用到許多國家的人口發展過程。事實上，目前多數先進國家都已轉型為「出生率低、死亡率低」的階段，人口增加停滯。例如現今的日本，就被稱為「少子高齡化」社會。而這個問題不只出現在日本，也是許多國家面臨的課題。此外，就業和升學所帶來的人口遷移，也對人口的增減有所影響。「人口金字塔」則是由這些人口結構數據繪製而成的圖表，可以用來預測年齡層分布以及將來的人口變化趨勢。

　　緊接著介紹的「聚落」是人們生活的舞台，分為都市和鄉村等類型。鄉村的形態豐富而多樣，有自然形成的鄉村，還有配合自然條件或社會條件而形成的鄉村等。

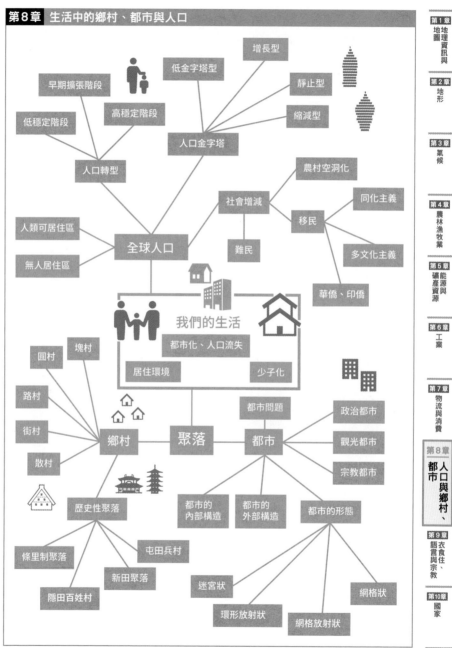

第1章 地圖與地理資訊

第2章 地形

第3章 氣候

第4章 農林漁牧業

第5章 能源與礦產資源

第6章 工業

第7章 物流與消費

第8章 人口與鄉村、都市

第9章 衣食住與語言宗教

第10章 國家

工業革命推動人口劇增

人類積極尋求居住地

地球上約有80億人口，這些人生活在地球的各個角落，但是分布得並不平均。這是因為，人們通常集中在能獲得食物的地方以及氣候宜居的地方。

人類日常居住的地方稱為「**人類可居住區**」，而不能居住的地方稱做「**無人居住區**」。人類為了應付人口的增加和氣候變化，竭盡智慧，一點一滴地將無人居住區開拓為人類可居住區。

工業革命後，人口增加率不斷上升

距今約2000年前，世界人口約為2到4億人，而到了18世紀初期，人口數增加到約6.5億。現在，全球人口已經增長到80億人，這意味著**在過去300年裡，人口快速增加了73億人以上。**

以18世紀英國展開的工業革命為分水嶺，人口急遽增長。隨著工商業的發展（例如交通的進步使糧食流通更加順利），人口增加速度的明顯上升。1800年全球人口約為9億人，1900年約為16億人，1950年約為25億人，而2000年時已增長到61億人。特別是第二次世界大戰後，人口急速增加，稱為「**人口爆炸**」。現在，人口增長的速度稍微減緩，但是根據推測，2050年時全球人口將超過95億人。

人口轉型的不同階段

第1章
地圖資訊與

第2章
地形

第3章
氣候

第4章
農林漁牧業

第5章
礦產能源與

第6章
工業

第7章
物流與消費

第8章
人口與鄉村、都市

第9章
語言與宗教

第10章
國家

自然增加與社會增加

　　國家以及地區的人口增減，可以分為自然增減與社會增減這2個種類。

　　自然增減是**出生與死亡造成的人口增減。**當出生人數超過死亡人數，稱為自然增加；死亡人數超過出生人數，則稱為自然減少。

　　社會增減是指**人口移動所造成的人口變化。**當移入人數超過移出人數，稱為社會增加；反之，當移出人數超過移入人數則稱為社會減少。

　　此外，社會增加人數與總人口數的千分比稱做社會增加率。檢視人口減少的偏遠鄉村地區，通常會發現當地的社會減少遠超過自然減少。

人口轉型的第一階段：高穩定階段

　　自然增加和自然減少的變化現象稱為人口轉型。**人口轉型一般會從「高穩定階段」演變為「早期擴張階段」，然後進入「低穩定階段」。**

　　人口轉型的第一階段是「高穩定階段」，出現在工業革命之前的傳統農業社會，以及現代開發中國家中，還有一些發展較落後的地區。

　　這些時代及地區的醫療技術並不發達，容易受到飢荒和傳染病

277

的影響，導致死亡率較高。為了確保農業社會所需的大量人力，人們必須生育更多子女，因此出生率也較高。

就結果而言，這個階段**雖然出生率高，但是死亡率也很高，因此人口並沒有大量的增長。**隨著基本的醫療保障逐漸普及，在現代，全國人口增長仍處於高穩定階段的國家已經非常少見。

人口轉型的第二階段：早期擴張階段

第二階段是「**早期擴張階段**」。**隨著都市化和工業化的發展，衛生和醫療水準提升，死亡率因而下降。**另一方面，出生率同樣因為衛生跟醫療進步而維持在高點（醫療水準上升之後，嬰兒夭折的機會減少，這也成為人口增加的主因）。這造成**「死亡率降低，且出生率依然很高」**的狀態，人口進入迅速增加的「**人口爆炸**」期。

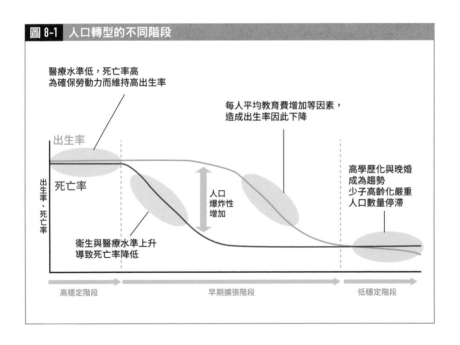

圖 8-1 人口轉型的不同階段

不過，**隨著時間推移，出生率開始逐漸下滑。**這是因為醫療進步，更多的小孩長大成人，父母不再需要「多生孩子以預防小孩夭折」。相對地，父母開始投入大筆教育費在每個小孩身上，期望他們成為生產力高的勞動力。此外，女性的社會地位提升，也是出生率下滑的一大主因。

🏠 人口轉型的第三階段：低穩定階段

第三個階段是「低穩定階段」，在這個階段，出生率和死亡率都下降到較低的水準。**高學歷化、育兒成本增加以及價值觀的轉變等因素，都導致出生率下降，**產生少子化和高齡化等問題。人口增長陷入停滯，未來甚至可能出現人口減少的情況。

🏠 人口紅利與人口負債

人口增加也就代表消費者與勞動力增加，**對於人口增加的國家而言，這是經濟成長的大好機會。**因此，人口增加又稱為人口紅利。例如日本在 1950 年代到 1970 年代之間的高度經濟成長，正是受益於人口紅利。然而，經濟成長的同時，並不是每個人都能享受到這種好處，所以這個時期仍有許多人生活在貧窮中。

另一方面，先進國家的少子高齡化現象越趨嚴重。即使總人口的變化並不大，但是勞動人口逐漸高齡化，加上這些人必須扶養的老年人跟孩童增加，這個情況稱做人口負債。這不只會**導致社會保險負擔擴大，**也可能造成經濟成長放緩。

第1章 地理資訊與地圖
第2章 地形
第3章 氣候
第4章 農林漁牧業
第5章 能源與礦產資源
第6章 工業
第7章 物流與消費
第8章 人口與鄉村、都市
第9章 語言與宗教、衣食住
第10章 國家

從「人口金字塔」了解人口結構

人口結構與人口金字塔

看完人口轉型的過程，我們來看一看不同的人口結構。人口結構主要分為3個群體：0歲到14歲的「幼年人口」；15歲到64歲的「青壯年人口」；和65歲以上的「老年人口」。15歲到64歲人口的收入，通常用於扶養幼年及老年人口。

將這些年齡所構成的數據轉化成條狀圖，並根據性別分成左右呈現，這種圖表稱為「人口金字塔」。比起數字，**人口金字塔可以直觀地呈現出國家或地區的人口結構及人口問題，有助於預測未來人口的增減**，因此受到廣泛的應用。而依據金字塔的形狀，又分成低金字塔型、增長型、靜止型跟縮減型4種。

人口金字塔① 低金字塔型與增長型金字塔

首先介紹的是呈現「高穩定階段」到「早期擴張階段」的低金字塔型與增長型人口金字塔。「低金字塔」底部寬、頂部窄，而底部較寬表示嬰兒和小孩多，不過多數幼童還沒長大就死亡了，所以位於上方的青壯年人口急遽減少，老年人口則是數量極少。**這種人口金字塔呈現的是「高穩定階段」的人口結構。**目前，這種人口結構可見於非洲撒哈拉沙漠南側的馬利、查德及奈及利亞等國家。這些國家的醫療、衛生狀況及營養不足問題都亟待改善。

「增長型」人口金字塔，則是呈現從頂點到底部連成直線的三

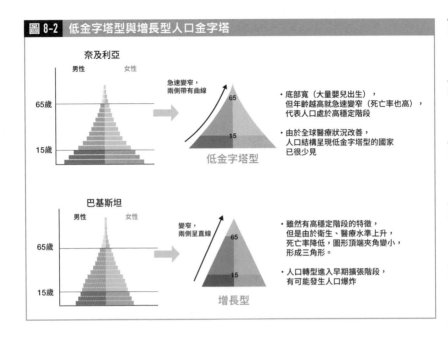

圖 8-2　低金字塔型與增長型人口金字塔

奈及利亞

男性　　女性

65歲

15歲

急速變窄，
兩側帶有曲線

低金字塔型

65

15

・底部寬（大量嬰兒出生），
　但年齡越高就急速變窄（死亡率也高），
　代表人口處於高穩定階段

・由於全球醫療狀況改善，
　人口結構呈現低金字塔型的國家
　已很少見

巴基斯坦

男性　　女性

65歲

15歲

變窄，
兩側呈直線

增長型

65

15

・雖然有高穩定階段的特徵，
　但是由於衛生、醫療水準上升，
　死亡率降低，圖形頂端夾角變小，
　形成三角形。

・人口轉型進入早期擴張階段，
　有可能發生人口爆炸

第1章　地圖資訊與地理

第2章　地形

第3章　氣候

第4章　農林漁牧業

第5章　能源與礦產資源

第6章　工業

第7章　物流與消費

第8章　人口與鄉村、都市

第9章　衣食住、語言與宗教

第10章　國家

角形。隨著年齡增加，人口逐漸減少，同樣顯示出較高的死亡率。
只不過與低金字塔型相比，底部至頂端的縮減趨緩，**這顯示該國或
地區的人口結構正在轉換到「早期擴張階段」。**

　　醫療、衛生和營養狀況改善的開發中國家，人口金字塔也會呈
現這種形狀，可以預期今後這些國家的**青壯年人口將增加，經濟發
展可望提升。**這種人口結構常見於東南亞、南亞、拉丁美洲國家，
例如菲律賓、巴基斯坦、厄瓜多。

人口金字塔② 靜止型與縮減型金字塔

　　接下來要介紹**代表人口結構進入「低穩定階段」**的靜止型與縮
減型人口金字塔。靜止型金字塔的形狀如同寺廟的吊鐘，**大半的幼
兒都能活到老年，塔底到塔身寬度維持不變，從嬰幼兒到青壯年人**

281

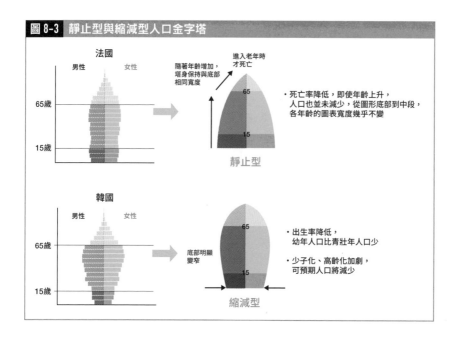

圖 8-3 靜止型與縮減型人口金字塔

法國

男性　女性

65歲

15歲

隨著年齡增加，塔身保持與底部相同寬度

進入老年時才死亡

65

15

靜止型

・死亡率降低，即使年齡上升，人口也並未減少，從圖形底部到中段，各年齡的圖表寬度幾乎不變

韓國

男性　女性

65歲

15歲

底部明顯變窄

65

15

縮減型

・出生率降低，幼年人口比青壯年人口少

・少子化、高齡化加劇，可預期人口將減少

口的數量沒什麼差別。這時，人口轉型來到「低穩定階段」，人口總數沒有太大變化。這種形狀多見於法國、美國、英國等出生率高（對少子化有稍微遏止的作用）的先進國家，近年來，也有不少開發中國家的人口呈現靜止型的結構。

　　然而，**如果無法阻止少子化的發展，就難以維持人口數量。**一般來說，想要維持一個國家或地區的人口規模，總生育率（每個婦女一生中生育子女數的平均值）必須達到2.1，但是許多國家卻大幅落後。另一方面，由於醫療水準提高，老年人口數量也維持在高水準，因此形成**頂端寬，底部窄**的縮減型金字塔。**從長遠來看，可預測到人口將會減少。**出生率低的義大利、西班牙、韓國和日本等國，都是縮減型金字塔的代表案例。

不同產業的人口變化

就業人口結構

人口按照年齡分成三個群體：「幼年人口、青壯年人口（又稱工作年齡人口）、老年人口」，其中工作年齡人口又按照產業別分成三個類別，這就是「就業人口結構」。

第一類是第一級產業，指開發自然資源，直接取得或生產天然產物的產業，**農林漁牧業就屬於第一級產業**。第二級產業是對第一級產業的產物進行加工的產業，如**製造業和建設業**。礦業雖然也是開發自然界的產物，但是按日本的區分則屬於第二級產業。

而第三級產業是指商業或服務業等第一、二級之外的產業，例如**運輸、金融、醫療、教育、行政等範圍廣大的行業都涵括在內**。

就業人口從第一級產業流向第三集產業

如同「人口轉型」有階段性的變化，就業人口結構**早期以第一級產業的比例最高，隨後第二級產業的比例增加，後來則是由第三級產業占據大半**。開發中國家的人口有半數以上從事第一級產業（主要為農業），但隨著各國工業化，第二級產業的比例逐漸增加。以工業為主的第二級產業，為商品創造出更多的附加價值，促進人口往都市移動，所以服務業跟著漸漸發展起來，不知不覺間，**大部分人口都開始從事第三級產業**了。日本的第三級產業人口占約72.5%，第一級產業占3.4%，第二級產業占24.1%。

第1章 地理資訊與地圖

第2章 地形

第3章 氣候

第4章 農林漁牧業

第5章 能源與礦產資源

第6章 工業

第7章 物流與消費

第8章 人口與鄉村、都市

第9章 衣食住、語言與宗教

第10章 國家

人口移動衍生的問題

求職者向都市集中

人口移動所產生的社會增加或減少，背後其實有著各種原因與歷史背景。

人口為了求職而移動，是社會增加的最大因素。一般來說，經濟發展落後的地區缺乏工作機會，經濟發達的地區則經常面臨勞動力不足，因此人口會從農村往都市流動。

像這種人口從農村移往都市的現象，就稱做**農村人口外流**。在趨向人口爆炸的開發中國家，經常看到人口為了求職而快速從農村遷移到都市的情形。

隨著大量人口流入，都市變得人口稠密，更發生環境污染、住宅不足跟交通堵塞等問題。由於人口急速增加，職缺跟居住地越趨稀少，沒有工作的人只好居住在都市周邊，形成許多環境惡劣的**貧民窟**。

人口顯著減少的過疏鄉村

另一方面，由於農村人口明顯減少，有時會出現「**人口流失**」的狀況。出現人口流失且老年人口超過50％的聚落，就稱做**極限村落**，表示村落已經無法維持農作或婚喪喜慶等功能。交通和醫療成為當地最重要的問題，此外，由於商店稀少，購買食材與日用品也非常不方便。目前，這些地區正在向都會區的民眾推廣「**回鄉**」到

出生地區就職，以及「下鄉」到出生地之外的地方工作。

從人口金字塔看社會增加

我們從人口金字塔來看看社會增加這種人口流動型態。這些流動人口是為了求職而遷移，主要是青壯年（工作年齡）人口。而他們流入都市時，他們的子女大多也會跟著流動，所以青壯年人口與幼年人口會同時增加，都市的人口金字塔呈現「星形」。

相對地，農村的青壯年人口大幅減少，尤其是很多年輕人因升學、就業而離開家鄉，**15歲到30歲左右的人口極端稀少。** 因此，農村的人口金字塔形狀呈現相當不穩定的「葫蘆形」（在出生率極低的情況下，可能呈現「酒壺」或「細長花瓶」狀）。

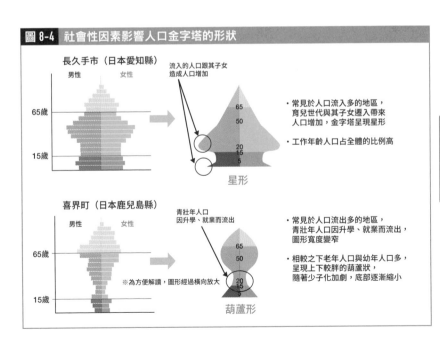

圖 8-4　社會性因素影響人口金字塔的形狀

長久手市（日本愛知縣）

男性　女性

流入的人口跟其子女造成人口增加

65歲

15歲

星形

・常見於人口流入多的地區，育兒世代與其子女遷入帶來人口增加，金字塔呈現星形

・工作年齡人口占全體的比例高

喜界町（日本鹿兒島縣）

男性　女性

青壯年人口因升學、就業而流出

65歲

15歲

※為方便解讀，圖形經過橫向放大

葫蘆形

・常見於人口流出多的地區，青壯年人口因升學、就業而流出，圖形寬度變窄

・相較之下老年人口與幼年人口多，呈現上下較胖的葫蘆狀，隨著少子化加劇，底部逐漸縮小

第1章　地圖資訊與地理資訊與

第2章　地形

第3章　氣候

第4章　農林漁牧業

第5章　能源與礦產資源

第6章　工業

第7章　物流與消費

第8章　人口與鄉村、都市

第9章　語言與宗教衣食住與

第10章　國家

穿越國境求生的移民及難民

 ## 跨國求職的移民

　　從農村遷移到都市的人口移動如果擴大到全世界的規模，就形成從薪資水準低的國家越過國境，移動到薪資水準高的國家尋找工作的**移民**。多數的「求職遷移」會造成移民與所在地居民爭奪工作，因此各地要求驅逐移民的聲浪增加，引發各種糾紛。

 ## 分布全球的華僑與印僑

　　在歷史上有不少中國人移居東南亞（主因為清朝時代人口急增和貿易擴大等），**因此在各地形成中國城。**現在，全世界許多地方都分布著華裔族群。久居當地數個世代，且取得該國國籍的中國人稱為「**華人**」，不少華人擁有雄厚的經濟實力。此外，移居國外但依然保有中國籍的人則稱做「**華僑**」。

　　印度裔是另一個遍居全世界的族裔。印度以前曾經是英國的屬地，當時，印度人受雇在世界各地的英國屬地工作，因而擴散到全世界。這些移民的後代稱為「**印僑**」，**大多分布在過去的英國殖民地國家。**

　　就如同印僑常見於英國殖民過的國家，許多舊殖民地都可見到類似的移民族群。例如過去受英國殖民的印度、巴基斯坦跟孟加拉人，現在也經常前往英國工作，而許多曾受法國統治的阿爾及利亞、突尼西亞及越南人則傾向到法國求職。此外，因生產石油而經

濟起飛的石油生產國，也吸引許多人移民。

多文化主義與同化主義

　　對於來自國外的移民，每個國家採取的政策與因應態度各不相同。一種態度是**尊重移民出生地的文化和語言**，稱為多文化主義。另一種則是**要求移民學會收容國的語言和文化，積極遵守該國的規範**，稱為同化主義。這兩種思考方式各有優點跟缺點，並無好壞之分。當然，大家都期望有個平等而寬容的社會，但是確實也有人視移民為社會少數並且排斥他們，這也是國家根深柢固的問題。

懷著苦衷越境的難民

　　前面介紹的移民主要是自發性遷移（雖然部分的人有失業等苦衷），然而，還有另一群人是**因為戰爭或政治、宗教迫害等不可抗力的苦衷，才不得不穿越國境移居他國**，或者被逐出居住地，過著逃難生活，這些人就稱為難民。

　　世界上每天都有紛爭、內戰、民族對立或迫害事件發生，難民人數也隨著事件頻頻而增加。此刻，難民也不斷上升中。2000 年代初期，全球難民約為2000萬人左右，現在已超過6000萬人，且逃難生活有長期化的趨勢。接納逃難者的國家及地區負擔加重，成為全球必須合作解決的問題。

第1章 地理資訊與地圖

第2章 地形

第3章 氣候

第4章 農林漁牧業

第5章 能源與礦產資源

第6章 工業

第7章 物流與消費

第8章 人口與鄉村、都市

第9章 語言與衣食住、宗教

第10章 國家

各種形態的聚落

 聚落始於「容易取水的地方」

這一節開始，我們來討論人們生活的舞台——鄉村和都市。

當一定程度的人聚集在一個地方建立社會生活，這個地方就稱做**聚落**。古代人的生活受自然條件影響重大，而聚落也是在自然條件的影響下形成。聚落形成的第一要素是水資源，畢竟人沒有水就不能生活，所以**容易取水的河或湖邊，以及山腳或沖積扇的扇端等地，經常形成聚落。**

河川中游或下游的平坦處，雖然適合耕作，不過也容易遭到水災侵害，因此聚落主要形成在平坦且地勢較高的自然堤防上。**而位在兩條河之間，洪水容易氾濫的地方，則有以堤防包圍周邊以防備水災的圍堤聚落**（例如日本岐阜縣南部到愛知縣西部、三重縣北部之間，位於木曾川、長良川、揖斐川這「木曾三川」下游的圍堤聚落）。

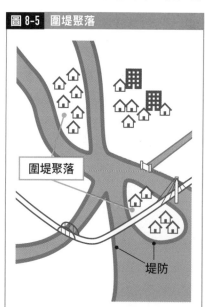

圖 8-5 圍堤聚落

圍堤聚落

堤防

社會因素形成的聚落

　　聚落的形成因素不只有自然環境，社會環境也有可能形成聚落。產生聚落最常見的社會因素是**為了防備敵人侵略，以及地點適合交易。**

　　防備敵人侵略而形成的聚落，包含在村莊周邊挖掘渠道防備外敵的環濠聚落（也有為農業灌溉而挖鑿水渠所形成），以及建立在丘陵上的高地聚落等。

　　而適合交易的地點形成的聚落，包含在道路交會處形成的村莊，或是水路匯集處形成的集落等。日本關東平原常見的谷口聚落則是比較特別的例子，這種聚落位在山地與平地的交界處，也是河流從山谷流到平原的出口處。**這種地點通常匯集了山地與平地的物資，所以聚落十分發達。**

圖 8-6　環濠聚落與谷口聚落

環濠聚落	谷口聚落

挖水渠圍繞村落周圍所形成，
目的是防備外敵入侵或確保農業用水

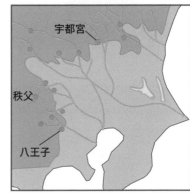

形成在山地與平原交界的河岸地帶，
匯集了山地和平原的產物

第1章　地理資訊與地圖

第2章　地形

第3章　氣候

第4章　農林漁牧業

第5章　能源與礦產資源

第6章　工業

第7章　物流與消費

第8章　人口與鄉村、都市

第9章　語言與宗教、衣食住

第10章　國家

不同時代的鄉村

 仰賴農林漁牧業的鄉村地區

聚落大略區分為以農林漁牧業等第一級產業為中心的**鄉村**，還有以工商業及服務業為主的**都市**。一般而言，鄉村的規模較小，都市的規模則較大。

 鄉村的形態① 塊狀村及圓村（環形村）

村落可以分成集村與散村兩大類，**集村是住宅密集的村落**，其中又分成幾個不同類型。**塊狀村**是其中之一，村落形狀不固定，**呈現「塊狀」分布**。人們自然集居形成的村落，大致上都是塊狀村的形態。塊狀村常見於有湧泉冒出的地方，以及適合農耕的地方，還有不易發生洪水的地方等。前面介紹的**環濠聚落**，就是以水渠包圍塊狀村的周邊所形成。

圖 8-7　塊狀村與圓村（環形村）

塊狀村	圓村

許多住宅聚集成塊狀，自然產生的聚落	以教堂或廣場為中心，由住宅包圍形成的圓形聚落

此外，許多歐洲地區以教會為生活重心，有時會以教堂和教堂前的廣場為中心，**形成圓形的村落**，稱為圓村（環形村），在德國東部到波蘭一帶十分常見。

鄉村的形態② 路村與新田聚落

列狀村落是沿著道路形成的村落。代表性的列狀村落有歐洲的路村（線狀村）、林地村以及日本的新田聚落（江戶時代將荒野或潟湖開發成新生耕地，再分配給農民而形成的聚落）等。這些村落的**特色在於住宅是沿著道路排列，後方有細長的帶狀農地。**這是由於村落開闢農地時，為了平均分配而將土地分割給各農家所形成的景象。

此外，日本的新田聚落則是住宅並立於道路兩側，後方有寬廣

圖 8-8　歐洲的路村與日本的新田聚落

歐洲的路村（林地村）

住家沿路排列，
每戶房屋後方是耕地

新田聚落

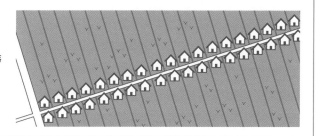

日本江戶時代為
開發新田而開闢的聚落

埼玉縣的「三富新田」
是典型的線狀村

第1章　地理資訊與地圖

第2章　地形

第3章　氣候

第4章　農林漁牧業

第5章　能源與礦產資源

第6章　工業

第7章　物流與消費

第8章　人口與鄉村、都市

第9章　衣食住與語言與宗教

第10章　國家

的帶狀耕地，是典型的線狀村。

鄉村的形態③ 街村

　　路村是農地與道路依據特定方式排列所形成的村落，而「街村」也是類似的村落形態。街村與農田分布無關，而是由於工商業據點、寺院及神社分布等其他社會因素而形成的聚落。

　　例如日本的宿場町（譯注：驛站所在的村落）是在「東海道」、「中山道」等江戶時代的官道旁形成的聚落。這些聚落原先是由**服務旅客的住宿設施、商店及餐館沿路聚集，形成細長的聚落。**

　　門前町則是在寺院或神社大門前形成的聚落，由**提供寺院或神社參拜者住宿的設施以及商店、餐館和手工業者聚集**組成。

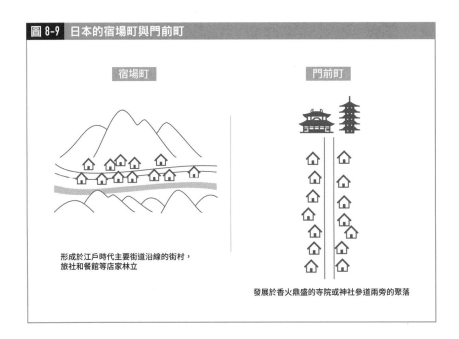

圖 8-9　日本的宿場町與門前町

宿場町　　　　　　　門前町

形成於江戶時代主要街道沿線的街村，
旅社和餐館等店家林立

發展於香火鼎盛的寺院或神社參道兩旁的聚落

鄉村的形態④ 散村

　　前面介紹的塊狀村、路村及街村等村落，都是由住宅與商店群集所形成的「集村」。不過，還有另一種形態的村落，房舍是「分散式」分布，稱為「散村」，常見於農村地區。這種獨特風景的成因是每個農家都保持一定距離，並以住宅周邊為農地，因此每個房舍分別孤立在廣大的耕地中，如同星羅棋布的小島。日本富山縣的礪波平原和島根縣的出雲平原都看得到這種散村。由於各戶的距離較遠，房屋無法互相擋風，一旦起風就無一倖免，所以很多人會在房屋周邊種植防風林。

　　另外，美國和加拿大許多地方的散村，是根據鎮區制度所建立。由美加政府將廣大的開發地區劃成6英里（9.6公里）平方的鎮區單位，其中再分割成數個長、寬為800公尺的方形土地並分配給農家。這種規劃造成農家零星分布在鎮區中而形成散村。

圖 8-10 散村與鎮區制

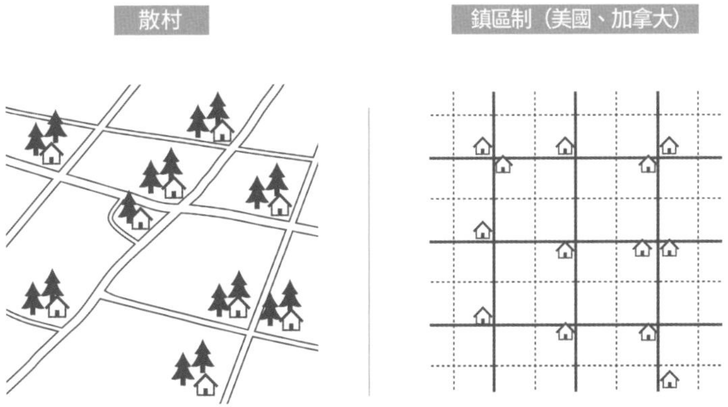

散村

鎮區制（美國、加拿大）

房屋分散，居民為了防風，大多會在上風處種植防風林

將土地分割成格子狀分配給農家，每個區塊都有一戶農家，形成散村

第1章 地圖資訊與地理
第2章 地形
第3章 氣候
第4章 農林漁牧業
第5章 能源與礦產資源
第6章 工業
第7章 物流與消費
第8章 人口與鄉村、都市
第9章 衣食住、語言與宗教
第10章 國家

歷史性聚落是
重要觀光資源

具有歷史背景的聚落

按照形態介紹完村落的分類後，這一節就來看看日本各地的特色村落。近年，由於農村人口流失日益嚴重，特色村落也逐漸消失。不過，許多鄉下地區依然保持過去村落的形態，或者從地名還可看出它的餘韻。歷史性聚落已成為各地的觀光資源，更是能將地方歷史傳承給後人的遺產。

古代的條里聚落

日本歷史上的飛鳥時代到平安時代實行律令制，農村土地依據律令中的「條里制」，劃分為方形的棋盤狀，再依照班田收授法出租給農民。這種條里制之下形成的村落（條里聚落），仍然保存到今天。**它的特色在於地名中有代表條里制的「條」、「里」或「坪」字，多數聚落由數十戶組成，呈現塊狀村的形態。**

傳承莊園和戰亂痕跡的中世聚落

進入平安時代後期到室町時代，也就是日本歷史的中世時期，貴族、寺社與豪族的私有地擴大形成「莊園」。依據**莊園制劃分的土地，地名中會出現「莊」、「領家」、「別所」等。**而身為莊園領主的豪族，則會將宅院周邊形成的村落以「土居」、「寄居」、「箕

第1章 地圖資訊與地理

第2章 地形

第3章 氣候

第4章 農林漁牧業

第5章 能源與礦產資源

第6章 工業

第7章 物流與消費

第8章 人口與鄉村、都市

第9章 衣食住、語言與宗教

第10章 國家

圖 8-11　條里制聚落與隱田百姓村

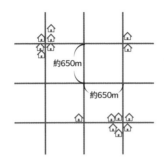

條里制聚落

約650m

約650m

依據古代「條里制」土地區劃制度建立的聚落
日本各地都看得到約650m見方的土地區劃
特色是地名中有「條、里、坪」等字

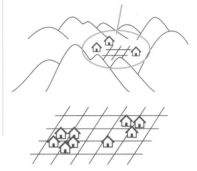

隱田百姓村

遠離人煙的「隱田」聚落，
據說是由戰敗武士所建立

輪」等地名命名。

　　這個時代的土地稱為「名」，莊園領主會將土地交給有實力的農民，即「名主」來耕種，而名主開墾的村落就稱為「名田百姓村」。**這種村落周邊的地名，大多源自於名主的名字，如「太郎丸」、「五郎丸」等。**

　　此外，這個時代戰禍頻仍，在戰爭中落敗的「落武者」（戰敗的武士）帶著隨從**逃離追兵，藏身在人跡罕至的地方建立的聚落**，就稱為隱田百姓村，如宮崎縣的**椎葉**及**五家莊**，以及登錄為世界遺產的岐阜縣**白川鄉**皆為代表。也有人為逃避土地調查或徵稅，而在遠離聚落的地方擁有「隱田」。

🏠 江戶時代開拓的新田聚落

　　進入江戶時代，出現了所謂的「新田」，指的是新開墾的土地

圖 8-12 北海道的屯田兵村

屯田兵村

在原野上開闢道路，
建立聚落從事土地開墾

由於開拓的範圍越來越大，
形成散村的形態

（相對於豐臣秀吉時代實施「太閣檢地」所測量的土地，稱為「本田」）。**建立在新田上的聚落**稱為**新田聚落**，日本關東平原上經常可見「○○新田」的地名。代表性的例子包含橫跨埼玉縣三芳町及所澤市的「**三富新田**」，至今還保留著「上富」、「中富」、「下富」的地名。**在「中富」及「下富」附近，可以看到道路兩側房屋並立，房屋背後有寬廣的帶狀耕地，是典型的路村形態。**

計畫性建設下的近代聚落

明治時代，北海道設有屯田兵所開拓的**屯田兵村**，是為開拓和防衛北海道而設置的聚落。它的特色是**沿襲美國的鎮區制度，進行四角形的土地區劃，且地名包含「兵」或「條」等字。**由於屯田兵村是在闢建道路之後才進行開拓，所以最初是在道路兩旁形成路村，隨著村莊開拓逐漸發展成散村。

另外，秋田縣在戰後經由大規模填海造陸開闢**八郎潟**海埔地，也是極具特色的村落。這個地區的住宅集中在名為「綜合中心地」的區域，各農家開車在廣大的農地間移動，使用大型機械耕作，發展大規模的商業化農業。

具有政治、商業、工業功能的都市

第1章 地理資訊與地圖

第2章 地形

第3章 氣候

第4章 農林漁牧業

第5章 能源與礦產資源

第6章 工業

第7章 物流與消費

第8章 人口與鄉村、都市

第9章 衣食住與宗教

第10章 國家

持續上升的都市人口

一般而言，國家的產業結構是由農業到工業、商業以及服務業的順序發展。人口結構也是從第一級產業為主，轉移到第二級產業與第三級產業。由於從事第二級、第三級產業的人民，生活中心位在都市，因此都市人口不斷增加，而都市人口相對於全國人口的比率（**都市人口率**）也年年上升。

現在，世界上55％的國家，都市人口高於鄉村人口，預料今後將持續增加。

都市是政治和產業的中心

說到最早的城市，大家通常最先聯想到古代的羅馬、中國的長安與日本平安京等**具有政治性和軍事性功能的國家首都**，這些城市又稱為**政治都市**。

歐洲進入中世紀和近代之後，開始在**適於貿易的地點**興建**貿易都市**，例如義大利的**威尼斯**、德國的**漢堡**、法國的**香檳區**等。此外，中世紀的城市多設有城牆和護城河防禦外敵，稱為**城郭都市**。日本則是自戰國時代開始，於城池周圍發展出**城下町**的都市形態。

接著，全球工業革命興起，工廠林立，工人聚居生活，形成**工業都市**。隨著工業都市形成，商業也逐漸興盛。

進入近代，世界各地出現更多的政治都市、商業都市與工業都

市。近代形成的政治都市包含美國的**華盛頓特區**、巴西的**巴西利亞**及澳洲的**坎培拉**等。工業都市有汽車產業發達的美國**底特律**，以及日本的**豐田市**，而美國紐約是近代著名的商業都市。**人口增加通常伴隨著商業的發展，因此多數都市都兼具「商業都市」的特質。**

觀光、宗教、學術、軍事都市

法國的**尼斯**、**坎城**、美國的**拉斯維加斯**等地吸引許多人造訪觀光，是知名的觀光都市。而宗教都市則有猶太教、基督教、伊斯蘭教3教的共同聖地**耶路撒冷**，以及伊斯蘭教聖地——沙烏地阿拉伯的**麥加**，還有印度教聖地——印度的**瓦拉那西**與基督教朝聖地——西班牙的**聖地牙哥－德孔波斯特拉**等。

此外，英國的**牛津**是個以大學為中心，研究機構匯聚的學術都市，而伊比利半島的**直布羅陀**與俄羅斯的**海參崴**等城市則是從軍事據點發展而來的軍事都市。

從上空俯瞰都市的形貌

如果透過地圖APP看上述都市的空照圖，會發現每個都市的形態都不一樣，令人忍不住比較起各個都市的形態。

許多都市的街道呈現縱橫交織的**網格狀**，這種都市的建設方式是先鋪設主要幹道，然後向左右開拓出直交的道路。古代中國的長安、日本的平城京與平安京，以及現在美國的**芝加哥**和**紐約**等城市，都採用這種規劃方式。

另外，美國的華盛頓特區，是由網格狀與放射狀道路組合而成的**網格放射狀**都市。大規模的網格狀都市，具有進入都心時交通不便的缺點（因為交通路徑呈大L字型或是鋸齒形）。但是只要結合

放射狀道路，就能改善連接都心的交通順暢度。

而莫斯科與巴黎等城市屬於**環形放射狀**都市，是從都市中心建設放射狀的道路，再利用環狀道路彼此連結。

在西亞或北非的古城，則有**迷宮狀**的都市，例如突尼西亞的**突尼斯**、摩洛哥的**馬拉喀什**都是代表的例子。這種都市建有許多死巷，目的是防衛外敵進犯。

人工規劃的都市經常具有獨特的形狀，如巴西的首都**巴西利亞**就是個「怪城」，從上空俯看呈現「飛機」的形狀。而印度**新德里**和澳洲**坎培拉**，街道則排列成美麗的幾何圖案。

第1章 地理資訊與地圖

第2章 地形

第3章 氣候

第4章 農林漁牧業

第5章 能源與礦產資源

第6章 工業

第7章 物流與消費

第8章 人口與鄉村、都市

第9章 衣食住、語言與宗教

第10章 國家

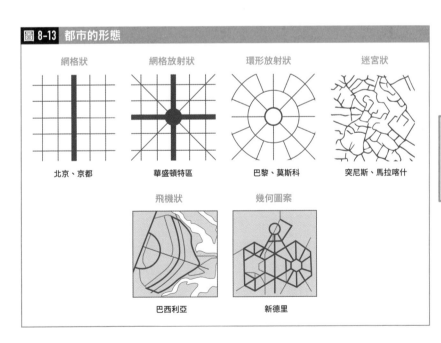

圖 8-13 都市的形態

網格狀
北京、京都

網格放射狀
華盛頓特區

環形放射狀
巴黎、莫斯科

迷宮狀
突尼斯、馬拉喀什

飛機狀
巴西利亞

幾何圖案
新德里

都市的內部與外部結構

 ## 都市內部區域常以機能劃分

接下來，讓我們把目光聚焦在都市內部。都市中有商業區、工業區與住宅區等各種性質的區域。工業區集中在容易取得零件、原料與燃料的地方，而商業區則集中在交通便利的地方。

尤其，**都市中心通常聚集了政府行政單位、企業辦公室與大規模百貨公司**，又稱為中心商業區（CBD）。而離都心稍遠，交通網路集中的地點，有可能發展成副都心地區。如美國、澳洲、日本等國家的大都會中心都有中心商業區和其周邊的摩天大樓群。**擁有悠久歷史的歐洲都市，由於在歷史古城的中心保留著「舊市街」，所以中心商業區通常位在偏向都市外緣的地方。**

 ## 廣闊的都市外部結構

接著再看向都市的外圍，許多民眾居住在這些地區，上班、上學和購物時再前往市中心，這種由都市及周邊地區，彼此透過經濟和服務緊密連接而成的區域，稱為都市圈。

接著，當都市周邊地區也發展出都市機能時，就成為大都市周邊的「衛星都市」。這些都市圈和衛星都市又稱為「睡城（Bed Town）」，因為多數居民白天前往大都市工作，晚上休息時才回家。由於**白天時人們前往都心上班、上學，所以睡城人口減少，都心人口增加。到了晚上，這些人口回到睡城，所以都心人口減少，**

第1章 地理資訊與地圖

第2章 地形

第3章 氣候

第4章 農林漁牧業

第5章 礦產與資源

第6章 工業

第7章 物流與消費

第8章 人口與鄉村、都市

第9章 衣食住、語言與宗教

第10章 國家

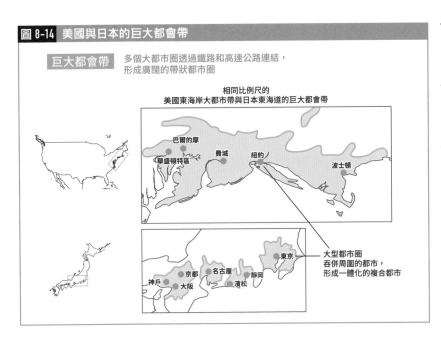

圖 8-14 美國與日本的巨大都會帶

巨大都會帶 　多個大都市圈透過鐵路和高速公路連結，形成廣闊的帶狀都市圈

相同比例尺的
美國東海岸大都市帶與日本東海道的巨大都會帶

巴爾的摩
華盛頓特區
費城
紐約
波士頓

東京
京都　名古屋　靜岡
神戶　大阪　濱松

大型都市圈吞併周圍的都市，形成一體化的複合都市

睡城人口增加。都市與睡城的人口日夜變化劇烈，「**日夜間人口比率**」差距明顯。

　　接下來再看看規模宏大的都市。這一類都市稱為**巨大都市**，代表的例子有東京、紐約等。當廣大的都市圈向外擴大，吞併了周邊的都市，就形成**複合都市**（例如日本埼玉縣南部、神奈川縣東部、千葉縣西部等地，都心與市鎮相連，看起來彷彿與東京「一體化」，是代表性的複合都市）。

　　此外，如果幾個大都市以鐵路和高速公路連結成帶狀，就稱為**巨大都會帶**。代表的例子有美國的波士頓到華盛頓特區一帶、歐洲的藍香蕉帶，以及日本關東平原到兵庫縣的東海道大都市帶等。

都市發展衍生的種種問題

都市成熟帶來環境惡化

　　隨著國家發展，從鄉村流向都市的人口會逐漸增加，都市規模擴大。都市發展是國家經濟成長的指標，但也帶來交通堵塞和環境的惡化等各式各樣的問題。我們就來看看都市造成了哪些問題？

開發中國家的都市問題

　　20世紀後期，開發中國家人口急速往都市集中。許多進入人口爆炸階段的國家，國民流向都市尋找工作，其他國家則是引進農業機械代替人力，過剩的勞動力因而轉往都市求職。

　　鄉村人力遷移到都市，**造成國家中心都市的規模，不成比例地大於國內其他都市，甚至大量吸引第二大都市的人口。**這種都市體系稱為**首要型都市**，例如智利的**聖地牙哥**、象牙海岸的**阿必尚**、泰國的**曼谷**等。

　　伴隨都市人口快速增加，開發中國家的都市出現環境惡化的問題，其中包含交通堵塞、廢氣排放造成的大氣污染，還有超抽地下水導致地盤下陷等。另外，也由於都市人口快速增加，卻來不及建立完備的上下水道和電力、瓦斯等**基礎建設**，因而形成許多環境惡劣的住宅區，即所謂的**貧民窟**，巴西的法維拉就是最著名的代表。

　　貧民不得不居住在貧民窟，但即使住在都市也找不到工作，只能仰賴在路上叫賣、打零工或拾荒等**地下經濟**（指統計上未被記錄

的非正式經濟活動）勉強應付生活。有些孩童沒有父母或親戚的保護，集體生活在路邊，成為街頭流浪兒童。

已開發國家的都市問題

已開發國家也存在許多都市問題。由於已開發國較早完成都市化，都市問題也更早發生。大都市主要的都市問題，包含因人口集中導致土地價格騰飛，以及交通堵塞等。此外，由於都市人口增加，人口外流到周邊地區，因而在都市周邊的農地或綠地，出現未經規劃的住宅和工廠，稱為「都市擴張」。

內城問題與都市仕紳化

在歐美的大都市，隨著都市化的發展，比較富裕的民眾離開稠密而環境惡劣的都心，在環境優雅的郊外定居。這種例子越來越多，造成**留在都心的低所得居民、高齡者與外國移民增加，衍生出「明明位在市中心，環境卻很破敗」**的內城問題（市中心貧民窟）。

為了改善這個問題，各都市都嘗試進行都市更新，透過建築翻新、推動建設金融機構或設立有企業進駐的辦公大樓及摩天大樓等措施來改善環境，期望藉由這種「都市仕紳化」的改造，提高地區整體的經濟地位，吸引富裕階層回流，讓高級商店和餐飲業再度集中到都心。

都市更新並不只限於都心地區，都市各地也陸續推行。尤其是老舊的工業都市多位在河川或港口附近，隨著產業結構的變化而逐漸蕭條，港灣地帶的環境也跟著惡化。這些地區的更新規劃稱為水岸開發，許多河岸或海邊經過水岸開發，多了光鮮的街道，成為充滿魅力的街區。

第1章 地圖資訊與地理

第2章 地形

第3章 氣候

第4章 農林漁牧業

第5章 能源與礦產資源

第6章 工業

第7章 物流與消費

第8章 人口與鄉村、都市

第9章 衣食住、語言與宗教

第10章 國家

都市仕紳化和水岸開發的成功典範，包含從治安敗壞轉變為名牌精品店林立的紐約**蘇活區**，與改建造船廠等港灣設施為商業辦公區的**倫敦碼頭區**。

近年來，各地政府也積極改善大氣污染、交通堵塞等都市問題，例如採用環境負擔少，又可以消除交通壅塞問題的路面電車，以及引進**停車轉乘**系統，鼓勵民眾將汽車停在郊外停車場，轉乘鐵路或公車前往都心，或是透過**收費道路**對進入都心的汽車課徵費用。另外，低底盤的**輕軌運輸系統**使用範圍也逐漸增加。

人口減少產生的都市問題

過去，不論在開發中或已開發國家，「都市問題」的主要原因都出自都市人口增加。但是，隨著少子高齡化和人口減少日益嚴重，不少已開發國家的**城市人口減少也成為一大問題**。由於人口死亡或店家歇業，街上出現空屋或空店面，城市如同海綿般出現許多空洞，出現**空洞化**現象，以及稅收不足導致道路、水電管線、瓦斯管的更換延後，衰敗日趨明顯。為了解決人口減少帶來的問題，許多市政府開始推行活化市中心的措施，將城市功能集中在市中心，以維持城市運作，稱為**緊密都市**策略。

第 9 章

食衣住、
語言與宗教

第9章 食衣住、語言與宗教 大綱

根植於氣候與風土的
生活型態

　　在第9章，我們將概覽全球各地豐富多樣的生活文化、語言及宗教。

　　首先，在生活文化方面，將按照服裝、飲食文化及居住環境的順序，來看看全世界的傳統文化。世界各地的服裝受到氣候和各地原料的影響，有些還受到宗教的影響。而氣候以及當地能夠取得的食材、建材，同樣也大幅影響飲食文化和居住型態。除了留存至今的傳統生活文化，全世界的服裝、飲食及居住環境，也隨著快時尚、速食、鋼筋水泥建築的出現而逐漸統一化。

　　其次介紹的語言與宗教，是區分不同民族的重要元素。世界上存在著繁多的語言，大致分成幾個「語系」或「語族」等群體。

　　最後，全球宗教分為信徒分布於全世界的普世宗教，與只受到特定民族信仰的民族宗教。歐洲在歷史上存在著多種語言，與基督教宗派互相交織成多樣的文化。

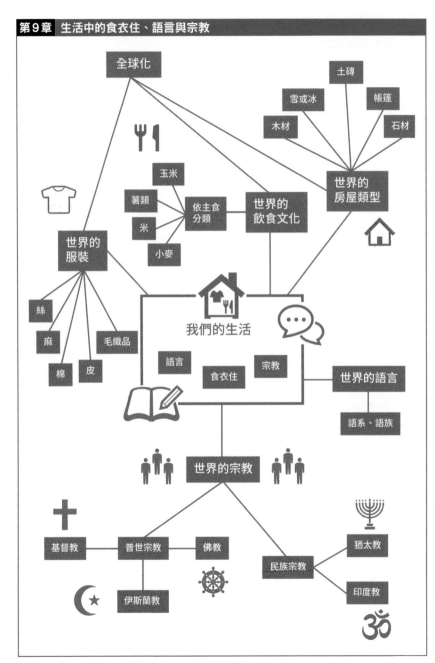

第9章 生活中的食衣住、語言與宗教

全球化

世界的房屋類型
- 雪或冰
- 土磚
- 帳篷
- 木材
- 石材

世界的飲食文化
- 依主食分類
  - 玉米
  - 薯類
  - 米
  - 小麥

世界的服裝
- 絲
- 麻
- 棉
- 皮
- 毛織品

我們的生活

語言 — 食衣住 — 宗教

世界的語言
- 語系、語族

世界的宗教
- 普世宗教
  - 基督教
  - 佛教
  - 伊斯蘭教
- 民族宗教
  - 猶太教
  - 印度教

第1章 地理資訊與地圖
第2章 地形
第3章 氣候
第4章 農林漁牧業
第5章 能源與礦產資源
第6章 工業
第7章 物流與消費
第8章 人口與鄉村、都市
第9章 衣食住、語言與宗教
第10章 國家

307

自然與社會環境造就多樣的服裝樣貌

因地制宜的的生活文化

到海外旅遊時，會發現各個地區都有不同的文化。在第9章，我們將介紹根植於人類生活的生活文化，來談一談衣、食、住以及語言和宗教等面向。

受自然環境影響的服裝

如同天熱時穿薄衣，天冷時穿厚衣的道理，**我們穿的衣服受到氣溫等自然環境因素極大的影響。**例如，炎熱的地區並非全都適合穿薄衣，在乾燥或日照強烈的地方，就必須穿著包覆身體的衣服才能保護皮膚。

另外，取得服裝原料的難易度也對服裝形態有很大的影響。在長毛動物的棲地，動物毛皮經常用於織品，而生長棉花、麻跟桑樹地方，就會使用棉、麻、絲等材料來製作衣服。

氣候與民族服裝

一般來說，寒帶地區的人為了防寒，會穿著用保溫性佳的動物毛皮製作的服裝。例如住在北極圈的因紐特人所穿著的防寒衣，就是用保暖性佳的海豹皮製作。

而熱帶到溫帶的高溫溼潤地區，主要穿著透氣性跟吸溼性佳的

麻或棉布衣,例如印度的**紗麗**和越南的**奧黛**。在沙烏地阿拉伯和北非的乾燥地帶,為了防禦強烈日照和沙塵,居民通常穿著長袖長袍式的服裝。

此外,高山地帶經常穿著以保暖性高的羊毛或駱馬毛製作的衣服。祕魯的安地斯山脈一帶,主要穿著用駱馬或羊駝毛編織的斗篷,可以在寒冷的清晨和夜晚保暖,在暖和的白天也方便脫掉,以應付劇烈的溫差。

受社會環境影響的服裝

不只自然環境,社會環境也同樣影響了服裝形態。例如伊斯蘭教的教義規定,女性不得讓近親之外的男性看到頭髮和皮膚,所以他們會披上包住頭部的頭巾,並穿著掩蓋全身的長袍。

近年,世界各地受到全球化的影響,開始流行大量生產以壓低價格的**快時尚**服飾,這也是社會環境對服裝文化的影響之一。

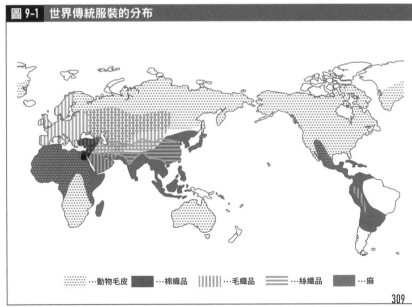

圖 9-1 世界傳統服裝的分布

::::…動物毛皮　▓▓…棉織品　||||…毛織品　═══…絲織品　▨…麻

第1章 地理資訊與

第2章 地形

第3章 氣候

第4章 農林漁牧業

第5章 礦產能源與資源

第6章 工業

第7章 物流與消費

第8章 人口與鄉村、都市

第9章 衣食住、語言與宗教

第10章 國家

舌尖上的異文化體驗

異國美食開啟新的文化體驗

出國旅行時，飲食也許是最能體會文化差異的部分。旅行時，多數人沒有機會穿上當地民族的服裝，或是在當地家庭中長住，但是只要走入餐廳品嘗道地的料理，就能從口味上體驗到文化差異。

飲食文化中的不同主食

世界各地的食物，依照主食可分為小麥、米、玉米、薯類、肉等（除此外還有以乳製品、雜糧為主食的情況）。

小麥主要是乾燥地區及溫帶地區的主食。當地人將小麥研磨成粉，製作成麵包及麵條食用。印度及西亞則會用麵粉製作成饢以及恰巴帝等扁平的麵包，而北非地區會食用將麵粉揉成粒狀的料理，稱為庫斯庫斯。

米是日本、中國南部與東南亞等溫暖溼潤地帶的主食。人們大多將米粒蒸煮後食用，也有以米為材料做成的麵條，如中國的米粉和越南的河粉。

玉米可以直接食用，不過多數人是將它磨成粉後，做成烤餅或煮粥，例如用玉米粉擀成薄片烤製的玉米薄餅，是墨西哥著名的美食。

薯類主食包含非洲和東南亞的木薯、南美洲的馬鈴薯、太平洋島國的芋頭及山藥。馬鈴薯原本是從南美洲傳到歐洲，德國等地生

產豐盛，幾乎接近主食的地位。

🏠🍴 全球化之下，飲食文化依然保留多樣性

如同服裝方面有西服及快時尚普及世界，全球化和統一化也發生在飲食的面向。現在不只有全球規模的**速食**連鎖店林立，即食料理和冷凍食品更推動了飲食的全球化。

飲食是生活中的一大樂趣，因此在旅行時，人們往往想要品嚐當地的美食，而城市裡也有各種不同國家的餐廳，如中餐館或義大利餐廳等。並非所有事物都趨於一致化，來自不同國家的食物和傳統料理保留了下來，提供我們豐富的選擇。

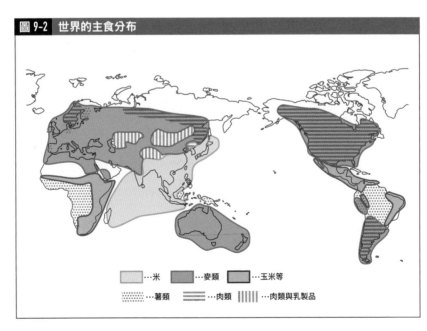

圖 9-2　世界的主食分布

　…米　　　…麥類　　　…玉米等

　…薯類　　　…肉類　　　…肉類與乳製品

第1章 地理資訊與地圖

第2章 地形

第3章 氣候

第4章 農林漁牧業

第5章 能源與礦產資源

第6章 工業

第7章 物流與消費

第8章 人口與鄉村、都市

第9章 衣食住、語言與宗教

第10章 國家

從木材到磚塊、石頭、冰，各種材質的住宅

 不同環境與材料形成不同的房屋類型

　　房屋是生活的空間，也是保護我們身體和財產的場所。依據各地自然環境及可以取得的原料不同，全世界的房屋各有特色。

 不同材質的傳統房屋

　　我們首先來探討傳統房屋的材質。溫帶和亞寒帶容易取得木材，因而木材成為房屋的主要材料。而在西亞和北非等木料並不豐富的乾燥地區，使用的則是將黏土塊晒乾製成的**土磚**，而南歐則經常使用石灰岩等石塊興建房屋。在寒冷地區，人們會利用雪或冰建造住居，例如因紐特人狩獵時所建造的冰屋。

 氣候影響房屋的設計

　　住宅的功能之一是保護我們的身體不受炎熱、寒冷、日照和乾燥的危害，因此，住宅的機能與各個地區的氣候相關。此外，房屋機能也與當地可以取得的材料有緊密的關係。

　　在**東南亞等高溫多溼的環境，房屋講究透氣性，**大多利用加大出入口及窗戶，或是建設成干欄式來改善通風功能。西伯利亞也可見到干欄式房屋，目的是為了防止屋內溫度融化永凍土而造成房屋傾倒。

在北非和西亞等乾燥地帶，以及夏季乾燥的地中海氣候地區，陽光強烈直射造成氣候乾燥，早晚溫差劇烈，有些地方冬天時相當寒冷，因此當地人將**房屋牆壁增厚、窗口縮小，以阻擋日照和強烈的溫差**，材質主要使用隔熱性高的土磚和石塊。

不斷遷移的游牧民族，則**居住在方便遷移的組裝式帳篷裡。**例如蒙古人會用飼養的羊的羊毛做成毛氈，披蓋在木質骨架上，搭建成蒙古包，蒙古人將這種帳篷稱為「蓋爾」。

住宅形態邁向全球統一化

住宅也和服裝與飲食一樣，逐漸趨向全球統一化。鋼筋水泥取代傳統的房屋材料，成為普遍的房屋材質，調節氣候影響的機能也改以空調來因應。

圖 9-3　傳統住宅的材料

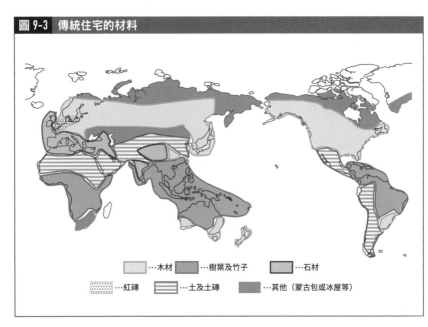

| 　 …木材 | 　 …樹葉及竹子 | 　 …石材 |
| 　 …紅磚 | 　 …土及土磚 | 　 …其他（蒙古包或冰屋等） |

第1章 地圖資訊與地理

第2章 地形

第3章 氣候

第4章 農林漁牧業

第5章 能源與礦產資源

第6章 工業

第7章 物流與消費

第8章 人口與鄉村、都市

第9章 衣食住、語言與宗教

第10章 國家

313

種類繁多的語言

 語言的分布受殖民歷史的影響

　　除了美食之外，語言是在國外旅行時最能夠直接感受外國文化的方式。無論是在飯店或車站與當地人交談時，或似懂非懂地循著街頭的指示牌找到目的地時，尤其能強烈體會到異國文化。現在，全世界共有數千種語言，按照母語人數依序是華語、西班牙語、英語、印度語、阿拉伯語、孟加拉語，日語排名第9，也是全球使用人數眾多的語言。此外，西班牙語使用人數（約4億6000萬人）遠超過西班牙的人口（約4600萬人），這是因為**從前西班牙殖民過的地區，現在依然繼續使用西班牙語，所以使用人口比本國人口更多。**

 「語系」和「語族」

　　在分類語言時，起源相同的語言歸類為同一個「**語系**」，例如西班牙語、英語、印度語、孟加拉語，都屬於分布在歐洲到西亞、印度的「**印歐語系**」，華語屬於分布在中國、西藏、緬甸的「**漢藏語系**」，而阿拉伯語屬於遍及西亞到印度的「**亞非語系**」。

　　而在每個語系之下又有「語族」的分類，以印歐語系為例，英語屬於「日爾曼語族」，西班牙語屬於「**羅曼語族**」（也稱做拉丁語系或拉丁語族），印度語和孟加拉語屬於「印度－伊朗語族」。

第1章 地理資訊與地圖

第2章 地形

第3章 氣候

第4章 農林漁牧業

第5章 礦產能源與資源

第6章 工業

第7章 物流與消費

第8章 人口與鄉村、都市

第9章 衣食住、語言與宗教

第10章 國家

🏠 地球上的眾多語言

其他還有從土耳其共和國傳播到中亞跟西伯利亞的阿爾泰語系；芬蘭的芬蘭語與匈牙利的馬扎爾語所屬的烏拉爾語系；分布在東南亞到馬達加斯加的南島語系；以及高加索語系、尼日－剛果語系跟美洲原住民諸語等語系，與這些語系之下的眾多語族。

實際上，據說全世界存在著多達數千種的語言，很多語言無法歸納在這些分類，或是同時具有多種語系、語族的特徵。此外，日語的起源並不明確，並沒有其他相同起源的語言，因此不列入主要的語系中。

其中，也有一國的人民同時使用不同語言的例子。同一國出現使用不同語言的群體時，容易產生對立，因此政府通常會設定兩種以上的「**官方語言**」，或是像亞洲及非洲等地，使用曾經統治該地的國家的語言作為官方語言。

圖 9-4 主要的語系和語言

印歐語系	日爾曼語族	英語、德語
	斯拉夫語族	俄羅斯語
	羅曼語族	法語、西班牙語
	希臘語族	希臘語
	印度－伊朗語族	印度語、波斯語
亞非語系		阿拉伯語、希伯來語
烏拉爾語系		芬蘭語、馬扎爾語
阿爾泰語系		土耳其語、蒙古語
漢藏語系		華語、泰語
南島語系		印尼語、他加祿語
南亞語系		越南語
達羅毗荼語系		坦米爾語
非洲諸語		科依桑語系
美洲諸語		因努伊特語、奇楚瓦語
其他		日語、韓語

宗教推動世界歷史的演進

 普世宗教與民族宗教

　　宗教是人們心靈和行為的依歸，更將人類群體及國家團結為一，在世界歷史中扮演重要的角色。婚禮或喪禮時大多包含宗教的要素，此外還有很多於特定的日期舉行的宗教祭典。**了解及留意各個宗教的特色與禁忌，是與外國人交流時不可缺少的禮儀。**舉例來說，接待信仰伊斯蘭教的人時，必須張羅好禮拜場地，也要避免飲食中含有豬肉或酒類。

　　世界上的宗教大略分為**普世宗教**與**民族宗教**這2大類。普世宗教是**超越國家或民族，受到人類廣泛信仰的宗教**，而民族宗教是**主要受特定民族信仰的宗教**。普世宗教有基督教、伊斯蘭教、佛教等，民族宗教則以猶太教、印度教為代表。

　　另外，宗教也可以用**一神教**與**多神教**來區分。一神教信仰唯一的神，以猶太教、基督教、伊斯蘭教等為代表；多神教則信仰眾多神明，例如印度教和日本的神道教等。

 信徒分布全世界的普世宗教

　　基督教誕生於西元1世紀中期，以猶太教為基礎，信奉耶穌並且倡導「愛神」與「愛鄰人」，是全世界信徒數量最多的宗教。**基督教受到羅馬帝國立為國教後傳播到歐洲各地，並隨著歐洲人的殖民運動、傳教活動和帝國主義統治，逐漸普及到美洲大陸、澳洲、**

拉丁美洲和非洲。基督教經歷教會分裂、宗教改革等歷史過程，現在大略分為**天主教、新教、東正教**等3大教派。

伊斯蘭教出現在西元7世紀前期，由阿拉伯人穆罕默德所創立，與猶太教及基督教同為一神教，具有深厚的淵源。伊斯蘭教信仰唯一真神阿拉，倡導平等並要求信徒必須遵從阿拉給予的啟示。**伊斯蘭教隨著貿易和征服他國而逐漸擴展，信仰範圍遍及西亞、北非、中亞、南亞及東南亞等地。**其中，又根據教義的不同，分為多數派的**遜尼派**和少數派的**什葉派**。

佛教是西元5世紀左右遵循釋迦牟尼的教義所建立的宗教，提倡從輪迴轉世中解脫。佛教**起源於印度恆河流域，隨後普及到東南亞和東亞各地**，分成2個派系，分別是主要分布在斯里蘭卡和東南亞，重視出家與修行的**上座部佛教**，以及以東亞為中心，志在廣渡世人的**大乘佛教**。

以猶太教及印度教為代表的民族宗教

猶太教與印度教是最廣為人知的民族宗教，**猶太教**是猶太人（同稱希伯來人、以色列人）的民族宗教，是信仰唯一真神的一神教，**主要以色列為中心**。猶太教的特徵是戒律眾多，信徒必須遵守戒律並等待救世主來臨。

印度教是**印度的民族宗教，也是世界上信徒人口最多的民族宗教。**印度教由古印度的婆羅門教與印度本土信仰融合而成，神祇眾多，是著名的多神教。除此之外，世界上還有多種民族宗教，如印度的耆那教、錫克教以及日本的神道教等。

第1章 地理資訊與地圖

第2章 地形

第3章 氣候

第4章 農林漁牧業

第5章 能源與礦產資源

第6章 工業

第7章 物流與消費

第8章 人口與鄉村、都市

第9章 衣食住、語言與宗教

第10章 國家

圖 9-5　世界的宗教

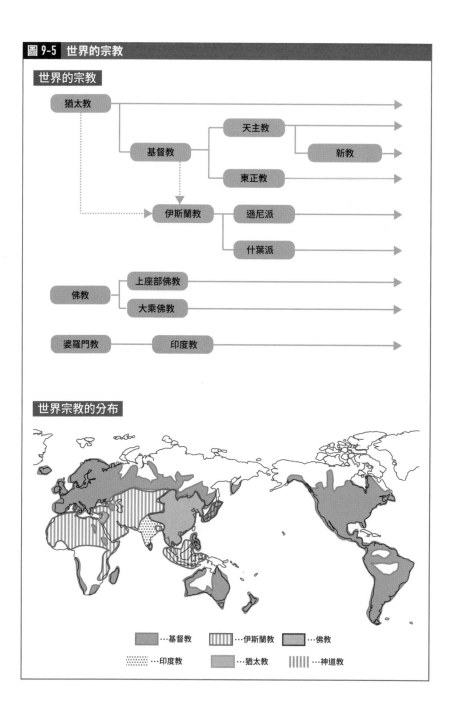

世界的宗教

世界宗教的分布

……基督教　……伊斯蘭教　……佛教
……印度教　……猶太教　……神道教

語言與宗教分布複雜的歐洲地區

第1章 地理資訊與地圖

第2章 地形

第3章 氣候

第4章 農林漁牧業

第5章 礦產資源與能源

第6章 工業

第7章 物流與消費

第8章 人口與鄉村、都市

第9章 食衣住、語言與宗教

第10章 國家

歐洲的 3 大語族

　　歐洲的語言與宗教紛繁，尤其是基督教教派的分布錯縱複雜。歐洲大陸多國林立，國界眾多，而這些國界往往跟語言或宗教的分布範圍相符。

　　歐洲的語言大多屬於印歐語系，又大致分成日爾曼語族、羅曼語族與斯拉夫語族。**日爾曼語族分布在德國到北歐，羅曼語族（衍生自拉丁語的語言）主要分布在地中海沿岸，而斯拉夫語族則分布在東歐。**另外，芬蘭語和匈牙利語則屬於烏拉爾語系。

歐洲的基督教分布

　　歐洲歷史受到基督教的深刻影響，形成獨特的文化，包括教堂建築與宗教藝術等。**從基督教的教派分布來看，新教主要分布在北歐，天主教分布在南歐，而東正教主要分布在東歐。**

　　這些語言與宗教的分布，在某種程度上形成歐洲各國之間文化的相似性與連結。舉例來說，義大利及西班牙具有「羅曼語族＋天主教」的特徵，奧地利是「日爾曼語族＋天主教」，荷蘭是「日爾曼語族＋新教」，而波蘭則具有「斯拉夫語族＋天主教」的特徵。

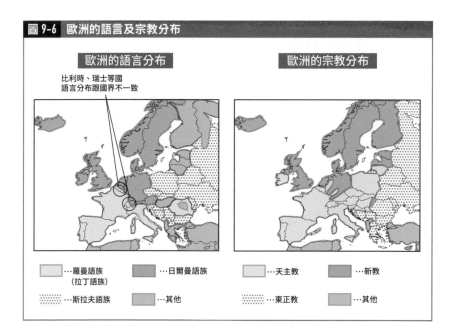

圖 9-6　歐洲的語言及宗教分布

歐洲的語言分布

比利時、瑞士等國
語言分布跟國界不一致

歐洲的宗教分布

…羅曼語族（拉丁語族）	…日爾曼語族
…斯拉夫語族	…其他

…天主教	…新教
…東正教	…其他

 國界劃分引起歐洲各國對立

　　不過，仔細觀察就會發現，有些歐洲國家語言、宗教的分布與國界並不一致。這些國家通常會設立多種官方語言，但是依然經常發生族群對立。

　　例如**比利時**（官方語言為荷蘭語、法語及德語）國內分成講荷蘭語跟法語的2種族群，而這種分歧有時甚至威脅到國家穩定。**瑞士**則是因為鄰國語言在國內流通，因此設有德語、法語、義大利語、羅曼什語等4種官方語言。為確保公平，無論是車站標示或政府公告，一律同時以4國語言發布。另外，在西班牙的**巴斯克自治區**，使用巴斯克語的居民也曾經長期向西班牙政府爭取獨立。

第 10 章

國家與領土

第10章 國家與領土 大綱

國家是構成現代社會的基本單位

　　第10章的主題是國家、領土與民族問題。國家是構成社會非常重要的單位，形態有很多種分類，如君主國與共和國、單一國家與聯邦國家、資本主義國家與社會主義國家、多民族國家等。國家各自劃定領陸、領海、領空，而這些領土每每成為不同國家之間衝突的原因。

　　世界上至少有數千個擁有不同文化的民族，但是總共只有200多個國家。由此可見，國家的國界並不等於民族的分界線，這也引發形形色色的民族問題。其中，有些民族衝突造成嚴重的悲劇，這直到今天都還是世界待解決的課題。

　　現在，各國正以全球的規模擴大建立合作關係。「歐盟」身為其中的代表，也隨著成員國增加，內部問題逐漸浮上台面。而會員國幾乎包含世界所有國家的國際和平機構——聯合國，也因為常任理事國之間的對立，曝露出無法充分運作的缺點。

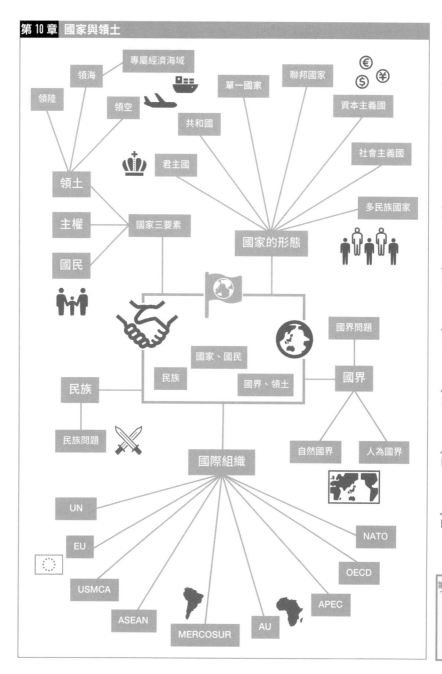

第1章 地理資訊與地圖

第2章 地形

第3章 氣候

第4章 農林漁牧業

第5章 能源與礦產資源

第6章 工業

第7章 物流與消費

第8章 人口與鄉村、都市

第9章 衣食住語言與宗教

第10章 國家與領土

「國家」的框架是全球社會的基礎

構成國家的 3 個要素

　　日常生活中，我們隸屬於各種各樣的團體，例如家庭、學校、公司，或是興趣社團。其中，「國家」構成了我們的社會，是社會非常重要的基本單位之一。

　　現在世界上有近200個國家（由於各國對獨立國家的承認情況不同，這個數字並不統一），這些國家具有許多不同形態。但是，如果**要使一個地區成立為「國家」，必須同時具備3個要素，那就是「主權」、「領土」和「國民」**，這便是所謂的「國家三要素」。

主權：統治國家的權力

　　首先，「主權」是指**不受他國控治或法律約束的情況下，自主統治國家的權力**。舉例來說，日本的「主權」掌握在國民手中，因為日本是依法治國的國家，國家受到主權人（國民）決定的法律所統治（由國民選出代表來制定法律），**而在日本的領土內，其他國家的決策無法影響日本。**沒有主權的非獨立地區稱做殖民地，統治殖民地的國家則稱為宗主國。

　　而「領土」是指主權所管轄的範圍，「國民」則是持有該國國籍的人，也是構成國家的一員。

政治、經濟與民族分類下的國家類型

第1章
地圖資訊與
地理

第2章
地形

第3章
氣候

第4章
農林漁牧業

第5章
礦產資源與
能源

第6章
工業

第7章
物流與消費

第8章
鄉村、與
人口、都市

第9章
衣食住、
語言與宗教

第10章
國家與
領土

🏴 君主國與共和國以及單一國家與聯邦國家

從政府的結構來看，國家大致分為由國王或酋長擔任國家元首的**君主國**，以及沒有國王等君主的**共和國**（共和國多數會選出總統為國家元首）。

如果將君主國細分，又分為君主握有絕對權力的**專制君主制**，以及雖然設有君主，但是君主的權力基本上受限於憲法，且國家遵從憲法運作的**君主立憲制**。

從國家的組織形態來看，則有像日本和法國等，由中央政府治理全國的**單一國家**，以及像美國、俄羅斯等，由擁有司法、立法等權力的州或共和國組成的**聯邦國家**。

🏴 資本主義國、社會主義國及多民族國家

從經濟面來分類的話，國家可分為資本主義與共產主義國家。在**資本主義國家**，**由資本家雇用勞工，各企業之間互相競爭以追求最大利益**。而**社會主義國家**則是批判資本主義，並且以社會主義為基礎，**主張共同管理生產資源，追求公平分配。**在 1980 年代末期到 1990 年代，多個社會主義政權垮台，許多曾經的社會主義國家也轉向資本主義。

從民族的角度來看，如果一個國家由相同民族構成，叫稱為**單一民族國家**，而存在兩個以上的民族，則稱為**多民族國家**。**嚴格來說，所有國家都存在著多種民族，並沒有純粹的單一民族國家。**

國家的主權範圍
包含海洋與天空

🏴 領土的 3 個要素

前面談過，國家的三要素是「主權、領土、國民」，其中，領土是指國家主權管轄的範圍，又包含了3個要素，那就是「領陸」、「領海」、「領空」。

🏴 領陸、領海與專屬經濟海域

領陸是**受到國家主權管轄的陸地**，其中的河川或湖等內水域也包含在領陸當中。而**領海**則是**領陸周邊一定範圍內的海域**，現在多數國家採用12海里（約22公里）為領海範圍。由於海水有滿潮和退潮，一般而言，領海的定義是「潮水退盡，海面下降時的海岸線」向外延伸12海里。原則上，只要不危害沿岸國家的安全，海外船隻駛入他國領海時，不用事前知會沿岸國，稱為**無害通過權**。

而領海周圍向外延伸12海里則是「鄰接區」，**沿岸國可以行使許多權限，例如監視通過船隻，以防止走私及偷渡，還有禁止攜入違禁品和病原菌等。**

此外，從領海外側到距離領陸沿岸200海里（約370公里）的範圍，稱為**專屬經濟海域（EEZ）**，**沿岸國擁有對這片海域內水產、礦產資源的獨占及管理權。**基本上，各國對專屬經濟海域的權限只限於資源利用和調查，因此他國的飛機跟船舶都可自由通過，或是自由鋪設海底電纜。這片200海里的專屬經濟海域，通常是「大陸

棚」，也就是位於陸地邊緣，水深約130公尺的淺海，海底則是緩坡。大陸棚蘊藏豐富的水產資源，也可能埋藏未開發的礦產資源，是沿岸各國積極開發的區域。

大陸棚並沒有明確的界線，加上地形坡度變化多端，因此，如果大陸棚的海底地形與沿岸國的陸地相連，且受到國際認定，沿岸國就能設定超過200海里的大陸棚（稱為延長大陸棚，延伸範圍設有上限）。

太空空間不包含在領空內

領空指的是**領陸與領海的上空範圍**。但是再更上方的太空空間並不包含在領空內。此外，**飛機不同於船隻，不具有無害通過權，未經許可不得通行他國領空。**

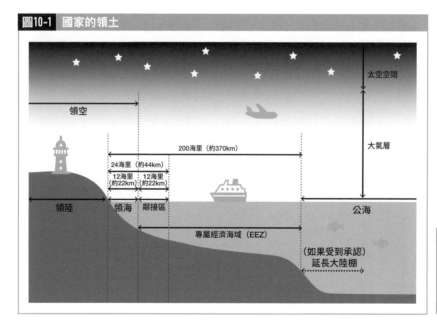

圖10-1 國家的領土

太空空間

領空

大氣層

200海里（約370km）

24海里（約44km）
12海里（約22km） 12海里（約22km）

領陸　領海　鄰接區　　　　　　　　　　　公海

專屬經濟海域（EEZ）

（如果受到承認）
延長大陸棚

第1章 地理資訊與地圖
第2章 地形
第3章 氣候
第4章 農林漁牧業
第5章 礦產能源與資源
第6章 工業
第7章 物流與消費
第8章 人口與鄉村、都市
第9章 衣食住、語言與宗教
第10章 國家與領土

國與國的邊界
糾紛不斷的原因

自然國界與人為國界

　　國界是國與國之間的邊界，粗略分成兩種。第一種是自然國界，**根據山脈、河川、湖泊等地形為基準來劃分。**第二種則是人為國界，**是依據土地所有權的邊界或經緯度為基準而設定。**

　　全世界大多數的國界是自然國界，例如法國與西班牙以**庇里牛斯山脈**為國界，泰國與寮國的國界則是**湄公河。**而人為國界主要位在美國與加拿大之間以及非洲各國之間，例如**美國與加拿大綿長的**

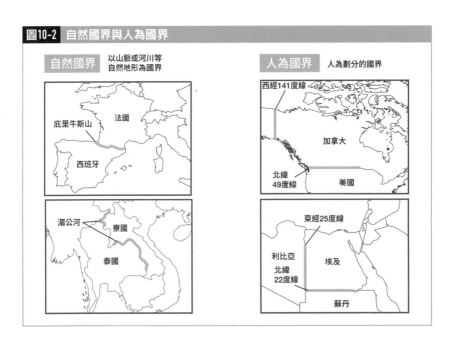

圖10-2 自然國界與人為國界

自然國界	以山脈或河川等自然地形為國界

法國
庇里牛斯山
西班牙

湄公河
寮國
泰國

人為國界	人為劃分的國界

西經141度線
加拿大
北緯49度線　　美國

東經25度線
利比亞
北緯22度線　　埃及
蘇丹

國界，是沿著北緯49度線劃分，還有阿拉斯加與加拿大的國界線是西經141度線，埃及與蘇丹的國界是北緯22度線，埃及與利比亞的國界是東經25度線。人為國界的位置通常與當地民族無關，有些民族因國界劃分而被迫分居兩國，容易引發對立和紛爭。

國界引發的國際問題

放眼世界歷史，可以發現許多國家興起又消失，因領土而起的爭議不斷。所謂的「主權國家」並非自古就存在，國界線也是經過歷史的變遷，才成為現在的樣貌。

在國界的變化過程中，當幾個國家同時主張對某地區的所有權，或是發生主權模糊、不確定歸屬國的情況，就會發展成國際問題。特別是當兩個以上的國家之間利害關係不一致，或彼此爭奪資源時，問題通常更加複雜，難以順利解決。

多國利害糾結的南沙群島問題

目前，位於南海的南沙群島（斯普拉特利群島）正因為多方的權力紛爭而受到關注。南沙群島露出水面的島嶼面積很小，但擁有廣大的大陸棚，不但有豐富的水產資源，推測也存在著石油及天然氣等礦產資源。不過**它受到中國、台灣、菲律賓、馬來西亞、汶萊、越南包圍**，各國皆主張南沙群島位於自己的領海和專屬經濟海域，成為國際問題。

其中，中國積極填海造島，並建立軍事基地等設施，積極藉此控制南沙群島，這也引發越南和菲律賓的激烈抗議。

第1章 地圖資訊與地理

第2章 地形

第3章 氣候

第4章 農林漁牧業

第5章 能源與礦產資源

第6章 工業

第7章 物流與消費

第8章 人口與鄉村、都市

第9章 語言與宗教、衣食住

第10章 國家與領土

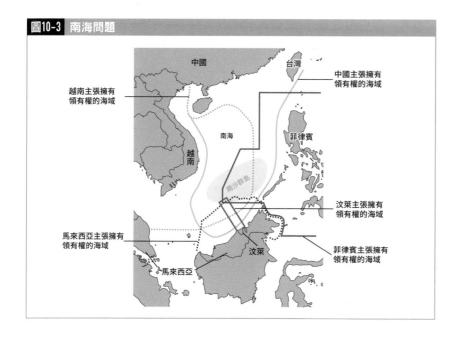

圖10-3 南海問題

中國

台灣

中國主張擁有
領有權的海域

越南主張擁有
領有權的海域

南海

菲律賓

越南

南沙群島

汶萊主張擁有
領有權的海域

馬來西亞主張擁有
領有權的海域

汶萊

菲律賓主張擁有
領有權的海域

馬來西亞

日本的領土問題

　　日本沒有陸地上的鄰國，但是卻因為國界附近島嶼的主權歸屬
問題，與其他鄰國處於對立的狀態。

　　擇捉島、國後島、色丹島、齒舞群島又稱為北方四島，日本稱
之為南千島群島，並宣稱該地為固有領土，第二次世界大戰末期遭
蘇聯占領，島民被逐出島外。直到日本與蘇聯恢復邦交之後，北方
四島的問題一直未能解決，目前日本與俄羅斯政權仍持續協調中。

　　此外，位於日本海的竹島，韓國稱之為獨島，目前日、韓雙方
都宣稱對該地擁有主權。而位於台灣東北方海域的釣魚台列嶼，日
本稱為尖閣諸島，則是有台灣、中國及日本三方分別主張領有權。

國界劃分是全球民族問題的根源

第1章 地圖資訊與地理

第2章 地形

第3章 氣候

第4章 農林漁牧業

第5章 礦產資源與能源

第6章 工業

第7章 物流與消費

第8章 人口與鄉村、都市

第9章 語言與宗教、衣食住

第10章 國家與領土

民族分布界線與國界不一致

世界上存在著許多民族，各自擁有不同的語言、宗教與生活文化。全世界有數千種語言，不過只有不到200個國家。因此，**一國之內居住著多個民族並不罕見。**

這些民族和平共存是最理想的情況，然而，許多國家都有民族問題，甚至為世界帶來慘痛的悲劇。尤其是非洲和中東存在著多個民族，但受到殖民地統治的影響，**國界線與民族分布界線並不一致，成為屢屢爆發民族問題的地區。**

粗略區分的話，民族問題有以下幾種類型。第一種是**一國之內人口眾多的民族互相對立的狀況。**當每個民族人口都多達數百萬的龐大規模時，就可能導致國家分裂，所以許多國家藉由設定多種官方語言，以及承認地區自治權，以避免衝突。

第二種是「**少數民族**」議題。相對於占國家多數人口的民族，**人數極少的民族，經常在政治上或經濟上受到統治或歧視。**因此，許多少數民族發起抗爭，追求自治權或獨立，結果反遭壓抑而失去言論自由。

第三種是由於**國界與民族分布界線不一致，導致民族內部分成多數派與少數派的情況。**國界劃分經常導致一個民族分隔兩地，當某個民族所在的部分地區被納入他國，這些人就成為少數派，而少數派追求獨立時，民族相同的鄰國卻以保護為由採取軍事介入，有時會發展成國與國的對立或戰爭。此外，有些民族居住的區域跨越

兩到三個國家，導致這些民族在每個國家都成為少數民族。

　　第四種是**同一民族因政治性的原因被迫分裂與對立。**這些案例主要發生在冷戰時期，例如現在仍處於「休戰」狀態的朝鮮半島，和分裂長達40年以上的東西德。

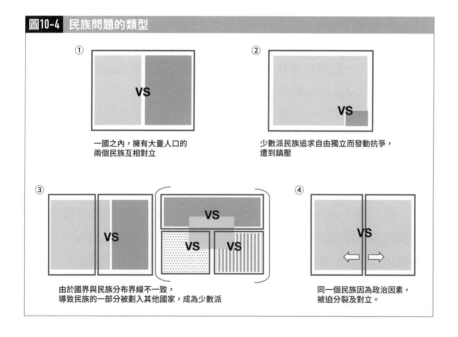

圖10-4 民族問題的類型

①
VS

一國之內，擁有大量人口的兩個民族互相對立

②
VS

少數派民族追求自由獨立而發動抗爭，遭到鎮壓

③
VS　VS　VS　VS

由於國界與民族分布界線不一致，導致民族的一部分被劃入其他國家，成為少數派

④
VS
⇐　⇒

同一個民族因為政治因素，被迫分裂及對立。

造成許多悲劇的世界民族問題

🌏 引發內戰的民族對立

　　這一節，我們來看看具體的民族問題。**比利時**（人口約1150萬人）的民族問題，起因於國內兩個人口眾多的民族互相對立。當地**講荷蘭語的「佛拉蒙人」約占6成（約650萬人），而講法語的「瓦隆人」約占3成（350萬人）**，兩個民族對立嚴重，造成國家多次瀕臨分裂（曾經有政治人物在選舉時，提出只對其中一方有利的政見而引發爭議）。同樣類型的衝突甚至可能升級為內戰，例如

圖10-5　戰後主要的民族問題

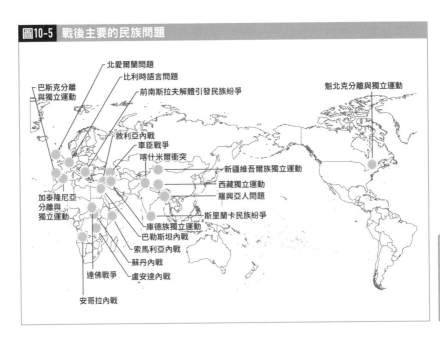

北愛爾蘭問題
比利時語言問題
巴斯克分離與獨立運動
前南斯拉夫解體引發民族紛爭
魁北克分離與獨立運動
敘利亞內戰
車臣戰爭
喀什米爾衝突
新疆維吾爾族獨立運動
西藏獨立運動
羅興亞人問題
加泰隆尼亞分離與獨立運動
斯里蘭卡民族紛爭
庫德族獨立運動
巴勒斯坦內戰
索馬利亞內戰
蘇丹內戰
達佛戰爭
盧安達內戰
安哥拉內戰

第1章 地圖資訊與地理
第2章 地形
第3章 氣候
第4章 農林漁牧業
第5章 礦源與資源
第6章 工業
第7章 物流與消費
第8章 人口與鄉村、都市
第9章 衣食住、語言與宗教
第10章 國家與領土

1990年到1994年之間的盧安達內戰，與1992年到1995年的波士尼亞與赫塞哥維納內戰，都造成慘絕人寰的結果。

而**加拿大**（人口約3800萬人）**約有6成的居民使用英語，約2成的居民使用法語。**講法語的人集中在加拿大東部的**魁北克省**，約占魁北克省人口的8成（600萬人以上），他們積極進行政黨活動提倡獨立，也曾舉行公民投票要求獨立，但是遭到否決。此外，英國（人口約6700萬人）**蘇格蘭**（約550萬人）以及西班牙（人口約4700萬人）**加泰隆尼亞**（約750萬人）的獨立運動，也屢屢躍上新聞版面。

接二連三的少數民族問題

其他例子還有緬甸政府迫害羅興亞人等事件，這類少數民族人權遭到侵害的問題，在全世界頻頻發生，受到國際社會的討論。此外，中國也發生西藏人和維吾爾人的獨立問題。許多少數民族無法接受完善的教育，經濟上也多處於貧困狀態，而瀕臨滅絕的族群也不在少數。

其中，庫德族生活在跨越土耳其、伊朗、伊拉克及敘利亞的山岳地帶，人口高達數千萬人，已具有國家規模，但是在第一次世界大戰時期，由於國界劃分而散布於不同國家，**在每個國家都被視為少數民族。**庫德族的獨立運動受到各國政府強烈鎮壓，因而產生大量難民。

民族與宗教衝突交織，難解的巴勒斯坦問題

此外，還有許多**民族問題結合宗教分歧，發展成極激烈衝突**的例子，巴勒斯坦問題（以巴衝突）就是其中的代表。**位於西亞巴勒**

斯坦地區的耶路撒冷，是猶太教、基督教與伊斯蘭教等3個宗教的聖地，猶太人與阿拉伯人為了爭奪此地展開激烈的對立。世界大戰後，猶太人在巴勒斯坦建立以色列國，引起阿拉伯人嚴重反抗，引發4次中東戰爭。這個問題牽動許多國家介入，而變得更加複雜，和平之路似乎遙遙無期。

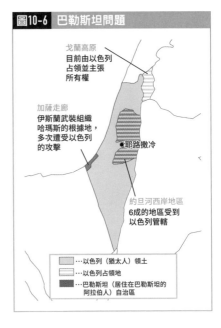

圖10-6 巴勒斯坦問題

戈蘭高原
目前由以色列占領並主張所有權

加薩走廊
伊斯蘭武裝組織哈瑪斯的根據地，多次遭受以色列的攻擊

●耶路撒冷

約旦河西岸地區
6成的地區受到以色列管轄

 …以色列（猶太人）領土
 …以色列占領地
 …巴勒斯坦（居住在巴勒斯坦的阿拉伯人）自治區

第1章 地理資訊與地圖

第2章 地形

第3章 氣候

第4章 農林漁牧業

第5章 能源與礦產資源

第6章 工業

第7章 物流與消費

第8章 人口與鄉村、都市

第9章 衣食住、語言與宗教

第10章 國家與領土

尚未解決的喀什米爾問題

第二次世界大戰後，英國承認殖民地印度的獨立。但是，由於宗教差異，印度分裂成以印度教為主的印度，還有以伊斯蘭教為主的巴基斯坦。

當時，印度北部的喀什米爾地區由一位信奉印度教的藩王（被授予統治權的掌權者）統治，他不顧居民中占多數的伊斯蘭教徒反對，決定將喀什米爾納入印度，**引發印度與巴基斯坦之間對喀什米爾地區的主權爭端**。兩國更在衝突期間因為開發及持有核武器，成為國際焦點。查看世界地圖，會發現喀什米爾的邊界以虛線表示，代表當地邊界未定，問題依然存在。

圖10-7 喀什米爾問題

喀什米爾地區 / 中國 / 巴基斯坦 / 印度 / 中國統治地區 / 巴基斯坦統治地區 / 印度統治地區

因蘇聯解體而浮上台面的民族問題

高加索山脈橫跨黑海與裡海之間，是亞洲與歐洲的邊界，**周邊呈馬賽克狀分布著許多語言和宗教各異的民族。**這個地區分屬曾為蘇聯成員的俄羅斯、喬治亞、亞美尼亞和亞塞拜然，而且內部還有許多民族的自治邦與共和國。

蘇聯解體時，聯邦內各成員國紛紛宣告獨立，同一個時期，俄羅斯聯邦中的幾個成員國也要求從中獨立（蘇聯是「聯邦」，其中的俄羅斯也是「聯邦」，屬於雙重結構）。在這之中，講車臣語且以伊斯蘭教徒為主的車臣共和國要求從俄羅斯聯邦獨立，但遭到俄羅斯否決，因而引發爭端。

此外，亞塞拜然、亞美尼亞跟喬治亞也有民族問題。亞塞拜然以伊斯蘭教徒為主，但當地的納哥諾－卡拉巴克自治州擁有眾多亞美尼亞裔的基督徒居民，他們期望脫離亞塞拜然獨立，並且併入亞美尼亞。而喬治亞的阿布哈茲跟阿札爾兩個自治共和國，以及南奧塞提亞自治州也紛紛尋求獨立。

目前仍局勢未定的烏俄戰爭，起因是什麼？

在烏克蘭國內也不時發生不同族裔居民的衝突。烏克蘭的克里

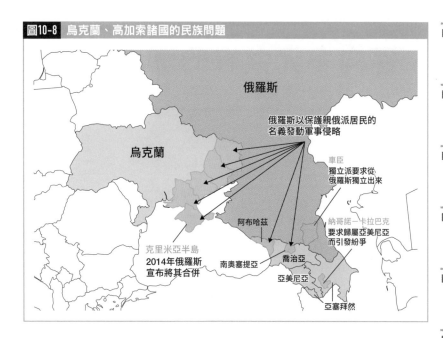

図10-8 烏克蘭、高加索諸國的民族問題

俄羅斯

烏克蘭

俄羅斯以保護親俄派居民的
名義發動軍事侵略

車臣
獨立派要求從
俄羅斯獨立出來

納哥諾—卡拉巴克
要求歸屬亞美尼亞
而引發紛爭

克里米亞半島
2014年俄羅斯
宣布將其合併

阿布哈茲

南奧塞提亞　喬治亞

亞美尼亞

亞塞拜然

第1章
地圖與
地理資訊

第2章
地形

第3章
氣候

第4章
農林漁牧業

第5章
能源與
礦產資源

第6章
工業

第7章
物流與消費

第8章
人口與
鄉村、都市

第9章
衣食住、
語言與宗教

第10章
國家與領土

米亞半島和烏克蘭東部住著少數俄羅斯人，他們與烏克蘭政府及烏克蘭裔居民經常產生對立，而俄羅斯屢屢藉由保護俄羅斯裔居民的名義，對克里米亞發動軍事介入。2014年，俄羅斯單方面將克里米亞半島併入俄羅斯；2022年2月，俄羅斯軍隊以「保護」俄羅斯裔居民的名義進攻烏克蘭，相信大家還記憶猶新（聯合國大會決議2014年俄羅斯與克里米亞的合併無效，並且要求俄羅斯從烏克蘭撤兵）。目前（2024年8月），兩國仍在交戰當中。

邁向多元共存的國際社會

多元包容的政策，是化解民族紛爭的第一步

前面介紹了許多國家及民族紛爭，想要解決這些問題，就必須培養國際觀，並且理解及尊重彼此的語言與宗教等文化差異。

全球移民數量不斷增加，少子化日益嚴重的日本為了維持勞動力，也正在研議擴大接納海外勞動力的政策。**預期全球各國都將陸續以多元文化共存的前提下，提出與不同民族和平共存的新政策。**

貧困問題與非政府組織

目前，世界上也有許多國際組織積極透過國際合作，解決人類共同的問題。**有報告指出，開發中國家的問題，特別是飢餓、醫療水準低落及民族紛爭，大多源自於貧困或貧富差距。**而聯合國提出的「永續發展目標（SDGs）」中，首要訴求就是解決貧困問題。

此外，政府開發援助計畫（ODA）則是為了提升開發中國家的經濟與福祉，由已開發國家提供的經濟援助計畫。日本也積極透過ODA進行援助，但是經濟支援只能讓部分的人受益，受援助國有時也會發生政策失敗或無法有效運用資金的情況。因此，日本同時展開青年海外協力隊等支援，並透過非政府組織（NGO）及非營利組織（NPO）與企業進行經濟活動，提供開發中國家多方支援。

規模、形式多樣的國際組織

冷戰後，國家權力關係大洗牌

　　當今世界，特定的大陸或地區內的國家正積極尋求整合，以推動貿易自由化及強化安全保障等合作關係。過去，世界受到美國和蘇聯兩大軍事強國主導，形成冷戰的結構。但是，隨著美國與蘇聯的影響力減弱，世界各國開始摸索的各自的合作關係，**許多國家逐漸形成不同的區域結盟或國際組織。**

國際組織的代表——歐洲聯盟

　　國際組織之中的代表是歐洲聯盟（ＥＵ，以下簡稱為歐盟），歐盟不只是經濟上的整合，還包括外交政策、安全保障、警察與司法合作等面向廣泛的合作關係。尤其在經濟方面，歐盟內部採用歐元為單一貨幣，並簽訂《申根公約》，允許居民在成員國之間自由往來國界（不過也有國家未加入歐元區或《申根公約》，或是EU的非加盟國卻參加《申根公約》），推動歐洲的區域整合。

　　歐盟國之間的區域內貿易原則上免除關稅，因此成員國的人民、貨物、資本及服務都享有流通自由。這個制度有許多優點，例如產品規格統一，使各國的電器產品可以通用；學生修讀其他成員國的大學也能取得學位；工作的資格認證共通，因此人們可以在他國迅速就業。

　　歐洲許多國家的領土相接，在歷史上經常發生戰爭。尤其是兩

第1章 地理資訊與地圖
第2章 地形
第3章 氣候
第4章 農林漁牧業
第5章 能源與資源
第6章 工業
第7章 物流與消費
第8章 人口與鄉村、都市
第9章 語言與宗教、農食住
第10章 國家與領土

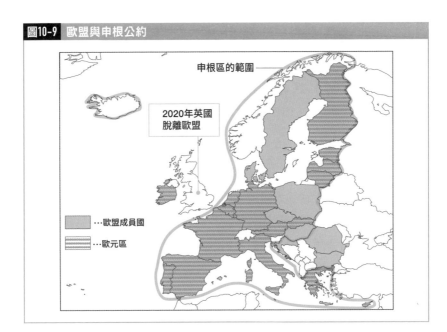

圖10-9 歐盟與申根公約

申根區的範圍

2020年英國
脫離歐盟

□…歐盟成員國

▤…歐元區

次世界大戰，讓歐洲國家受到極大的損害。為了避免戰爭重演以及尋求經濟發展之道，歐洲才開始走向整合。

1952年，歐洲煤鋼共同體（ECSC）創立。隨後在1958年，歐洲經濟共同體（EEC）和歐洲原子能共同體（EURATOM）相繼成立，這三個機構在1967年合併為歐洲共同體（EC）。最初，EC只有6個成員國，隨後成員漸漸增加，並在1993年《馬斯垂克條約》生效後，正式發展為歐盟。

🏴 英國脫離歐盟

但是近年來歐盟擴大，引發新的問題。2000年後，歐盟迎來以東歐國家為主的13個新成員國，範圍向東擴展。然而，這些東歐國家的所得水準較低，許多勞工湧向平均年薪高的西歐國家求職。這導致西歐國家內部工作競爭加劇，失業率不斷升高。

第1章 地理資訊與地圖

第2章 地形

第3章 氣候

第4章 農林漁牧業

第5章 能源與礦產資源

第6章 工業

第7章 物流與消費

第8章 人口與鄉村、都市

第9章 衣食住、語言與宗教

第10章 國家與領土

　　在這種困境中，英國決定脫離歐盟。英國的法律和商業模式原本就與其他歐洲國家不同，而且並未加入歐元區和《申根公約》。再加上東歐的移民問題，英國內部關於脫歐的爭論逐漸升溫，終於走向脫歐的決定。

　　歐盟要求各成員國在經濟政策上的步調一致，所以許多經濟處於有利地位的國家也必須讓步。此外，富裕國必須補助經濟發展落後的國家，這也引發不滿。英國脫歐之後，其他歐洲國家也出現部分人士反對歐盟的聲音。

🏴 美墨加協定（USMCA）

　　《美墨加協定》（USMCA）是由美國、加拿大與墨西哥3個國家所簽訂的貿易協定。戰後，美國開始推動自由貿易，並於1994年簽訂《北美自由貿易協定》（NAFTA），廢除幾乎所有商品的關

圖10-10 全球主要國際聯組織

EU（歐洲聯盟）

USMCA（美墨加協定）

…APEC（亞太經濟合作會議）

ASEAN（東南亞國家協會）

MERCOSUR（南方共同市場）
※委內瑞拉遭暫停資格

AU（非洲聯盟）
※馬利、幾內亞、蘇丹、
布吉納法索目前遭暫停會籍

NATO 成員國（2024年8月）
比利時、加拿大、丹麥、法國、冰島、義大利、盧森堡、荷蘭、挪威、葡萄牙、英國、美國、希臘、土耳其、德國、西班牙、捷克、匈牙利、波蘭、保加利亞、愛沙尼亞、拉脫維亞、立陶宛、羅馬尼亞、斯洛伐克、斯洛維尼亞、阿爾巴尼亞、克羅埃西亞、蒙特內哥羅、北馬其頓、芬蘭、瑞典

稅。但是，由於近年從加拿大流入低價的農作物跟食品，以及於墨西哥組裝的汽車進口美國，造成美國失業率攀高，因此這3國在美國前總統川普的要求下，重新進行《北美自由貿易協定》的談判，為區域內自由貿易設下一定限制。

東南亞國家協會（ASEAN）

東南亞國家協會（ASEAN，以下簡稱為東協）最初是由5個在美國支持下的資本主義國家所組成的聯盟。但是在冷戰結束後，越南等國也加入組織，現在共有10個成員國。東協成員國以合作為目的，意在促進彼此的經濟與文化發展。

東協國家的總人口約為6.5億人，藉由豐富而較低廉的勞動力，和未來的成長「潛力」，吸引大量海外投資。到了2018年，成員國間基本上已經廢除區域內所有關稅。

南方共同市場（MERCOSUR）

南方共同市場（MERCOSUR）最初是1985年由巴西與阿根廷共同主導及發起的經濟共同體。目前的正式成員國包括巴西、阿根廷、烏拉圭及巴拉圭，此外還與安地斯國家等準成員國簽訂自由貿易協定，進一步擴大規模。儘管各國的發展步調並不一致，有時會與組織功能和目的有所偏差，但是組織致力於廢除區域內關稅，促進商品與人員交流合作。

非洲聯盟（AU）

非洲聯盟（AU）是由50多個非洲國家組成的區域組織，仿照

歐盟的形式，意在進行經濟及政治上的統合。目前非洲聯盟正研擬類似歐元的單一貨幣體系，並且著重於預防與解決區域內的紛爭。在聯合國大會上，由於每個國家都有1票的投票權，相當於全世界有4分之1的國家都是非洲聯盟的成員，因此非洲聯盟在共同步調下可以發揮巨大的影響力。

🚩 亞太經濟合作會議（APEC）

亞太經濟合作會議（APEC）是一個推動環太平洋地區經濟合作的組織，涵蓋美國、日本、中國、韓國、台灣、香港、新加坡、澳洲等21國和地區。這個組織的規模龐大，且活動種類多元，例如貿易、投資、技術合作，與解決全球問題的會談等等。由於成員國之間經常出現利益衝突，所以組織內的合作關係主要建立在參與國之間的自主同意，而非強制性的共同決議。

🚩 經濟合作暨發展組織（OECD）

經濟合作暨發展組織（OECD）是以先進國家為主體的組織，共有40多個成員國，又有「先進國家俱樂部」之稱。這個組織旨在推動成員國的經濟成長和貿易自由化，及援助開發中國家。

🚩 北大西洋公約組織（NATO）

北大西洋公約組織（NATO，以下簡稱北約）是保障北大西洋地區安全的軍事同盟。根據公約內容，成員國若遭到攻擊，北約將視為對全體成員國的攻擊，並且行使集體自衛權，包含採取軍事行動以恢復北大西洋地區的安全，因此北約又稱為「全球最大的軍事同盟」。

第1章 地理資訊與地圖

第2章 地形

第3章 氣候

第4章 農林漁牧業

第5章 能源與礦產資源

第6章 工業

第7章 物流與消費

第8章 人口與鄉村、都市

第9章 衣食住、語言與宗教

第10章 國家與領土

待解難題堆積如山，
聯合國的挑戰

握有強大權限的常任理事國

聯合國（UN）是第二次大戰後設立的國際和平組織，旨在維持國際和平及發展各國的友好關係，解決世界經濟、社會、文化與人道問題，全世界幾乎所有國家都是成員國。

起初，聯合國是由第二次世界大戰戰勝國，也就是「同盟國」的美國和英國為核心所創建（聯合國英文名稱「United Nations」就是沿用大戰中「同盟國」的名稱）。因此，由第二次世界大戰的5大戰勝國：美國、蘇聯（現在的俄羅斯）、英國、法國、中國（當時為中華民國）擔任其中安全理事會的「常任理事國」，擁有強大的否決權限。之後，日本與德國也加入聯合國，成員國不斷增加，並擴大成現在的狀態。

聯合國的架構

聯合國由大會、安全理事會、經濟及社會理事會、託管理事會、國際法院與秘書處等6個主要機構，與15個專門機構組成，還包含許多外部合作機構、國際組織和各國政府機關等。

聯合國大會是聯合國的最高機關，每個國家針對會議的議案擁有1票的表決權，所做的決議則以建議的形式傳達給成員國與安全理事會。雖然聯合國的建議沒有法律約束力，但是這個組織**相當於全世界的縮影，反映了各國對全球各種問題抱持的立場**。此外，永

續發展目標也是2015年的聯合國大會上通過的。

而安全理事會是聯合國的核心角色，肩負維持國際和平的重要的任務，所有聯合國成員都同意並接受安理會的決定。安理會由5個常任理事國以及10個經過選拔、任期2年的非常任理事國等15個國家組成。**決策只需9張贊成票，但其中5個常任理事國必需全數同意才算通過。**也就是說，常任理事國具有「否決權」（投反對票就是行使否決權，而棄權或缺席不算行使否決權）。依據安理會的決策，聯合國可在世界各地派出聯合國維持和平部隊（PKO），發動軍事或維安行動。

聯合國的其他專門機構還有國際勞工組織（ILO）、聯合國糧食及農業組織（FAO）、聯合國教科文組織（UNESCO）、世界衛生組織（WHO）、國際貨幣基金組織（IMF）等。

🏴 聯合國背負的問題

聯合國也面臨許多批評，由於安理會對於常任理事國有否決權，因此兩方經常陷入對立，讓聯合國無法充分發揮影響力。此外，在大會表決時，不論大國或小國都是1國1票，因而產生「大小國家票值不相等」的爭議，而經濟實力低的國家，經常受到財政援助國的影響，這也是一大問題。

此外，聯合國的預算由各成員國共同分擔，但拖欠會費的國家眾多（滯繳2年的國家會喪失大會的決議權），實際上只能籌集7成的會費，這也使**聯合國的財政困難日趨嚴重。**

第1章 地理資訊與地圖

第2章 地形

第3章 氣候

第4章 農林漁牧業

第5章 能源與礦產資源

第6章 工業

第7章 物流與消費

第8章 人口與鄉村、都市

第9章 衣食住與宗教

第10章 國家與領土

結語

我撰寫的「瞄過一眼就忘不了」系列，已經來到第6本。尤其是寫完這次的地理篇，就完成了史地科的世界史、日本史與地理3個科目，對於身為高中史地老師的我，可以說意義重大。

在這本書出版之際，深深感謝我至今任教過的埼玉縣立坂戶高等學校、福岡縣立太宰府高等學校、福岡縣立嘉穗東高等學校、福岡縣公立古賀竟成館高等學校、福岡縣立博多青松高等學校的所有學生，以及社會科的諸位老師。

史地老師是一份靠著一張執照，就必須教授世界史、日本史和地理的工作。而且，在不同的學校、班級中，每個學生的興趣、關注和理解程度也各有差異。教師必須配合各種各樣的需求和程度，傳授這三個科目的龐大內容。這並不簡單，必須與其他老師互相學習，有時甚至受教於學生，經過百般嘗試，才能順利進行教學。包含本書在內的「瞄過一眼就忘不了」系列，其中的內容也是與過去的學生和同事，在日積月累的教學相長中培養出來的。此外，我也要感謝就數學與理科部分給我建議的數理老師，以及為本書繪製多幀不可缺少的原版插圖的插畫家青木麻衣子女士。衷心感謝。

歷史和地理，如果只是紙上談兵，就沒有任何意義。希望各位不要只讀歷史、地理書，而是親身前往世界或日本各地，參觀各種史跡與文化財，接觸當地的風土與生活，然後將感受和想法活用在實際的生活中。

2023年1月

山﹕圭一

地形圖的
閱讀方法

🗺️ 地形圖的閱讀方法

　　地形圖是日本國土交通省所屬的國土地理院所發行的普通地圖（台灣則由內政部地政司測製），平常使用的有5萬分之及2萬5000分之1地形圖。也許平常使用地形圖的人並不多，不過，道路地圖、觀光地圖與災害潛勢地圖，經常包含等高線圖或地圖符號。平日多熟悉地圖，並養成從中讀取資訊的習慣，將有助於對地理的理解。

🗺️ 比例尺

　　比例尺是將實際距離縮小到地圖上的縮小比例。表示方式為實際距離作為分母，地圖上的距離為分子。只要先掌握實際的1公里

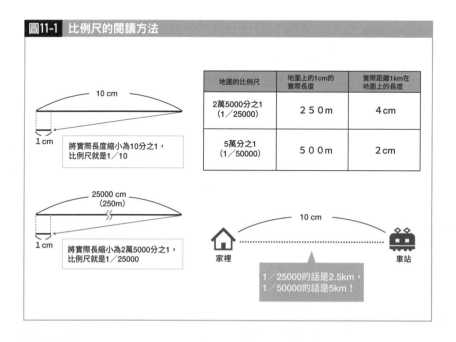

圖11-1　比例尺的閱讀方法

地圖的比例尺	地圖上的1cm的實際長度	實際距離1km在地圖上的長度
2萬5000分之1（1／25000）	250m	4cm
5萬分之1（1／50000）	500m	2cm

10 cm

1 cm

將實際長度縮小為10分之1，比例尺就是1／10

25000 cm（250m）

1 cm

將實際長縮小為2萬5000分之1，比例尺就是1／25000

10 cm

家裡　　　　　車站

1／25000的話是2.5km，1／50000的話是5km！

在地圖上有多長，接下來就輕鬆了。

等高線

　　等高線是將高度相同的地點連線而成的等值線圖，用於表現土地的起伏。一般而言，2萬5000分之1地圖為高度每增加10公尺畫一條線，5萬分之1地圖則是每20公尺畫1條線。等高線之間的間隔越緊密，代表坡度越陡，間隔越稀疏表示坡度越平緩。

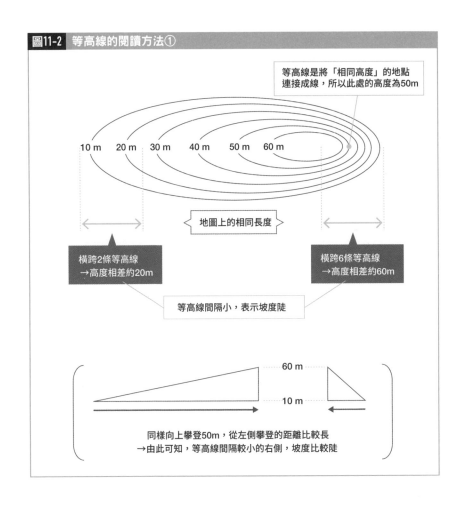

圖11-2　等高線的閱讀方法①

等高線是將「相同高度」的地點連接成線，所以此處的高度為50m

10 m　20 m　30 m　40 m　50 m　60 m

地圖上的相同長度

橫跨2條等高線
→高度相差約20m

橫跨6條等高線
→高度相差約60m

等高線間隔小，表示坡度陡

60 m

10 m

同樣向上攀登50m，從左側攀登的距離比較長
→由此可知，等高線間隔較小的右側，坡度比較陡

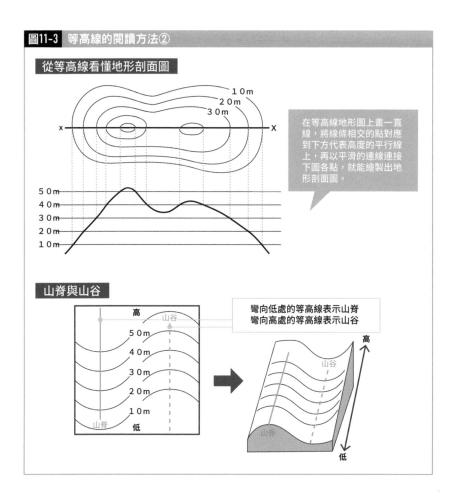

圖11-3 等高線的閱讀方法②

從等高線看懂地形剖面圖

10m
20m
30m

x —————————————————— X

在等高線地形圖上畫一直線，將線條相交的點對應到下方代表高度的平行線上，再以平滑的連線連接下圖各點，就能繪製出地形剖面圖。

50m
40m
30m
20m
10m

山脊與山谷

高
山谷
50m
40m
30m
20m
10m
山脊
低

彎向低處的等高線表示山脊
彎向高處的等高線表示山谷

高
山谷
山脊
低

地圖符號

地圖符號是用來表示地圖上物體形狀或特徵的符號，可以用來呈現不同地點、範圍，或是線形的鐵道與道路。

圖11－4的地圖符號表，通常用於市售的道路地圖，建議各位趁此機會將它學會。

圖11-4　地圖符號的閱讀方法

點狀符號

台灣	日本		台灣	日本	
直轄市 ◎ 省轄市、 縣政府 ●	市公所 ◎	明治時代訂定，過去為「郡役所」的標記		發電廠 變電所	將發電廠齒輪與輸電管線組合後圖案化
區公所 ●	町公所 村公所 ○	政令指定都市的區公所也使用此符號		圖書館	將翻開的書圖案化
	法院 △	是以古代法院張貼審判內容所立的木牌圖案化		博物館 血	將博物館或美術館等建築形狀圖案化
	稅務署 ◇	將算術使用的算盤上的算珠圖案化	土地廟 祠堂 教堂	神社	將豎立在神社參道上的鳥居圖案化
	醫院	過去陸軍衛生隊標誌		寺廟 卍	經常被當成佛教象徵的「萬字」圖案化
	消防署 Y	江戶時代滅火工具「刺股」的圖案	✉	郵局	將過去處理郵務的遞信省的首字母「テ」圖案化
⊗	警察署 ⊗	將警棍交叉圖加上外圈，區別派出所和警察署		天線	將天線與電波形狀結合的圖案
	派出所 ✕	警棍交叉的圖案		溫泉	溫泉湧出處與蒸氣的圖案
	中小學 文	表現「文武兩道」等學業技藝的「文」字圖案化		燈塔	燈塔向四面八方射出光線的圖案
	高中 ⊗	表現學業的「文」字加上外圈，與中、小學區別		城址	建城時的設計（圈繩定界）形狀圖案化
	老人院	結合老人院建築和枴杖圖案		港灣 ⚓	大型船錨的圖案

線狀符號

台灣	日本	
直轄市 省轄市、 縣界	邊界線	上為都道府縣的邊界，下為市町村的邊界
國道 省道 縣道	道路	依據線的粗細和虛實來區分道路的大小、高速公路或國道等
	JR鐵道	上為複線區間，中為單線區間，下方長方形代表車站
	輸電線	特點在於筆直直線，不受地形起伏影響

面狀符號

台灣	日本	
		水田
		旱田
		果樹園
		林地：左是闊葉樹林 右是針葉樹林

野人家 234

瞄過一眼就忘不了的地理

神級高中老師YouTuber獨創！166張圖表絕對「系統化」！
圖像記憶學習法，No死背！No盲點！Yes高分！

作　　　者	山崎圭一	
譯　　　者	陳嫻若	
名詞審定	巫仰叡	

野人文化股份有限公司

社　　　長	張瑩瑩
總 編 輯	蔡麗真
主　　　編	徐子涵
責任編輯	余文馨
校　　　對	魏秋綱
行銷經理	林麗紅
行銷企畫	李映柔
封面設計	萬勝安
美術設計	洪素貞

出　　　版	野人文化股份有限公司
發　　　行	遠足文化事業股份有限公司 (讀書共和國出版集團)
	地址：231 新北市新店區民權路 108-2 號 9 樓
	電話：（02）2218-1417　傳真：（02）8667-1065
	電子信箱：service@bookrep.com.tw
	網址：www.bookrep.com.tw
	郵撥帳號：19504465 遠足文化事業股份有限公司
	客服專線：0800-221-029
法律顧問	華洋法律事務所　蘇文生律師
印　　　製	呈靖彩藝有限公司
初版首刷	2024 年 10 月
初版 2 刷	2024 年 10 月

有著作權　侵害必究
特別聲明：有關本書中的言論內容，不代表本公司 / 出版集團之立場與意見，
文責由作者自行承擔
歡迎團體訂購，另有優惠，請洽業務部（02）22181417 分機 1124

ISBN　　978-626-7555-10-1

國家圖書館出版品預行編目（CIP）資料

瞄過一眼就忘不了的地理：神級高中老師
youtuber 獨創 !!166 張圖表絕對「系統化」!
圖像記憶學習法 ,no 死背 !no 盲點 !yes 高
分 !/ 山崎圭一作；陳嫻若譯 .-- 初版 .--
新北市：野人文化股份有限公司出版：遠
足文化事業股份有限公司發行 , 2024.10
面；　公分 .--（野人家；234）
ISBN 978-626-7555-10-1(平裝)
1.CST: 地理學

609　　　　　　　　　　　　113013660

瞄過一眼就忘不了的地理

野人文化　　野人文化
官方網頁　　讀者回函

線上讀者回函專用
QR CODE，你的寶
貴意見，將是我們
進步的最大動力。